好看到爆的大清秘史

朝文社 著

长江出版社
CHANGJIANGPRESS

图书在版编目（C I P）数据

好看到爆的大清秘史 / 朝文社著. — 武汉 : 长江出版社，2021.9
ISBN 978-7-5492-7833-6

Ⅰ. ①好… Ⅱ. ①朝… Ⅲ. ①中国历史—清代—通俗读物 Ⅳ. ①K249.09

中国版本图书馆 CIP 数据核字（2021）第 153189 号

好看到爆的大清秘史 / 朝文社　著

出　　版　长江出版社
（武汉市解放路大道 1863 号　邮政编码：430010）
选题策划　天河世纪
市场发行　长江出版社发行部
网　　址　http://www.cjpress.com.cn
责任编辑　钟一丹
印　　刷　三河市腾飞印务有限公司
版　　次　2021 年 9 月第 1 版
印　　次　2021 年 9 月第 1 次印刷
开　　本　710mm×1000mm 1/16
印　　张　17.5
字　　数　300 千字
书　　号　ISBN 978-7-5492-7833-6
定　　价　48.00 元

前言

晚清的历史，究竟“好看”在哪？

或许在许多历史爱好者眼里，晚清的历史，充满着太多令人“憋屈”的内容，乍眼看去，真与“好看”不搭。

比如从 1840 年起，晚清战场上一次次耻辱的战败，以及一张张丧权辱国的条约，每一幕都叫今天的中国人深感扎心——那虎门炮台上无望的血战；那黄海海面上悲壮沉没的战舰；甚至“中国是带着首都被敌人攻占的耻辱进入 20 世纪的”这一历史瞬间；每一段屈辱的历史片段里，永远都是“兵败如山倒”的景象，落后挨打的悲情，即使让多少后人讲起，也总是叹息再叹息。

战场之外，更是多少稍微翻几篇史册，依然是让人深感扎心的场景——那曾经荼毒了近代亿万国人的鸦片，却让外国人感慨“用鸦片赚来的白银，让我们喜气洋洋”；那从 19 世纪中叶到 20 世纪初，晚清农村触目惊心的贫困，还有超出现代人想象的“奇荒”；史料上每一个字的记载，都透着无尽的悲凉……我们日常熟悉的晚清历史，往往是从影视剧、小说里读到的历史，而倘若我们去阅读真实的晚清史，我们很快就很深切地感受到——这一段历史里的痛苦、无奈甚至绝望，都比文艺作品告诉我们的感受，远远更深得多，更痛得多。

这样的历史，谈何“好看”？

但我们却依然选择做了这样一本书，讲讲这样一段中华民族黑暗岁月里，那些至今仍有价值的“好看”之处。在我们看来，晚清的历史虽然悲情，但它的第一个“好看”的地方，就在于一个事实：这不但是我们的祖辈经历过的一段岁月，更是中国近现代史，一个重要的转折点。晚清开启了落后挨打的时代，但被西方炮舰轰开的国门，以及随之而来的开放，也带动了近代中国方方面面的变化，这其中的许多变化，甚至深深影响了近代中国人的生活。

所以在这一套书里，我们不再围绕着“名臣”“名流”“名将”去讲晚清历史，我们尽可能地在很多章节里，以生活作为视角，为大家揭开晚清历史变革的另一面，包括近代中国人衣食住行等各方面的变革，以及国民经济等方面的改变。许多让我们感同身受的变化里，也藏着太多值得我们了解的趣味往事。

而比这些趣味往事更值得我们了解的，却是晚清这段黑暗岁月里，那些值得中国人铭记的历史亮点。

虽然说到晚清的历史，我们已经习惯性的冠以“落后挨打”等名词，但是一个不争的事实却是——经历过这样一段交织着苦难甚至绝望时代的中国，却终于站了起来，走上了民族复兴的道路。是什么样的力量，支撑近代中国能够撑过这段岁月？

晚清历史的一些亮点，或许就能告诉我们答案——比如在那场被许多后人“叹息失败”的洋务运动里，晚清时代的中国，不但成功建立了许多产业，个别产业的技术水准，也一度达到世界先进水平。一个最简单的例子：甲午战争前夜的中国，在火炮制造等核心产业上，一度领先“亚洲邻居”日本近十年。

甚至，就是在这样一段屡战屡败的日子里，也同样有过“镇南关大捷”，有过“左宗棠收复新疆”的胜利。即使是晚清年间，也总有满怀信念的中国人，用他们看似微弱的力量，在这黑暗的岁月里打开突破口，注入宝贵的光亮。

但比这“宝贵的光亮”更有历史价值的，也正是我们这部书里，那一张张晚清历史上“好看”的面孔——那些对中国的未来满怀信心、从未放弃的人。

在晚清，这一段我们后来人读起来，都读到绝望的岁月里，为近代中国负重前行的人，却从未缺席。无论是一溃千里的鸦片战争时代，还是悲愤交加的“庚子国难”时，总会有人擦干眼泪，然后沿着既定的道路顽强走下去。他们中有些人，以往写得太少太少，几乎都被遗忘，也有些人，以往被写得太多太多，后人记住的，往往只是他们既定的形象。但我们这一次写下的，是他们人生里最能打动我们之处，是多少仁人志士们，那艰辛执着的人生。

说句不开玩笑的话，看过了他们，也许我们都会有一个共同的感受：我们日常经受的苦，比起他们，也许都不算是苦。

但写下他们，以及与他们有关的“好看”的历史，却不是为了“猎奇”“好看”的目标，而是为了以“好看”的晚清史，生动展示这段黑暗岁月的另一面——那深藏在其中的，中华民族坚韧、勇敢、执着的精神，相信这样的精神，并未因时代的远去而隐没，却是每一位生活在幸福岁月里的我辈，应当共同传承的精神力量。这，就是我们心中的，晚清“好看”历史的真谛。

目录

壹 改变历史大进程的小事件

贰 清朝官场的生存法则

叁 另一面的鸦片战争

肆 掌权者的奇葩事

伍 你不知道的洋务运动

陆 晚清百姓生活大揭秘

柒 细看中国近代史的伤口

捌

再探大清王朝的最后岁月

壹

改变历史大进程的小事件

在清朝抄家到底有多难？

说起金庸先生的封笔之作《鹿鼎记》，总能让人想到无数有趣的剧情。无论是张卫健版中韦小宝经典的口头禅“凉风有信，秋月无边”，还是张一山版中引发争议的“鳌宅”匾额，都化为观众们武侠记忆的一部分，永远传颂着那个快意恩仇的江湖。

江湖的故事从来不曾远去，一直以来“抄鳌拜家”便是《鹿鼎记》影视剧中的重头戏之一。周星驰版中，韦小宝手持火枪拿着多隆当靶子打；陈小春版里，韦小宝又与索额图一起对着鳌拜的万贯家财流口水，这一幕幕搞笑又经典的桥段，不知笑喷了多少观众。

各版《鹿鼎记》虽然表现手法各异，但其中亘古不变的主题则是“捞钱”。然而，真实的历史上，“抄鳌拜家”这差事，真有这么美吗？韦小宝的财，又是否真的这么好发呢？

一、抄家怎么抄法？

若是翻开《大清律》，就不难发现这抄家的钱，可没有那么好赚。

清朝律文规定，对于贪赃枉法，私藏违禁物品、恐吓及诈欺取财、科敛和求索等行为，要将赃物及违禁物品籍没入官；而对于谋反、叛逆者不仅籍没财产，家属还要连坐。

为了精准确定籍没物品的价值，清朝的律文里专门规定了估赃标准。一般物品按中等物价估定，雇工按一人一日的工钱计算，牛、马、驼、骡、车、船、碾、磨等按雇赁价值计算。

那么，若是官员们在抄家时，发生像韦小宝那样隐瞒入官财产的行为怎么办呢？

别担心，《大清律例》中早就设置好了关于“隐瞒入官财产”的处罚措施。其中专门提到，谋反、谋叛、奸党等在“十恶”的罪犯，要抄没人口、财产。如果在抄没时发生隐瞒人口和财产的行为，自然要捉拿主谋问罪，就连同情隐瞒的里长，知情的官吏也要一起治罪。

由此看来，大清不仅对负责抄家的官吏管理严格，同时也对抄家者的家产盘点进行了精密的数字化管理，绝非像《鹿鼎记》中演绎的那样，随便说个数字就能糊弄过去。

二、抄家有多可怕？

不过，虽然真实的历史上，想靠抄家发财的难度比小说里难上一万倍，《鹿鼎记》中的韦小宝还是运气足够好，毕竟他生活在以“宽仁”著称的康熙时代，偶尔搞搞钱也不会被康熙深究，倘若韦小宝再晚生个几年，碰到冷冰冰的雍正皇帝，像他和索额图那种搞法，只怕分分钟惹出大麻烦。

要说雍正这辈子，一大爱好就是“抄家”，大小官员被雍正下令抄家的数不胜数，以致连民间打牌，都流行起了“抄家和”。

高频次的抄家，让雍正在民间的口碑迅速变成了“好抄人家产”，然而雍正似乎对自己的“圣名”并不在意。正如他在山东巡抚黄炳奏折上批示的那样：“知府李元龙……家私数百万，而仍贪酷不已……此等不肖种类，当一面拿问，一面参处。在此人身上，追出数十万金以养尔山东百姓，不是好事么？丝毫看不得向日情面，众人请托，务必严加议处。追到水尽山穷处，毕竟叫他子孙做个穷人，方符朕意。”

严惩犯罪的同时，雍正对负责抄家的官员们也一直紧紧盯着。为了让执行的官员们忠于职守，雍正还曾专门下旨警告说：“尔等若稍瞻徇，或令预闻，以备隐匿弥缝尔等向日姑容之过。尔等细想，若可后日必不败露，则任为之；若少不放心，还是丝毫不隐，尽情据实吐露好。”

至于舆论中“抄家皇帝”的标签，雍正则洞若观火地指出，这些说法不过是一些贪赃枉法之徒，害怕被抄没参劾，这才故意制造流言，希望朕为了名声考虑，停止抄家的行为。

说完，雍正继续大刀阔斧的整顿吏治，不但抄家抄个不停，还加入了惩治贪腐的新环节。

在雍正的三观里，贪污是比命案、盗案更恶劣的行为，因此在惩治贪污方面，雍正一向眼里揉不得沙子，只要抓住实锤就往死里整，吓得满朝文武人人胆寒。

据史料记载，雍正曾专门规定，凡侵欺钱粮一千两以上者，照监守自盗律处斩；贪污军饷者则一律处斩，不准援赦。

这样的律文，让一众从康熙“宽仁”时代走过来的官员很不适应，但雍正却只觉得律令太松，反而在实际执行时附赠了大小官员们一个“加量不加价”的大礼包。

山东巡抚塞楞额便是抽中雍正大礼包的“倒霉孩子”。雍正七年，塞楞额一时贪心，收了二千两门包银，结果被部拟绞监候。

东窗事发后，塞楞额悔不当初，急忙在限期内将收受的银两全部交出，于是部又议免死减刑。

谁知免死的奏章送到雍正面前后，雍正当场提出异议道：“朕每年发了那么多养廉银子给百官，就是让他们用来养家的，现在大小官员收了养廉银，就不应该再向下属索取一丝一毫，而塞楞额却又收养廉银又收红包，实在是太过分了。”

说完，雍正驳回部议，仍然判处塞楞额绞监候。

塞楞额的遭遇，不过是雍正整顿吏治风暴的冰山一角。想来若是韦小宝他们敢在雍正时代趁着抄家搞事情，别说赚不到第一桶金，小命能不能保住都还两说呢。

三、抄家为何乐出声？

雍正对抄家的态度，显然影响到了儿子乾隆。据史料记载，乾隆时代抄家的谕旨中常常出现“如有丝毫隐匿寄顿，惟该抚是问”等神似雍正的话语，而大臣们的回复也常常是“臣等会同前往严密查抄”，等到乾隆后期，地方官员都不用等乾隆下旨，直接先自觉地将涉嫌犯罪的官员家产查封，以防后者转移资产。

在长期高压姿态的抄家威慑下，大清官员们头上时刻绷着一根弦，由此带来了相对清明的吏治，清王朝也逐步进入了“康乾盛世”的辉煌时代。

可惜，曾让百官畏之如虎的抄家，到了晚清时代却大不一样了。腐败透顶的官场里处处官官相护，抄家有时候反而成了官员们的护身符。

这一幕，在《武状元苏乞儿》中，戏剧化演绎为犯了罪的苏乞儿，听说惩罚是抄家后，苏灿父子立刻就乐了。

而在真实的晚清，是内务府官员庆宽，就在主持慈禧太后六十大寿期间包揽一切器物采购，趁机中饱私囊，大发横财。

事后庆宽被御史弹劾，光绪下令将他“革职抄家”。谁知不久后，江西盐法道出缺，吏部推举接任官员时，大家竟然一致推荐了庆宽。

可叹庆宽不费吹灰之力就拿到了肥得冒油的外派美差。这似乎意味着抄家对于一众官员来说，不再是可怕的惩罚，反而成了他们金蝉脱壳的把戏，事后换个马甲，就能重新上任。

回首往昔，雍正时代抄家是何等严厉，而国家又是何等富强。哪知短短百年间，抄家已成了让贪官们乐出声的小场面，唯有这大清的国运，却随着注了水的抄家一起，慢慢沉沦到落日的余晖中。

清代“人口大爆发”竟是因为番薯？

众所周知，中国人口在清朝迎来大爆发，根据清朝皇帝实录我们可以看出清朝人口数据的变化。

顺治九年（1652年），清朝首次大规模统计全国总人口数据是1448.3858万；

顺治十八年（1661年），清朝基本统一中国时，全国总人口数据是1913.7652万。

康熙六十一年（1722年），全国总人口数据是2576.3498万；

雍正十二年（1734），全国总人口数据是2735.5462万；

乾隆六年（1741年），全国总人口数据是14341.1559万；

乾隆六十年（1795年），全国总人口数据是29696.8968万；

道光十四年（1834年），全国总人口数据是40100.8574万。

清朝这个人口数据变化，就给很多人带来一个根深蒂固的认知，认为清朝人口从顺治年间的一千多万，康熙、雍正年间的两千多万突然暴增到乾隆年间突破一亿，道光年间的四亿。

而导致清朝人口暴增的原因就是明末引进了美洲农作物，尤其是番薯（红薯）成了中国人的主食，所以有一个观点，也成为很多朋友的共识：番薯的推广，推动了中国人口的快速增长。那这个观点，究竟对不对？

如果单从数据对比看，这个观点确实有其道理，但如果全面对照历史，却发现“番薯推动人口增长”论，确实还存在着偏差，主要的误区有两点。

第一点，很多人犯了一个常见的错误，清朝在乾隆六年之前统计人口数据单位都是丁，不是人，而清朝时期一丁实际上一般等于4—5个人。

换言之，清朝基本统一天下时，全国人口数据是8000万到9000万，清朝人口增长是建立在有一个很庞大的基数上的。

整个“康乾盛世”，康熙年间和雍正年间人口增长并不是很明显，在乾隆年间迎来一次大爆发增加了1.5亿。

第二点，清朝人口增长不是因为番薯而导致的。目前见于详细记载，番薯在明朝万历二十一年（1593年）由一个福建人从东南亚引进到中国。

此后明朝、清朝政府都曾努力推广番薯种植，但效果并不明显，番薯完成推广并开始发挥较大影响是在19世纪中期，也就是道光末年，咸丰初年。

此时清朝人口早已经突破了四亿，完成了“人口大爆炸”。而且当时番薯完成推广主要还是集中在南方山地地区，清朝传统人口密集的南方平原和北方并不在番薯推广的主要辐射范围之内。清朝番薯种植面积根本没有到让番薯取代水稻、小麦成为国人最主要的主粮的程度。清朝番薯具体种植面积已经不得而知，目前我们能看到的数据是，1914年番薯种植面积占总种植面积的1%左右，产量在2%左右，（玉米面积和产量分别是4%和5%）。

民国时期，番薯、玉米种植面积、产粮面积、产粮相比清朝已经有所增长，也就是说在清朝乃至民国时期，以番薯、玉米为代表的美洲农作物依然没有取代水稻、小麦等传统农作物的地位，还处于一种边缘的附属地位。如此小的种植面积，如此少的产量是不足以养活如此暴增的人口的，番薯对清朝人口暴增的作用实在有限。

那么问题来了，既然番薯作用有限，清朝人口为何会突然增长呢？美洲农作物确实是个因素，但其主要原因有二。

第一，基数太大。前面已经提到清朝基本统一中国后，人口已经近9000万，加上隐匿人口，清朝人口破亿基本没什么悬念。清朝人口基数从一开始就非常大。

第二，清朝政策鼓励。清朝政策鼓励主要体现在两点，第一点，减少隐匿人口，康熙皇帝下诏“滋生人丁，永不加赋”，雍正皇帝又在全国推行“摊丁入亩”，将人头税摊派到田亩之中，这些极大地减少了隐匿人口。

第二点，清朝历代皇帝都非常重视土地开垦，耕地面积迅速增加，顺治十八年，清朝记载的田地是5265068顷；到康熙六十一年，记载的田地是8510992顷；雍正十二年，记载田地是 8901387 顷；耕地多了，粮食也就多了，人口自然增加了。

实际上，中国从引进番薯到完成推广，经历了两百多年。反观水稻，宋朝从东南亚引进占城稻，仅仅用了几十年的时间就完成推广。这已经能证明番薯的被接受程度不如水稻了。清朝广大农民对种植番薯热情度并不高，首选还是水稻、小麦。因为清朝赋税，可以要钱，也可以要粮，却不会要番薯、玉米和土豆。清朝农民一旦大规模种植这些农作物是难以交足赋税的。就算要种，基本也是在一些隐匿在朝廷统计之外，或者不用向地主缴纳地租的土地，而这些土地数量实在太有限了。

这就注定，在清朝番薯得不到真正意义上的推广，哪怕清朝在灾荒年份曾多次试图推广番薯的种植，却依旧收效甚微。而番薯之所以在后来得到进一步推广，是因为清朝人口压力太大，迫使百姓不得不去种植番薯。事实上当时清朝农民不仅种番薯，还种罂粟、种烟丝，种番薯可以救急，种罂粟、烟丝则可以换钱，后者远比前者更具诱惑力。总之，如果要论述“番薯与清代人口”的关系，我们更可以看到的事实是：清朝人口暴增促进了番薯的种植。

或许有人会反驳说，在二十世纪六七十年代，我国大部分地区都在以番薯为主食，那个时候，是番薯支撑了我们度过那段没有解决温饱问题的困难时期。既然我们可以，清朝为什么不可以。提起这个，笔者认为我们永远不应该忘记那段历史。新中国建立后，虽然农民还要缴纳一部分公粮，但相比古代，农民翻身做主了，负担要少了很多。当时政府也确实在推广番薯的种植，20 世纪 50 年代，番薯种植面积有了大幅度的提升。

然而又有多少人知道背后的艰辛和无奈？为此笔者曾特意问过我经历过那个年代的父祖辈以及几个安徽、四川、河南同事。以下笔者就以江西萍乡为例，根据笔者父祖辈口述，简单讲讲番薯的种植。其实番薯种植是很艰辛的。

江西萍乡水稻可以种两季，番薯种植只有一季，在早晚两季中间种植，种植时间是端午之前，农历四月到五月之间；而收获日期则是在农历九月底，十月初。也就是说番薯从种植到收获需要五个月时间，而水稻算上育种只需要 100 天。再算上切片、切丝，晒干，储存，番薯所需时间远远大于水稻。而且同样的种植面积，番薯所需要耗费的人力是大于水稻的。因为肥沃的田地都用来种植水稻了，番薯通常种植在灌溉不方便的山地。当时生产力并不发达，种植番薯远比种植水稻更为辛苦。

不过对于我们父祖辈来说，只要有收获，他们根本就不怕辛苦。接下来到收获了，一季番薯亩产量大概2000斤，局部土地肥沃地区能达到3000斤；而两季水稻亩产量最高是1800斤，看着番薯更高不是？但这个2000斤番薯产量是带水分的，是不易保存的。实际上除了留下育种的番薯，剩下用来食用、储藏的在500斤左右。也就是说，在相同种植面积下，番薯实际是要低于水稻的。那时候萍乡农村穷，农民们只要有粮食，不会嫌少，就算这样依旧会不辞辛苦的种植番薯。

接下来又一个问题出现了，相比水稻，番薯是不适合做主食的。首先，从医学上说，一个体重120斤的成年人每天所需要摄入的蛋白质在35g—45g，而每100g大米所含蛋白质是7.5g，一个成年人需要吃466—600g大米；每100g番薯所含蛋白质是4.7g，一个成年人需要吃744—957g番薯。这也是为什么我父祖辈会觉得番薯容易饱，也容易饿，有一种“虚假的饱腹感”的一个重要原因，番薯含蛋白质太低了，吃完让人肚子胀，还觉得饿。其次，番薯口感不好，又粗又硬，基本不会单独食用，而是用番薯丝混饭。更可怕的是番薯含有一种氧化酶，番薯吃多了不仅不消化，而且容易闹肚子，我们现在偶尔吃点番薯都容易放屁，那会我们的祖辈更难受，吃多了番薯难受得厉害，尤其是到了晚上，非常难受，我们萍乡话叫“喽人”“烧心”，总感觉肚子里有股酸水卡着，想吐又吐不出来。

因此，我很多长辈吃番薯吃到想吐，我有个爷爷，自从不用吃番薯后，他尝都不尝一口番薯。以前吃得太多，太难受了，他尝一口都会下意识地想吐。可那时候没办法，水稻不够吃，他们只能吃番薯。永远不要低估中国农民的忍耐度，就为了这口吃的，他们付出太多的辛劳，忍受我们现在人无法理解的痛苦。笔者文笔有限，思绪凌乱，实在无法描述他们遭遇一切的万分之一。

最后笔者再次重申一次，番薯一直都是备荒粮食，不到万不得已是不会以番薯为主食的，只要水稻、小麦足够，是绝对不会用番薯当主食的。以前我们父祖辈他们是迫于无奈才吃番薯，如果有得选，又怎么会用番薯当主食呢？

小小的番薯见证了我们父祖辈生活的不易，见证了我们祖国从贫穷到繁荣的艰辛路程。番薯的历史还离我们很近，只要你有心，你可以去了解那段历史。请大家珍惜今天美好的生活，请大家不要忘记我们父祖辈曾经遭遇的艰辛与付出的汗水。

“九子夺嫡”背后的三件小事

若要评选历史上惨烈的皇位之争排行榜，那清代康熙年间的“九子夺嫡”必须榜上有名。

无论是电视剧《雍正王朝》中展现的萧墙之祸，还是野史小说里传说的“四皇子改遗诏”，抑或是胤禛即位后，特地将年号定为“雍正”，以示自己正统地位，无不说明了如今电视剧里“很忙”的雍正，皇位真是来得不容易。

其实，“改遗诏”之说纯属无稽之谈。清代传位遗诏一向是满汉双语版，雍正即便真如野史所说将汉语版遗诏从“传位十四子”改为“传位于四子”，那满语版中“十”和“于”笔画区别甚大，雍正又怎能神不知鬼不觉地改动呢。

纵然如此，关于雍正登基的争议还是数百年间争论不休。那么，假如“九子夺嫡”胜出的不是雍正，而是其他的阿哥上位，那大清命运，又会怎样呢？

这或许从康熙年间的三件小事里，可以略窥一二。

一、报亏空

康熙在位的大多数时间里，天下政通人和，百姓安居乐业，呈现出一片繁荣富强的康熙盛世。

然而，等到康熙晚年，“九子夺嫡”牵扯了康熙太多精力，再加上康熙本人年事已高，对帝国的控制力减弱，直接导致原本花团锦簇的盛世江山，多了些许不为人知的暗流涌动。

如此一来，就有了第一件小事：报亏空。

康熙晚年，天下诸府州县亏空情况越来越严重。据史料记载，康熙五十三年时，还有“浙江钱粮亏空不多”的奏报，但这之后各地亏空就突然如雪崩一般席卷而来。

康熙五十六年，两广总督奏报，“数年来亏空钱粮数目甚多”。

康熙六十年，陕西巡抚上奏说，从他上任起，就发现“布政使库之钱粮，诸府州县之钱粮，奴才秘密询访，无不亏空者，惟其中亏欠数额多寡不等，缘由亦不同”。

如此种种，不一而足。这就好比一家大公司里，企业各部门负责人都告诉老板康熙说：“老板啊，我们这旮旯穷啊，年年都亏空啊。”

还好康熙有颗强大的心脏，硬是在这么刺激的环境下，耐心听取着各地负责人的报告。哪知等到康熙六十一年，各地亏空不减反增。比如新鲜出炉的山西巡抚工作报告里就赫然写着“诸府州县所亏空钱粮……无着落者五十一万两余”。

从亏空到还不上钱，不过是咫尺之间。饶是康熙的心理素质再强大，还是在各地督抚的一浪高过一浪的亏空声中，彻底坐不住了。

说来报亏空这事，康熙自己也脱不开关系。当年康熙六次南巡，他的铁杆粉丝兼江宁织造曹寅，为了接驾银子花得跟流水一样，只怕《红楼梦》中贵妃省亲的排场，也难以赶上康熙南巡的万分之一。

然而，康熙的旅游经费是有定额的，曹寅接驾的招待费用，远远超出了规定的经费额度。为了解决超支的招待费，曹寅便借着职务之便挪用公款。反正对曹寅来说，四家之内，莫非王土，用公款接待领导，似乎很合理啊。

由于曹寅是康熙的幼年玩伴，他的母亲又是康熙的乳母，康熙顾念着昔日交情，对曹寅挪用公款造成的亏空便睁一只眼闭一只眼。但君臣两人的做法，落在其他督抚眼里，就是江宁织造亏空都没事，那我干吗不也弄点亏空出来！

于是，一股报亏空之风就这么以迅雷不及掩耳之势传遍了整个大清官场。一时间，人人争报亏空，各府州县都以亏空数量多为荣，官场中人若是谁身上没点亏空，出门都不好意思跟别人打招呼。

眼见亏空成了官场潮流，康熙急得一边三令五申让官员们还钱，一边派人到各地查处亏空。

可康熙忘了，他长久以来的“宽仁”施政风格，已然让官员们笃定康熙绝不会放开手脚血腥清查亏空案。因此，各地官员上下勾结，将亏空弄成了一笔无从查起的糊涂账。

有时候，奉旨查亏空的官员稍微逼得急了些，当地官员便将亏空的责任推脱给前任或者是一些有名望的老臣，弄得负责查案的官员简直没法开展工作。

比如因接驾造成亏空的曹寅，就莫名成了一众官员的挡箭牌。许多官员被追查亏空时，都理直气壮地对办案的官员说："你看江宁织造曹寅也没还钱啊，他欠的钱比我还多，你怎么不去找他啊。"

这下曹寅可难了。他不敢说他的钱大半都花在康熙身上了，也不敢说不还钱，只好向负责追缴亏空的官员承诺，用自己的工资尽快把钱还上。

消息传回北京，康熙第一个实名反对。他告诉查亏空的官员说："曹寅的钱都花在朕身上了，朕不说，内外诸臣谁敢多言？"说完，康熙一边下旨蠲免各省钱粮，一边暗中将自己的私房钱拿给曹寅，嘱咐他尽快将亏空补上。

但此时曹寅手里的亏空，又哪里是说补就能补上的。作为官场生态中的一员，曹寅的困境也是康熙晚年官场的一个缩影。各地官员营私舞弊，吏治腐败成风，以致雍正上台后，惊讶地发现皇阿玛竟然给他留了个"内外府库无不亏空"的烂摊子。

二、军备弛

官场亏空不断，军中的腐败也没少让康熙操心。

清军入关后，军队武器日益精良。顺治五年，朝廷组建鸟枪兵，八旗军队终于闯出"冷兵器"的时代，走向了更广阔的天地。

康熙登基后，鸟枪兵的规模不断扩大。康熙十三年时，朝廷还专门下旨，议定八旗步兵二万一千名，其中鸟枪步兵就有一千七百三十七名。

此后，鸟枪兵的规格逐年增加，形成了完整的组织结构。鼎盛时期，军中不但有满族八旗的鸟枪兵，还设立了专门的汉军火器营，鸟枪数量一度超过五万余支。

超强的武器装备遇到精良的训练，就是一场惊艳众人的大阅兵。据史料记载，康熙二十年，康熙邀请众蒙古王公观看鸟枪兵演习。当时"吹螺角者三，发巨炮三，既而排枪而发，前仆后继，无不中之"。

在场的蒙古王公看到这等惊人的战斗力，"皆惊惧失色，甚有匍匐仆地，战粟不止者”。

此时蒙古王公们还不知道，这些鸟枪兵们即将随着康熙走上准噶尔的战场。而鸟枪兵们的技艺待到上阵时，已经达到了“有马上放一枪一箭者，有趋进放枪不绝者，有连环旋转放枪者，有跑而放枪者，有仰卧而放枪者”。

超强的火枪技术，让鸟枪兵在准噶尔之战大放异彩，成了草原上不灭的传说。

可惜，到了康熙晚期，汉军火器营却成了另一幅景象。用李林森给康熙奏章中的话来说，就是“火器营兵丁老去留下的空缺，常有不法之徒百般钻营，以至于新收的兵丁尽是请托之辈。得甲之后，便将所领钱粮拿去偿还请托的利酬”。

在这种风气的带动下，汉军火器营中的士兵再也无心训练，很快营中士兵便弓箭、火器皆不熟练。当年煊赫一时的鸟枪兵，就这么在短短二十年间，腐化得面目全非了。

三、送礼单

若说军队腐化还仅仅是官场贪污成风的冰山一角，那雍正初年贪官吴存礼的一份送礼账单，则足以说明康熙晚年吏治腐败的严重性。

在这份礼品单中，记载了二百二十七名受贿者，其中既有大学士、各部官员、督抚这样的朝中重臣，也有宫中太监、康熙帝皇子等皇帝身边的亲信。

非富即贵的人员名单，对应着让人咂舌的送礼金额。比如负责查办亏空案的张鹏翮，就受贿了一千两银子，而以清廉著称的李光地，也收了吴存礼二千五百六十两银子。

据不完全统计，吴存礼的送礼总金额，高达四十四万两白银。朝中大部分官员，或多或少染指其中，而这些官员身后看不见的一层层圈子，一张张关系网，也都在金钱的攻势下，尽数陷入了腐败的泥淖中。

大清官场迎来送往的风气，就这么在康熙晚年靡然成风，以至于官场之上“言行相符者，未必一二人”。

这恰如《雍正王朝》中张廷玉的一句吐槽：“现在考官收孝廉的钱，当军官吃空额捞军饷，收捐赋火耗加到二两，这大清的江山，也真得四爷这样的人，痛加整顿不可。”

所幸雍正上台后，立刻以铁腕手段整顿吏治。他不但限期要求各地官员补缴亏空，还在给山东巡抚的折子上放出狠话说："知府李元龙……家私数百万，而仍贪酷不已。……此等不肖种类，当一面拿问，一面参处。……追到水尽山穷处，毕竟叫他子孙做个穷人，方符朕意。"

空前激烈的官场整顿，就此拉开了帷幕。各地官员怨声载道，但国库收入却疯狂增长，对于大清来说，雍正的雷霆作风，无疑是替大清续命的良药。

想来，若是当年换成其他沽名钓誉的阿哥上位，那大清的江山，不知要被那些贪官污吏糟蹋成什么样子。回首看看雍正时期充盈的国库与日益改善的官场风气，真是让人不得不说一句——还好上位的是雍正。

揭秘“湖广填四川”的历史真相

西蜀之地，物华天宝，人杰地灵。正如《隆中对》所说：“益州险塞，沃野千里，天府之土，高祖因之以成帝业。”

独特的盆地结构，再加上艰难的蜀道，让西蜀在数千年历史中，犹如一颗璀璨的明珠，照耀着西南大地熠熠生光。

然而，明珠再好，亦有蒙尘之时。《四川通志》上，便有着一段血泪记载：蜀自汉唐以来，生齿频繁，烟火相望。及明末兵燹之后，丁口稀若晨星。

从西南明珠到人口锐减，那些年的四川，究竟经历了什么？

一、人丁凋敝

明清易代之际，兵祸连绵，战火不休。张献忠领导的起义军为避朝廷锋芒，挥师突入四川，将西蜀大地裹入无尽的战乱中。

富饶的天府之土，为张献忠部队提供了充足的物资补给。于是，张献忠索性于 1644 年，在成都称帝，国号“大西”，改元“大顺”，以成都为西京，自称老万岁，建立了大西政权。

张献忠在四川称王称霸，好不快活，可四川人民却苦不堪言。随着张献忠入川，四川硬生生地成了大西军与清军交战的主战场。等到张献忠兵败战死西充凤凰山时，四川早已在漫天的烽火中，蒿草满地，人口凋零了。

等到康熙初期，四川的人口已从明朝万历六年的 600 多万，锐减到不足 50 万人。全省 90% 的人口丧亡，重庆城中只剩下数百家人，而重庆下辖的有些州县，有些甚至只剩下十几户人了，真是“合全蜀数千里内之人民，不及他省一县之众”。

二、虎患不断

四川人口急剧减少，很快引发了次生灾害，那便是人退虎进，虎患不断。

顺治年间，四川南充知县黄梦卜本想招一批人到南充，从而缓解人口危机。谁知黄梦卜好不容易找来506人，却让老虎吃了228人，再加上沿途病死及各种其他意外去世的人，最终只剩下223人。

不死心的黄梦卜很快又招了第二批人，这次总共有74人。但这批百姓依然难逃虎口，又被老虎吃了42人，急得黄梦卜连声哀叹道："夫南充之民，距府城未远，尚不免于虎毒，而别属其何以堪哉？"

黄梦卜的遭遇并非个例。康熙时期，荣昌知县张懋尝前往四川任职，刚到荣昌城便遭遇猛虎，幸好随从拼死相救，才让他保住性命，但张懋尝的7位随从，却被老虎咬死了5位。

严重的虎患，让四川的人口问题愈发雪上加霜。偏偏这个节骨眼上又爆发了三藩之乱，四川百姓在战乱中死伤无数，人口问题更加严峻。

三、湖广填四川

眼看四川人丁凋零，康熙坐不住了。于是，这位年轻的帝王，以极大的魄力，下达了一道号召百万人口大移民，前往四川定居的旨意。

这便是17世纪著名的"湖广填四川"运动。不过，康熙最初号召移民时，百姓们尚有安土重迁的想法，再加上蜀道崎岖，猛虎出没，因此响应者寥寥无几。

为了促进移民工作的开展，康熙很快宣布："凡愿入川者，将地亩给为永业；各省贫民携带妻子入蜀者，准其入籍。"

同时，康熙还规定，所有移民垦荒的土地，五年内免税，并且滋生人口，永不加赋。

土地，是小农社会中最重要的生产资料。康熙在土地问题上的惠民政策，马上吸引了无数百姓。于是，无数怀揣理想的穷困百姓，简单收拾收拾行囊，从四面八方，浩浩荡荡地奔赴四川。

这批最早的移民者，克服千难万险，来到百废待兴的天府之土。他们惊讶地发现，此时的四川，人烟稀少，大量的土地抛荒，简直处处都是黄金。

于是，这批移民者马上开始疯狂圈占土地。比如抵达广汉的一位移民者，拿着木片与竹签一通“插占”，就拥有了2000多亩地。

而一些偏远地区的移民者，干脆连“插占”都省了，直接用手一指，大喊一声“从这里到那里都是我的”，便成了那片土地的实际拥有者。

这样实惠满满的政策，四川地区推行了许多年。直到康熙晚期，康熙帝还殷殷叮嘱新任四川巡抚年羹尧说：“为巡抚者，若一到任，即欲清丈田亩，增加钱粮，即不得民心矣！”

清丈土地，破坏移民政策的事，年羹尧你可千万别干啊。事实证明，康熙的确很有远见。前期的移民，成了康熙惠民政策最好的宣传者，鼓舞了一批又一批百姓，跋山涉水来四川。

比如世居福建漳州府的陈氏，便带着整个家族2000多口人集体移民四川。同为祖籍福建漳州府的徐氏，也在同一时期，带着老婆孩子，靠着步行来到重庆大足定居。

无独有偶，广东的一位私塾先生，听说四川沃野千里，土旷人稀后，也毅然带着5个孩子，一起移民到四川。

这样的百姓还有很多很多。据不完全统计，整个康熙年间，前后约有155万人移民四川，而其后的乾隆、嘉庆时期，移民四川的百姓，更是高达420万人。然而，随着大量百姓涌入四川，四川的移民环境却渐渐恶化。早期的移民者，还可以随手一指就拥有一大片土地，而后期来到四川的移民，却发现川内的土地几乎都有主了，纵使他们远离故土移民四川，依旧是无尺寸之地的赤贫者。

但不管怎样，总有冒险家源源不断而来，梦想在四川淘金，改变自己的生活。这样一批又一批的冒险家，无形中成了“湖广填四川”的基石，让这一人口迁徙的浩大工程，在史册上书写下浓墨重彩的一笔。

游牧汗国准噶尔，火器为何比清军还先进？

在清王朝平定准噶尔汗国叛乱的八十多年战争里，最刷新历史爱好者认知的，正是准噶尔军队那武装到牙齿的装备水平。

比起当时蒙古各部落“弓马骑射”的风格，同为蒙古骑兵的准噶尔军队，却早已实现了“弓箭换枪”。清朝康熙皇帝亲征准噶尔的乌兰布通大战上，准噶尔军队就敢部署“驼城”，其上万火枪手以“驼城”为掩体，向冲锋的清军发起凶猛火力打击。目睹此战的法国传教士白晋的形容：“厄鲁特（准噶尔）人仗着良好的排枪的强大火力，迫使皇帝（康熙皇帝）的骑兵退出战线。”

而到了四十年后的清朝雍正年间，再扯叛旗的准噶尔汗国，其更加升级的火器装备，竟对清军形成了压倒性优势：准噶尔军队装备的“赞巴拉克火枪”和“骆驼炮”等先进火器，令清军多次疲于招架。以清朝名将岳钟琪的叹息，准噶尔军队的重型火枪，不但远胜清军火枪，甚至比清军的轻型野战火炮还狠。双方的巨大差距，简直是“我子母炮（清军野战炮）击远轻便不及贼之大鸟枪（准噶尔火枪）”。

也正是凭借这绝对优势，雍正年间的和通泊战役里，准噶尔军队才能集结优势兵力装备，成建制吃掉清军傅尔丹部的近七千精锐，叫“康乾盛世”时代的清王朝，遭受了自顺治年间衡阳战役后，八旗的最惨痛一败。

那么问题来了，作为“游牧汗国”的准噶尔汗国，为什么会拥有如此强大的装备水准？主要有以下三个原因。

第一个原因，就是准噶尔汗国良好的地理优势。

乍一看去，准噶尔的地盘，属于“贫瘠的西北地区”，但事实上，却是发展火器的风水宝地。其境内不但有肥美的水草地和繁荣的商业，西部毗邻的中亚地区，也正处于火器发展的重要时期。从 16 世纪起，中亚列国就纷纷更新火器装备，火器贸易更是红红火火。中亚的撒马尔罕和安集延等城市，都是知名的“军火重镇”，长期在中亚作战的准噶尔军，当然近水楼台先得月，通过战争和贸易等手段，源源不断拿到精良装备。

所以，早在清朝康熙年间时，当时的准噶尔军队，就与普通蒙古军队截然不同，相反有着中亚国家军队的烙印。以《秦边纪略》记载：准噶尔军队的火器战术，就完全复制乌兹别克人“先鸟炮，次射，次击刺”的套路。更有大批中亚火器工匠与精锐士兵，直接加入到准噶尔的作战部队里。这支兼有蒙古骑兵迅烈特点和中亚国家犀利火力的劲旅，确是当时清王朝的劲敌。

第二个原因，则是准噶尔汗国强大的手工业。

单靠购买和缴获，当然不能维持一支强大的火器部队。而准噶尔汗国在这事儿上，更是画风清奇：不但有发达的农业，更有成熟的手工业，特别是其军工产业，技术水准更是极高。

以《西域图志》的形容说，准噶尔的军工业十分发达，比如“其铁最良”，发达的冶铁业，也让准噶尔有雄厚底气铸造枪炮。准噶尔的枪炮产业，更是突飞猛进，不但能够自主制造各类枪支弹药，且专门从事制造枪炮的工匠，就多达六七千户。故宫博物院和承德避暑山庄珍藏的“厄鲁特鸟枪”（准噶尔自制火枪），还装有避风雨的枪盖，制作工艺十分精良，见证了准噶尔工匠的水准。

甚至，清朝乾隆二十七年（1762），即准噶尔汗国已经覆灭五年后，清王朝依然根据举报，一次性就从昔日准噶尔故地伊塞克湖畔，挖出准噶尔埋藏的“冲天炮四，冲天炮筒八，大小炮子万余”。如此强大的规模生产能力，足以把先进的火器，批量装备准噶尔大军。

而第三个原因，也就是最重要的原因，就是准噶尔汗国的统治者们，对火器装备如饥似渴学习的态度。从噶尔丹时代开始，准噶尔更找到了一条快速发展火器装备的捷径：利用战俘。

《准噶尔汗国史》记载：单是在伊塞克湖边，给准噶尔人冶铁开矿的俄国战俘，就有一百多人。他们给准噶尔人带来了爆炸力更强的火药配方，教会了准噶尔人熔炉冶炼等技术，许多代表当时俄军水准的枪炮武器，也在他们的指导下陆续造出。

这些战俘们如此卖力，正因准噶尔统治者们的优厚政策：只要能造出硬家伙，不但能在准噶尔享受优厚的地位待遇，甚至还能重获自由回家。比如瑞典人雷纳特，这位曾经的瑞典炮兵准尉，因战争被俄军俘虏，然后又在亚梅什湖战役里被准噶尔俘虏，然后因一手火器技术，他被准噶尔奉为上宾，在之后的十七年里，把西欧的野战火器技术带给了准噶尔人。之后也重获自由，赚得盆满钵满后返回瑞典。

可以说，正是这种开放的学习态度，让准噶尔军队的火力，一度对清军形成了压倒性优势。而雍正年间的清王朝，也愤然开始急起直追：在雍正皇帝的全力投入下，清王朝在北京和西安设立作坊，把缴获的准噶尔火器掰碎了研究，终于成功开发出了各种新型火器，实现了对准噶尔军队的火力逆袭。多年后乾隆年间的清军，能够成功平定准噶尔，打赢这场捍卫国家统一的战争，就有那些清朝军工人员的心血。

单看清王朝与准噶尔汗国间，数十年战争里的此消彼长，就可知核心技术强国，是何等重要的道理。可惜见证这个道理的清王朝，接下来却走上“弓马骑射”的老路，终于在鸦片战争里，面对更强大的对手，蒙受了战败的耻辱。

从辉煌到耻辱，大清的差距，不在几杆枪炮，而是理念的缺失。

雍正究竟是怎么死的？

在中国历代皇帝的“秘闻”“传闻”里，“雍正之死”是桩至今引来多少“猜测”甚至“艺术加工”的神秘事儿。

比如就是在清代年间起各类脑洞大开的民间野史里，“雍正之死”就被“艺术加工”成了多少爱恨情仇，甚至还有吕四娘带领反清义士们“深夜入宫杀雍正”的劲爆剧情。“雍正死时没头”的惊悚传言也从此流传数百年。就连当代各类“宫斗剧”“女频小说”也跟着凑热闹，给雍正帝的“非正常死亡”增加了不少“新死法”。

其实，只要细较真下历史就知道，野史里雍正那些“非正常死法”，基本都经不起推敲。特别是“女侠入宫杀雍正”的桥段，更属于为黑而黑。

不过，如果细看雍正去世时的历史记载，却也能发现，这其中真有“不正常”之处。以《东华录》《清实录》等典籍记载，雍正十三年（1735）八月二十一日，五十七岁的雍正帝就染上重病，但当天还“仍照常办事”。到次日“戊子时”，雍正就已病得不行，这才连忙召来允禄、允礼、鄂尔泰、张廷玉，当场宣布宝亲王皇四子弘历（不久后的乾隆帝）为皇太子，快速完成了权力交接。八月二十三日“子刻”，雍正帝胤禛，这位中国古代史上知名的铁腕强人，就这样突然病逝于圆明园内。

而且雍正去世时，也仅仅只有五十七岁。放在现代职场上，等于是连法定退休年龄都没到。而雍正的老爹康熙帝五十七岁时，不但毫无病相，更兴冲冲地下了趟江南，一通尽兴游玩，还顺手给江南拉了五十万两银子的亏空。放在雍正帝的这辈子，在五十七岁之前也向来以“精力充沛”著称。怎么就在这正值壮年的岁数，生场病不到三天就驾崩了？

在雍正帝驾崩一天后，新皇帝乾隆帝做的一件怪事，也加重了后人的猜测：

乾隆皇帝把先前伺候雍正帝的道士张太虚、王定乾等人都逐出宫去，并且警告道士、太监、宫女们不许随便议论宫中情况，否则就要“严行拿究”“定行正法”。

那究竟是什么事不能随便说呢？其实，这应当就是雍正帝英年早逝的一个重要原因：迷信丹药。

早在做皇子时，雍正对于炼丹，就有着极度的痴迷。康熙年间时他就曾写过一首名为《烧丹》的诗，除了生动描述了“铅砂和药物，松柏绕云坛”的炼丹过程，更抒发了“自觉仙胎熟，天符降紫鸾”的愿望。待到君临天下后，“炼丹”这事儿，雍正自然是“敞开了造”，以内务府《活计档》记载，雍正在位时期，多次采办红铜、黑铅、矿银等“炼丹材料”，特别是在位最后五年，他先后157次下旨采办原料，炼出的丹药，自然是“巨量”。

这“巨量”的丹药，雍正除了自己享用，也用来赏赐大臣。他曾专门给宠臣田文镜写信，大赞丹药的功效，并说自己“知之甚确”，也就是早就服用过了。他赏给大臣查郎阿等人的丹药，一次就是一匣，也可见他日常的“服用量”有多大。不过，这丹药再好，也都是铜铅砂银等有毒物质炼成，十几年如一日往嘴里塞，吃到健康状况恶化，一点不奇怪。

不过，如果纵观雍正帝的十三年的执政生涯的话，“丹药”之于他的英年早逝，也只能说是个次要原因，最重要的原因就三个字：压力大。

虽然当年雍正帝的即位过程，被野史改编出了好多版本的“九子夺嫡”话剧。但初登基时雍正帝就明白，他争来的大清江山，其实是一片危机重重的烂摊。一边是“内外府库无不亏空”，看似富有四海的大清朝其实穷得叮当响。一边是大小衙门腐败加剧，朝廷给百姓收一两银子的税，能被地方官吏盘剥到“五六倍以至十倍不止”。黎民百姓“苦于杂派之无穷”。

看似“太平”的大清朝，其实已成了火药桶。

偏偏这“火药桶”上，清王朝大大小小的官员们还是浑然无知，相反腐败正疯狂扩散：地方官衙潜规则盛行，大小事务都是金钱开路，朝廷的“亏空”全叫这群蛀虫饱了私囊。京城的大小官员“彼此推诿，不发一言”，几乎就是混日子。倒是卖官鬻爵的生意火热，康熙晚年时的总督官职，都给“爆炒”到三十万两白银。就连传说中“无敌”的大清军队，也是加速腐化，“枪箭具不得熟练”“败坏已甚”成了常事，没几支能打的。

里里外外，方方面面，哪里是什么“盛世”，分明是“要完”的节奏。

也正是这危急的形势，激发了雍正帝此后一系列强力的改革，以“叫贪官世代做穷人”的态度严查亏空整顿吏治，推广全国的“火耗归公”等改革，更断掉了千千万万蛀虫的财路。甚至不惜挑战“祖制”，在东南沿海放开海外贸易，鼓励工商业发展。不少贪官污吏因此狼狈落马，从昔日的“官老爷”变成了穷困潦倒的“失意文人”，他们自然咬牙切齿，在“野史”里玩命编排，不少“侠女杀雍正”的“感人故事”，就是这么来的。

但“写野史编排雍正”这事儿，对于在位时的雍正来说还是小事儿。他改革的每一项内容，面对的都是强大的阻力，必须要以“工作狂”的态度来办。所以比起在位时常“出巡”的老爹康熙来，雍正自登基起就“宅”了，除了祭陵外，他在位时就没离开过北京。每天的工作“自晨至暮，总无间断”。他十三年里批阅过的奏折，总数不下十万件。甚至到了生命的最后时刻，他还在感慨：“虽至劳至苦，不敢有一息自怠。”

仅看他的工作量，这“至劳至苦”，真是实在话。

这么大的压力，这么大的工作量，外加还严重依赖“丹药”。如此雍正，还能苦苦支撑十三年，其实已非常不容易了。

而他这十三年心血，也如愿换来了辉煌成果。贪腐积弊数十年的清朝吏治焕然一新，甚至“贪冒之徒，莫不望风革面”，“火耗归公”等改革的推行，也叫百姓负担大大减轻。老爹康熙在位几十年拉下的巨额亏空，雍正不但用十三年时间填平，还叫大清户部存银增加到六千多万两。可以说，他用十三年疯狂的工作与健康透支，为原本走下坡路的清王朝，成功续上了命。甚至接下来“乾隆盛世”的成就，也享受了雍正的改革红利。

但是，就是在雍正帝溘然长逝的身后，享尽了“红利”的清王朝，许多改革却戛然而止。于是到了乾隆皇帝在位晚期，清王朝的腐败问题又再次变得严重，以乾隆自己的话说“各省督抚中廉洁自爱者谅不过十之二三”。督抚的腐败就已如此严重。

而到了鸦片战争前夜的嘉庆年间时，雍正帝用十三年填平的“亏空”，也成了当时清朝的大窟窿：山东、安徽、江苏等省份，亏空竟都在几十万甚至上百万。虽然嘉庆皇帝多次严查亏空，甚至发出了“一至于此，实堪痛恨”的狠话。但早已“官官相护”的吏治，让每次严查都成了空话，反而闹出越查亏空越严重的笑话。魄力远不如祖父的嘉庆帝，也只能徒唤奈何，眼看着清王朝在衰败的路上，一步步下坠——缺乏继续改革的勇气，自然回天无力。

“雍正之死”的谜案背后，比起他“怎么死”的猜测来，更重要的历史启示，却是另一个硬道理：逆水行舟，不进则退。

“中国历史上最热夏天”，到底热到什么程度？

在中国古代各类关于“酷暑”的记载里，号称“中国历史上最热夏天”的乾隆八年（1743）的夏天，着实叫后人“看着都热”。

那年的中国，热到什么地步？就连身在北京的法国传教士宋君荣，都在给朋友的书信里连连叫苦:“北京的老人称,从未见过这样的高温。”作为一个天文学家，宋君荣还用当时的“拉谋氏温度表”，对北京的天气进行了测绘记录。中国国家气象局古气候研究室更对这些“测绘数据”进行了换算——这年七月北京的平均气温，高达40度。其中最为酷热的7月25日，温度也飙升到了44.4度。

这个高温纪录,是近三百年里中国夏季北方高温的“最高纪录”,至少没有“后来者”打破。

与这恐怖记录对应的，是更为恐怖的“热灾”景象。以宋君荣的叹息说，仅在北京城里，从7月14日到25日的十一天里，就热死了一万一千多人。虽然京城里几乎所有的街道，都在发放冰块和解暑药品，但“死者躺在道路或街上”依然成了常见景象。

而在中国同时期的史料里，这场“热灾”可不止局限在京城里，其酷热程度也是触目惊心：同时期的山西“道路行人皆有毙者”。也就是人在街上走着，可能就会突然热死。天津地区“土石皆焦……人皆热死”。保定府“天气亢旱”。青城县“大旱千里……树木向西南辄多死”。也就是连树都给活活烤死。石家庄一带更是“日中铅锡销化”。可以说，当时的山东、河北、山西、天津，京畿各地，都几乎要被“热疯了”。

可以说,这是自清朝建国后,从未遇到过的“极端天气”。亦堪称中国古代史上,极少见的“极端天气”。

虽然没有空调风扇，但清代的纳凉技术，已经很发达。京城里的冰块常年储备充足，各式“风扇”也技术成熟。对于达官显贵们来说，天气再极端，也不过是“热一点”的事儿。但对于乾隆皇帝就不同了，他当时的心情，简直和天气一样燥热——这是一场关乎大清江山稳定的大灾。

首先就是个“人心”问题，在古人意识里，但凡出现天灾，就意味着上天在“示警”。乾隆皇帝也在诏书里坦言“想因朕躬之缺失与用人行政之失宜”。谣言也随之泛滥，好些大臣还见缝插针，把责任甩给自雍正年间起的各类“新政”，甚至建议乾隆“恢复陋规银两”。如此火上浇油，自然把乾隆气得不轻，大骂这帮人“悖理伤道”。

但对于此时的乾隆来说，比这些“谣言”威胁更大的，却是与“酷热”一同袭来的恐怖旱灾。

这场“极端高温”带来的破坏，不只是各地“热死”的民众，更是袭击京畿的罕见大旱：酷热仅仅持续了一个夏天，但旱灾却从乾隆八年夏天折腾到次年五月，范围波及京畿以及直隶各县，几乎就是大清朝的“心脏”地带。大批灾民流离失所，蜂拥进入北京。稍微有个闪失，特别是一旦激出民变和瘟疫，这“康乾盛世”时代的大清朝，就将遭受重重一击。

幸运的是，此时的清王朝，刚刚经过雍正帝十三年铁腕改革，不但吏治正空前廉洁高效，国库储备也十分充足。之前应对“热灾”时，就是有条不紊：清王朝不但拿出了大量冰块药品，还拿出了一万两白银发给九门，专用对抗酷暑。这才叫一度人心惶惶的京城，迅速稳定下来。而面对接下来的旱灾，此时的乾隆皇帝，也并非多年后的“十全老人”模样，还是个十分务实的青年帝王，迅速未雨绸缪。

于是，在旱灾刚刚爆发时，乾隆帝就已经调拨了四十万石米粮，用于京城接下来的救灾。各地的受灾州县，也迅速进行“勘灾”，所有受灾州县的人口，要按照“极贫”“次贫”造册登记，但凡有官员玩忽职守，必然会遭到严惩。然后进行“普赈”，京城以及直隶、通州等地，也广设粥厂，用以安置各地流民。为了防止暴发瘟疫，是年十一月，还对各地的“粥厂”“饭厂”进行疏散隔离。

但即使这样，到了高温过去的乾隆八年秋天，京畿地区的流民也是人满为患。于是清王朝也启动了景州土城工程，招募流民前往做工，让灾民们“俱得趁佣自给”。以这种“以工代赈”的模式，尽可能减轻京城的流民压力。值得一提的是，为了防止以往灾害中出现的“冒领”“哄抢”等闹剧，清王朝这次还“凭票管理”：官府颁布《散赈条规》，所有的灾民按照年龄性别籍贯领取票证，然后去饭厂“凭票支领”。所以哪怕灾民爆棚，赈济依然有条不紊。

到了次年，清王朝更以“地方官劝导”“官借牧费”“出借麦种”等方式，帮助这些灾民重返家园。捎带手还重拳狠砸，一面大量供应市场米粮，让不少借机哄抬米价的奸商破产，一面法办了一批趁火打劫的牙商。对于各级官员也严厉督查。凭着这一番冷静应对，到了次年，大部分的灾民都平安回家，生产开始恢复，一场中国古代史上空前的“极端天气灾害”，大清就这样有惊无险扛过去了。

所以也就不奇怪，为什么如此酷热的一年，在清代的历史记录里，却没有太多“存在感”。因为，由于清王朝的正确应对和当时尚且雄厚的国力，这场“酷热”，并未给清王朝“伤筋动骨”。客观来说，这一年的乾隆帝，乃至大清王朝，也确实为后世留下了一个“抗灾典范”。如果遭遇这场“极端天气”的，是几十年后晚年时的乾隆帝，以及“康乾盛世”尾声的清王朝，这场灾难会带来怎样的损失后果？

而这，或许也是这场“酷热的夏天”，留给历史的回味——无论哪个时代，只要能够以最冷静的应对和最坚决的执行来直面考验，即使遭遇空前的极端灾害，也可以将损失降到最低。

乾隆死后嘉庆为何立即赐死和珅？

在清朝年间的各类大案里，若论“办事效率”最高的一桩，当属“嘉庆赐死和珅”。

这案子的“效率”有多高？嘉庆四年正月初三，大清“太上皇”乾隆帝驾崩，正月初四“亲政”的嘉庆帝，就剥夺了和珅军机大臣的职务，正月初八起，嘉庆帝又把和珅及其亲信福长安下狱治罪，命令仪亲王与成亲王接管吏部和户部，轻松就把“和珅一系”全拿下。七天后，嘉庆帝公布了和珅的二十条大罪，正月十八又正式宣布“赐令自尽”。昔日乾隆帝的心腹宠臣，大清政坛上权势熏天的和珅，仅过了十四天就彻底“凉凉”。

如此“处置速度”，正如某段相声里的描述，“正端着碗吃燕窝鱼翅呢，太监捧着三尺白绫就进来了”。

这么简单粗暴的套路，也让不少历史迷们犯嘀咕：嘉庆帝这么猴急，难道就不怕和珅党羽反扑？

要是乍一看去，这野史里很红的和珅“和中堂”，确实看上去“势力很强大”。以清代好些笔记的形容，单是在和珅最得乾隆宠爱的那几年，不但能凭借权势大捞特捞，就连他每天上朝，各级的官员都恭恭敬敬站在道旁，排成“人墙”伺候着。如此“强大势力”，还叫清朝人写诗嘲讽：“莫笑此间街道窄，有门能达相公家。”这都能“排成墙”的强大势力，嘉庆帝就真不怕？确实不怕！

其实，对于“杀和珅难度”，嘉庆帝早年还只是个皇子时，就嗤之以鼻。年轻时的他，不但早就对和珅“不能再容忍矣”，还写就了奇文《唐代宗论》表决心：“及帝即位，若苟正辅国之罪，肆诛市朝，一武夫力耳。”与唐代宗心有戚戚的嘉庆帝，早把和珅类比为“唐朝大太监李辅国”，“杀和珅”这事儿，他早憋足了“武夫力”。

正因如此，嘉庆帝“快刀斩乱麻除和珅”的操作，也收了不少膝盖。特别是邻邦朝鲜，那真是顶礼膜拜。朝鲜《李朝实录》就大赞嘉庆帝具有智勇仁“三达德”，几乎是“一日裁处，不动声色，使朝著一新，奸宄屏息”，也就是一天里简单下个命令，就让势力强大的“和珅党羽”土崩瓦解，俨然一副圣君做派。

但话说回来，嘉庆帝这事儿有手腕不假，但没这么神。对于当时的大清皇帝来说，杀个和珅这样的宠臣并不是难事。看上去“党羽众多”的和珅，别看坏事坑事干了一筐，可他真没什么“背后培养的势力”。说句寒碜话，要是和珅真有“背后培养势力”的本事，他绝对活不到乾隆驾崩时，早被乾隆分分钟抄斩了。

因为在清代“康乾盛世”时期，特别是之前乾隆帝在位的六十多年里，清朝政坛上的大忌，就是“结党”。

清朝之前的明朝，就是被“党争”祸害没了。清代顺治到康熙年间，也因为“朋党之争”惹出了一拨拨闹剧。痛定思痛之后，清王朝也对“结党”问题高度防范，乾隆的老爹雍正帝，就亲写了《朋党论》，怒斥各种“结党营私”的行径，并把曾显赫一时的“年选”“八爷党”一家家往死里整。

发展到乾隆年间，“朋党”更成了官员们听着都哆嗦的大罪。别说官员们互相勾搭，连官员“结交太监”都成了忌讳，乾隆年间的名臣于敏中，就因与太监高云从交往甚密，被乾隆一怒“交部严加议处”，与之有“勾搭”的高云从太监也被“正法”。某些清宫剧里太监动辄收官员“红包”的一幕，放在那个年月，基本就是“收命”。

放在和珅这类“军机大臣”身上，岂止“培植私人势力”是大罪，甚至清朝律例里明文规定：下层士民上书称颂高官美德，同样也是大罪。所以，别看传说中的和珅，有官员排成“人墙”表忠心，那也不过是凑个热闹而已。跟着抱个粗腿发个财可以，给和珅当“私人势力”？这在大清就是“作死”。

这种对“朋党”极其防范的态度，也是清朝皇权专制发展到顶峰的见证。在这样的背景下，哪怕如和珅这样位极人臣的角色，只要皇帝上嘴唇一碰下嘴唇，那真是说垮就垮说杀就杀，真心没太高“技术难度”。但快速灭掉和珅的嘉庆帝，这时也许并没有意识到：“杀和珅”不难，但想填平“和珅们”挖下的大坑，却是太难了。

清朝发展到乾隆后期，已是积弊重重，比如权势熏天的和珅，就是清朝官场的腐败毒瘤。虽说嘉庆帝快速赐死了和珅，但腐败的流毒依然在四处扩散：清初时那些见不得人的“潜规则”，这时都是明规则，官员们虽说不敢“结党”，但日常迎来送往，都是金钱开路。比如驻守各地的八旗将军，每年要收“三节两寿礼”，各省的巡抚每季都要收“季银”。钱从哪来？当然都是巧立名目横征暴敛。以直臣王杰的话说，陋规之下，那真是“小民困于追呼”。

可叹的是，“赐死和珅”不手软的嘉庆帝，对这日益严重的腐败问题，却是瞻前顾后。比如在法办和珅时，他就主动下诏，表示放过各级与和珅关系过密的官员，就连和珅的心腹福长安也得到了法外开恩，真正被追罪的不过和珅一人。虽说民间都传说“和珅跌倒，嘉庆吃饱”。但哪怕对和珅家产的查处，嘉庆帝也是相当不积极，简单查一下就放过了。他在位的二十来年，大清没一天不缺钱，真没怎么“吃饱”。

甚至对于当时清王朝已经问题严重的“各省亏空”问题，比起祖父雍正帝“叫贪官做穷人”的气魄来，嘉庆帝却恰相反，狠话倒也说过几句，手段却是偏软，经常是一顿雷霆训诫后，再叫官员们“徐徐办理”。这雷声大雨点小的操作，当然也叫官员们摸清了门道。于是和珅虽死，清朝各级衙门却“贪风不减”，陋规越演越烈。

在嘉庆帝看来，他的这些“偏软”手段，是一种宽仁，但“宽仁”的后果，就是让清王朝一次次失去刮骨疗毒的机会，在腐败的深渊里越陷越深。

而比这更叫嘉庆帝抓狂的是：虽说清王朝严厉防范“朋党”，清朝的官员也没什么本事“结朋党”，却又在嘉庆年间平添了“懒病”。这毛病，嘉庆年间的重臣曹振镛就一语道破：大清的做官诀窍“无他，但多磕头少说话耳”。

就是说，经过从乾隆年间到嘉庆年间的一代代积弊，外加“和珅们”的折腾与嘉庆帝的“宽仁”，清王朝的政风也早就跑偏，越是位高权重的官员，越是磨洋工混日子。最能见证大清官员这“好风气”的，莫过于嘉庆十八年的“癸酉之变”。

就是在这一年九月十五日，数百天理教徒竟杀入紫禁城，险些把紫禁城来个一锅端。虽然正在“木兰围场”的嘉庆帝躲过一劫，可这场风波发生前，清王朝一些京城的官员，已经收到了相关情报，可主持京城政务的豫王裕丰却“漠不动念”，甚至负责防务的步军统领吉纶知道此事后，竟还以为是“疯人语”，然后一个个都接着花天酒地享乐。没人把这事儿当回事，直到九月十五日紫禁城乱成一锅粥，差点酿成大祸。

而就在紫禁城的混战里，许多驻守紫禁城的兵将，甚至宗室、官员、太监，竟都被天理教徒拉下了水，还有太监当了带路党，主动给天理教徒带路。如此雷人景象，也让嘉庆帝事后越盘点越悲愤：这么一群“多磕头少说话”且“不办事”的官员，这么一个上上下下满是漏洞的大清官场，这次能侥幸躲过天理教袭击，下次还能有那么侥幸？

于是，也就有了嘉庆帝那一份著名的《罪己诏》，在这个《罪己诏》里，嘉庆帝历数了各级官员玩忽职守的罪过，大骂官员们：“若愿为大清朝之忠良，则当赤心为国，匡朕之咎，移民之俗，若自甘卑鄙，则当挂冠致仕，了此一身。”直白点说，就是你们这些官员，想好好干就认真点，不愿意干就滚蛋。讲到这里的时候，嘉庆帝也自称“笔随泪洒”。

至于听了他《罪己诏》的官员们呢？当然也依然是“多磕头少说话”，然后该咋样咋样。这鸦片战争前夜的大清朝，也就这样不出意外，继续坠落下去，直到在鸦片战争的惨败里，陷入落后挨打的悲情国运——说到底，这积重难返的毛病，每一条，都是猛于和珅啊。

清朝的黄马褂，到底能有多少特权？

许多清宫剧中，“赏穿黄马褂”都能让臣子们欣喜不已。只因小小的一件黄马褂里，蕴含着大大的能量，绝对可以让受赏者成为人群中最靓的仔。比如周星驰的作品《九品芝麻官》里，黄马褂便显露出超强的威力。片中周星星挖空心思设套，骗得恶徒常威要受大刑，正准备让他“爽到极点”，没想到常威的“干爷爷”李公公一到，把“黄马褂”往常威身上一披，那竟然就打不得了。

一件黄马褂，就能让常威转危为安。这清朝的黄马褂，到底能有多少特权？

一、至高荣誉

清朝时期的马褂，是一种独具特色的官方服饰。作为“行服”的一种，马褂通常下摆四边开叉，衣长及股，袖长至肘，便于骑马射箭或是完成一些幅度较大的动作。在所有的马褂中，明黄色马褂的江湖地位最高。这是因为明黄色是皇帝的专用色，只有皇帝近身侍卫或是特别赏赐者才可以穿着。一旦皇帝赏了谁一件黄马褂，不仅史书上要将赐穿黄马褂一事大书特书，朝中百官也会从此将受赏的人看作皇帝宠臣，丝毫不敢招惹。

“钦赐黄马褂”的功能很强大，但想要拿到这份赏赐却并不容易。据《清史稿·舆服志》记载，想要穿上黄马褂，主要有三种方式：

第一种，成为皇帝出行时随行的内大臣、御前大臣、御前侍卫等。这类人员穿着的黄马褂，称作“行职褂子”，用料没有花纹图案，只能上班时间穿，下班以后就不能再穿出来了，等于是“工作服”。

第二种，皇帝狩猎时赏赐的。清朝皇帝发迹于白山黑水之间，向来有狩猎的习惯。若是有人在皇帝狩猎期间时表现出众，或是向皇帝进献的珍禽异兽众多，便会有机会得到黄马褂的赏赐。通过这种方式得到的黄马褂，称作“行围褂子”，用料主要是鸟类的内层羽绒毛与线绞在一起织成，不仅光滑美观，还自带防雨的功能。不过，这种黄马褂也只能在跟随皇帝狩猎时才能穿，若是平日里私自穿出来嘚瑟，那便是犯禁，分分钟被人送去刑部问罪。

第三种，得到黄马褂的方式是建立特殊的功勋。这样得到的黄马褂称作“武功褂子”，可以在任一隆重场合穿着，以示荣耀。由此看来，清朝的黄马褂绝不是想穿就能穿，尤其在对黄马褂管制严格的康乾盛世时期。诸如《雍正王朝》中，年羹尧连贬十八级后，灰溜溜去了杭州还摆着大将军的谱，穿着黄马褂去看城门的桥段，放在现实生活中，基本上就是嫌死得还不够快了。

清代人对于黄马褂的重视，也让黄马褂成为当时最特别的重要衣着，以至于近代作家兼服饰史大牛沈从文也说，“钦赐黄马褂”，是清代人的至高荣誉。

二、泛滥成灾

说来年羹尧们也实在有些“生不逢时”，偏偏遇到了管理黄马褂最严格的清朝前中期。朝廷不仅黄马褂赏得少，还把穿着场合安排得明明白白的，弄得年羹尧们只好在清宫戏里，过一把黄马褂不离身的瘾。但咸丰年间起，清王朝内忧外患的形势，也叫黄马褂里的“武功褂子”，成了一项十分诱人的赏赐。比如平定太平天国的僧格林沁、左宗棠、李鸿章等人，都曾被“钦赐黄马褂”。著名的“红顶商人”胡雪岩，也曾获得一件“黄马褂”。

相当长一段时间里，这“黄马褂”，就是晚清风云人物们的“标准配置”。比如 1896 年，晚清“洋务运动”领军人物李鸿章访问美国时，就在公开场合穿上了黄马褂。一下子吸引了 50 万人驻足围观。无数人为亲眼看见了著名的黄马褂而兴奋无比，引得《纽约时报》都专门撰文报道了此事。是为这位“东方俾斯麦”一生里又一荣耀时刻。

可惜，瞧新鲜的外国人不知道，大清的黄马褂，此时已不太值钱了。黄马褂的“贬值”，从太平天国战争晚期就开始了。那时候太平天国的洪秀全玩命似的封王，清廷则玩命似的赏黄马褂，双方犹如比赛一样，都想看看谁家的赏赐先掉价。

比赛的结果，便是太平天国之乱平息后，江宁府天赐福典当行回收黄马褂回收到手软。想来天赐福典当行的老板永远不会忘记，在一个普通的再不能普通的一天，他如往常一样做着生意，结果却遇到了一个被裁撤的军爷，硬要当一件黄马褂给他。

老板再三推脱，那人却抽出腰刀大闹当铺。无奈之下，典当行老板只得按那人要求，以 50 两纹银的价格回收了这件烫手的黄马褂。

本以为破财免灾，谁知从那以后，隔三岔五就有人来当黄马褂，有的还是双眼花翎的。典当行老板心知情况不妙，急忙求助江宁知府涂宗瀛。一开始，涂宗瀛本想把黄马褂回收完了作罢，于是他资助了典当行老板一些钱，让老板只管回收，谁知黄马褂却越收越多，甚至连江宁府的其他当铺，也有人来典当黄马褂了。

涂宗瀛意识到其中有诈，连忙派出捕快查办，最终发现除了前期回收的部分黄马褂是真的，其他黄马褂都是一个与曾国藩有点交情的小作坊老板私自生产的山寨品。事情虽然真相大白，但曾经代表着无上荣耀的黄马褂，竟泛滥到有点功勋的阿猫阿狗便能人手一件，甚至连私人老板也敢山寨。晚清黄马褂管理的松懈，或可窥得一斑。

某杂志发表过《吓死人的黄马褂》一文，其中也生动描绘了这“黄马褂贬值”的雷人景象：湖南某县县令新官上任，正要抖几下官威。但没想到带人出去抓赌，抓到的赌徒，身上竟都带着“御赐黄马褂”，打不能打抓不能抓，只能憋气放人了事。回衙后想拿衙差撒气，没想到衙差一解衣服，人家身上也穿着黄马褂。原来这县里的赌徒和衙差，都是当年参加过太平天国战争，获得“钦赐黄马褂”的老兵。如此景象，也吓得县令“跌跌撞撞走下堂来，”连呼“卑职该死”。

更严重的是，太平天国战争结束了，黄马褂的贬值，依然加速。到了清末年间，不止有军功能获得黄马褂，连皇帝太后身边的亲随，也有机会得到黄马褂。比如给慈禧开火车的司机，都曾获得过黄马褂。此事经过电视剧《走向共和》的加工，演变成了慈禧赏完黄马褂，还下令司机去外国使馆门口招摇下，真是连老祖宗定下的黄马褂穿着场合的规矩也不顾了。虽然电视情节出于野史，但倘若真有此事，那便应了一句话：真不嫌丢人的。

这么一个至高荣誉，到了晚清，泛滥到这个地步。黄马褂如此，大清江山又能好到哪去呢。这小小一件黄马褂的堕落，何尝不是大清朝加速衰落最生动的缩影？

嘉庆帝做的这件小事，却影响了历史进程？

如果要评选清代一位“办不成事”的悲催皇帝，嘉庆皇帝颙琰，确是其中一位。

这位经过乾隆皇帝晚年千挑万选选出的继承者，自从亲政之后，就卷起袖子要办大事。先打掉了巨贪和珅，又全国大张旗鼓抓贪官，铁腕整顿腐败亏空。在位二十五年，几乎天天都是工作狂模式，忙到喘不过气来。

可这呕心沥血，结果又如何？清王朝发展到此时，各种弊病都已累积，父亲乾隆帝甩给他的大锅，更是重得扛不动，于是大清的腐败，越治越腐，大清的亏空，越整顿越亏空。各地的府库钱粮，“欠账”都是几何级数增长。大小的衙门官员们，“腐”的毛病没治好，“懒”的毛病也越发严重，上上下下人浮于事，以至于嘉庆十八年，两百多天理教徒就能摸进皇宫，差点把大清帝国的“心脏”翻个底朝天。

而事后嘉庆帝“简单”一查，才发现事发前，京城大小衙门个个玩忽职守，宫里的太监乃至好些皇亲国戚，也都被人家买通。悲愤的嘉庆帝一怒下了《罪己诏》，说是“罪己”，却痛斥官员们“悠忽为政”，自己“笔随泪散”。简直让几百年后的读史者，都能感受到嘉庆帝无助的泪。

那么，劳心忙活一辈子的嘉庆帝，真的一件事都没办成？确切说，他办成的一桩“小事”，却对接下来的中国近代史，产生了无比深远的影响：彻底终止文字狱。

一、屡兴狱

自从清军入关，明清易代，“文字狱”就成了清王朝举国上下，一道极度恐怖的铁链。比如顺治十八年，浙江人庄廷鑨在《明史》的基础上编写了《明书辑略》，这本是弘扬历史、传承文化的一件好事。但由于庄家富甲一方，引得归安令吴之荣几度前来敲诈钱财，偏偏庄家又文人傲骨，断然拒绝了吴之荣的无理要求。于是怀恨在心的吴之荣便将报复庄家的主意打到了《明书辑略》上，一番咬文嚼字后，吴之荣很快发现了书中的忌讳语言，并以此为由举报了庄家。结果庄廷鑨因此被锉尸扬灰，家产籍没，书中列名的庄氏族人也全部被处死，一个好好的江南大族，就这么灰飞烟灭。庄家的惨案尚未走远，戴名世私著南明史之狱就又跟着发生了，紧接着，“陆生枘著《通鉴论》案”“钱名世颂扬年羹尧案”纷至沓来，终于在乾隆时期发展成一张密不透风的文化天网。

在这种高压政策下，学者们唯恐触犯忌讳，纷纷谨言慎行，而身居高位的官员则对此更加敏感。据史料记载，三朝老臣张廷玉跟文字打了一辈子交道，却“从来未留片稿于私室”，以防留下把柄引来祸事。而在乾隆皇帝修撰《四库全书》的过程里，打着“修书”的名义，大量的“禁书”被收缴上来，有的遭到了涂改篡改，有的甚至干脆被销毁。除了明代图书以外，唐宋元明清时代的大量珍贵典籍，也都没逃过这场浩劫。好些科技文化书籍更成了禁毁的“重灾区”。

一部《四库全书》，收录图书3461余种，禁毁图书也多达2855种，文化损失极其惨重。比这些账面文化损失更严重的，是对清王朝文化创造力的扼杀。从朝堂到民间，各级的知识分子都渐渐变得谨小慎微，而制定这项政策的清王室也受到反噬，慢慢走入了一个大坑里。

二、文网弛

发现了文字狱这个大坑后，嘉庆毅然决定终结已推行了上百年的文字狱，以便挽救摇摇欲坠的封建统治。嘉庆四年，嘉庆皇帝在论比照大逆缘坐人犯时说:“即如从前徐述夔、王锡侯，皆因其著作狂悖，将家属子孙遂比照大逆缘坐定拟，殊不知文字诗句原可意为轩轾，况此等人犯，生长本朝，自其祖父高曾仰沐深仁厚泽已百数十余年，岂复系怀胜国？而挟仇抵隙者遂不免借词挟制，指摘疵瑕，是偶以笔墨之不检，至与叛逆同科，既开告讦之端，复失情法之当。”一番话诉尽了曲解文字带来的严重灾难，随后嘉庆要求刑部对这类案件立刻进行更正，这标志着清代文字狱的正式结束。自此后，带来无数文化破坏的文字狱终于退出了历史的舞台。

比起嘉庆年间的各类大事，这件事显然不起眼，但它的效果，却是立竿见影：

就以老百姓最喜闻乐见的小说来说，乾隆年间还只是以手抄本形式流传的名著《红楼梦》，自嘉庆年间起开始刊刻流传，从此成为火遍大街小巷的畅销书。《儒林外史》等曾有着相似命运的巨著，也同样走进千家万户。《浮生六记》《何典》等通俗作品也如雨后春笋般诞生，并深远影响了近代中国文学史。

这井喷般的文化，背后的意义不一般：僵硬许久的清代文化，终于从此开始有了活力。而一个焕发新生的学派，更深远影响了中国近代史：实学。

三、实学兴

随着文字狱的终结，中国文化迎来了高速发展的黄金时代。自清朝开国后一直处于低潮的实学，由此进入了蓬勃发展的快车道，一大批思想活跃的经世学者纷纷涌现，为黑夜中的清代思坛带来点点星光。比如常州今文学派的代表人物魏源，就带着“相与指天画地，规天下大计”的豪气，以“通于天道人事、志于经世匡时”为宗旨，不仅编纂《海国图志》，提出“师夷长技以制夷”的战略口号，还大力弘扬经世实学和批评精神，引领了一股经世致用的实学思潮。

在这一思潮下，文人们开始针砭时弊。包世臣提出了废八股、开言路、汰冗员以及以海运代替漕运的经世良策，汤鹏则从“医贫”的角度出发，为清廷开出了限制兼并土地，缩小贫富差距的药方。这股实学的清新风气还促进了西北边疆史地学的兴起。比如徐松在被贬谪伊犁后，就踏遍新疆南北路，写下了不朽的名著《新疆识略》，而林则徐更是在遣戍伊犁期间，写成了《荷戈纪程》，以超前的眼光提出了“终为中国患者，其俄罗斯乎”的准确观点。

而且，如果参考 1840 年，鸦片战争一声炮响后，晚清王朝面临的危机，就更能深味“实学”的意义。当大清朝堂面对“未有之变局”，依然满眼蒙圈时，以林则徐魏源为代表的“实学”学者们，却率先为近代中国探路。接下来的“洋务运动”等大事业，曾国藩、左宗棠等后来者们，都是沿着“实学”前辈的道路放眼看世界，在黑暗中艰难前行。

虽然近代史上，这条路坎坎坷坷，非常难行，却到底为那个近乎绝望的时代，冲开一道亮光。治国失败的嘉庆帝，就这么以结束了文字狱的重要贡献，为清王朝带来了鼎新革故的实学思潮。

若非如此，近代中国尚不知要在蒙昧中摸索到几时，晚清社会的变革也必将更晚到来。不过，与其说这场中国文化思想史上的重要思潮是嘉庆皇帝误打误撞带来的，倒不如说，是中国文化生命力太强，一点机会，就会茁壮成长。

草原丝绸路，竟是一条神秘的财富通道？

在金庸先生小说《鹿鼎记》中，全书灵魂人物韦小宝一路升级打怪，干下了无数轰轰烈烈的大事。这其中，助力苏菲亚公主夺权的一战无疑是韦小宝扬威异国的得意之作。

根据《鹿鼎记》的描写，当时韦小宝先是巧妙控制了火枪队，带着大部队替公主夺回了政权，又抄多尔衮的“作业”，弄出个大小沙皇的主意，让公主做了摄政王，自己带着沙俄的使者，风风光光回到北京，为中俄友谊做出重要贡献。书中皆大欢喜的圆满结局打动了无数读者，但令人不解的是，莫斯科与北京相距千里，可在莫斯科折腾完的韦小宝，按书上的说法是“不一日就来到北京”，在没有飞机的古代社会，韦小宝是怎么做到的呢？

一、草原丝路

按《鹿鼎记》的历史背景来看，若是韦小宝真想在清朝年间达到“不一日”便从莫斯科到北京的神奇效果，那他走的应该是一条历史悠久的财富通道：草原丝绸之路。比起坐落在河西走廊的丝绸之路来说，这条以蒙古草原为媒介的草原丝路，虽然名气不及前者响亮，却同样拥有悠久的历史。在汉唐宋元几个朝代里，草原丝绸之路不但是中国陆路对外的重要贸易渠道，还与沙俄有着极为深厚的渊源。

早在16世纪时，沙俄军队便越过乌拉尔山，沿着额尔齐斯河，一步步逼近草原上的蒙古汗国。然而，彼时蒙古汗国实力不俗，阻挡了沙俄军队东进的脚步，沙俄只得在征服西伯利亚汗国后，被迫停留在蒙古汗国以西，遥望着富饶而美好的远东地区。东方广袤的土地上，蒙古与远东地区的貂皮让俄国商人垂涎三尺，而沙俄的火枪与火炮也让蒙古人心痒难搔。于是，双方一合计，决定开展草原贸易互通有无，草原丝路就此正式登上历史舞台。

据史料记载，蒙古国对草原丝绸之路上的国际贸易十分重视，不但专门派使团到访莫斯科，还开出了一张购物清单，其中包括银盘、珍珠、火枪、快刀等诸多俄罗斯特产。可惜，沙俄只想获取蒙古的貂皮，根本不打算卖火枪给蒙古。蒙古使团无奈之下，只好设法夹带私运，谁知作案经验不足，回国途中被西伯利亚堡垒前哨从身上搜出九支火枪，偷运计划遂宣告失败。两国在贸易领域斗智斗勇的一幕，昭示着沙俄不但早就知道草原丝绸之路，还曾利用草原丝路与蒙古数度交手，这草原丝路对沙俄的重要性，由此可见一斑。

历史的风云转瞬到了清代。满族定鼎中原后，对这条陆上贸易的草原丝路同样十分重视。从康熙至雍正两代人，不但在内蒙古草原设置驿站，还在“外蒙古”设立驿路，等于在草原丝绸之路上，搭起了直通沙皇俄国的高速公路。不过，有些让人遗憾的是，由于北京到俄罗斯相距千里，清政府举几代人之力，直到雍正五年才在恰克图设卡经营。也就是说，如果韦小宝在莫斯科折腾完，想如小说里那样“不一日回到北京”，起码要等到雍正年间去了。

韦小宝虽然无缘享受这条高速公路，但这丝毫不影响大清对草原丝路的无比重视与极力维护，以致后世许多人忍不住千万次地问：大清为什么要费这么大劲，来维护这条通道呢？

二、财富通道

其实，清王朝重视草原丝绸之路的最根本原因，是在于草原丝路对于大清来说，不仅仅是一条高速通道，更是清王朝的财富大动脉。大清闭关锁国，看不懂蔚蓝海洋的经济价值，但对草原丝绸之路上的经济账，他们可是真门儿清。就拿《尼布楚条约》后大清在草原丝绸之路的最大贸易伙伴沙俄来说，中国的货物对于当时的沙俄，样样都是刚需。

比如大清盛产的茶叶，就是俄国人时刻离不开的宝贝，以致沙俄国内还曾掀起过一场“宁可一日无食，不可一日无茶”的饮茶热潮。狂热浪潮加持下，沙俄农民或布里亚特人出售货物时，都优先选择茶砖交易而不是钱，因为他们相信，茶砖在任何时候任何地方都能轻易变现。这份对茶叶发自肺腑的热爱，反映在贸易中，就是大清通过草原丝绸之路销往沙俄的茶叶数量年年攀升。

据不完全统计，道光十年，清王朝销往荷兰、俄国的茶叶为560440磅，而到了道光十二年，这一数字则快速增长到6461000磅。庞大的茶叶销量彰显了草原丝路的重要价值，而来自古老东方的棉布，也在1775年至1781年短短几年时间里，以每年106万卢布以上的销售额，推动着草原贸易走向新的巅峰。

大清因此赚得盆满钵满，而作为购买方的沙俄也当起了中间商赚差价，转手将中国货物倒腾到荷兰等西欧国家，狠狠发了笔横财。可以说，一条草原丝路，将世界两个大国的商业版图紧紧拼在了一起，也为中俄两国，打通了一条双赢的财富通道。

不过，草原丝绸之路虽然为大清带来了数不清的财富，但也让清廷担足了心事。谁让作为贸易伙伴的沙俄，总是带着对中国北方的扩张野心，时刻惦记着借助草原丝绸之路搞事情呢？一开始，沙俄还只是在和平贸易的框架下干点夹带私货的小动作，但渐渐沙俄的野心越来越大，竟然借着草原贸易的机会来刺探大清的情报。好在清王朝拥有草原丝绸之路这个大杀器，一见沙俄试图侵犯中国主权，清王朝立刻动用草原丝路进行贸易制裁，让沙俄吃足了苦头。

想来沙俄不会忘记，18世纪上半叶，他们妄图侵犯中国西北与漠北，谁知偷鸡不成蚀把米，被激怒的清政府当即宣布禁止俄商在蒙古地区贸易，杜绝俄商来京贸易，以致整个中俄贸易，几乎完全陷入停滞。为了保住中国市场的巨大利润，沙俄急忙派使团来华谈判，请求清政府解除制裁，扩大两国贸易规模。一番软磨硬泡，最终说动清政府在与沙俄签订了《布连斯基条约》与《恰克图条约》，详细规定了俄商队人数、频次及在两国边界设立互市等内容后，重新向沙俄打开了贸易的大门。岂料沙俄一见贸易重启，竟然好了伤疤忘了疼，跑去干预清政府平定准噶尔叛乱，气得清政府再度祭出停市的大招，而且还一连停了三次，以此警告俄国收降纳叛，妄图分裂中国的行为。

彼时，中国是俄重要的商品输出国，清政府一句停市，瞬间让俄国不但各种生活日用品供应短缺，还令俄国的国家财政收入大为减少。无奈之下，俄国只得再次做小伏低向清政府求和，哭着喊着要痛改前非。小小一条草原丝路，就这么成了帮助清王朝挫败分裂分子的图谋，奠定并维护对新疆等领土主权的大功臣。不过，贸易制裁有用，除了草原丝路自身的魅力外，还仰仗于当时清王朝强大的国力。待到晚清年间，特别是鸦片战争后，清王朝陷入落后挨打的泥坑，从产业到军事实力，都被人家甩在身后，再“黄金”的贸易通道也是没有，反而给侵略者提供了便利！多少的兴衰，就在这教训中。

这件“小商品”影响东北亚两百年命运

一、大清的“皇恩”，抵不过四十张貂皮

1689年的9月7日，清朝领侍卫内大臣索额图与俄国御前大臣戈洛文代表各自的政府，在中俄之间的第一个边界条约《尼布楚条约》上签字用印。签订完成后，戈洛文兴奋无比。要知道当时清军在战场上占有绝对优势，又背靠祖国大后方，后勤补给比跨过整个西伯利亚才能运送到前线的俄国人，不知道要便捷多少。

硬实力显然不够，逼得戈洛文使了“盘外招”，原来在最终谈判前，他通过购买情报，对康熙爷所定的中方底牌了解得一清二楚，因此对谈判早已胜券在握。

那么是谁“帮了忙”呢？原来是清军随行的外国传教士，即作为中方翻译的张诚（法国人）和徐日升（葡萄牙人）二人。

说到这两个人，那在康熙年间历史上，真是标准的熟脸。都是来华的欧洲传教士，取了中国名进了大清宫廷，常年深受康熙皇帝信赖，尼布楚条约谈判前，康熙皇帝还特意授予他们三品顶戴，真个是“皇恩浩荡”。好些曾创造收视率新高的清宫戏里，还有这二位“洋大臣”跋山涉水，为在前线染病的康熙帝冒死送药的感人剧情。这么两位“忠诚度”极高的人，怎么会被沙俄方面拉下水？

而以俄国档案的记载：就是在尼布楚谈判最为僵持的时候，戈洛文就与这二人展开接触，也就是要“打通关节”。而这两位被康熙称为“贞朴无间”的“洋大臣”，反应也特朴实，半句套话没有，先开口要好处，接着就把清王朝这边的“谈判底线”和盘托出。凭这“仗义帮忙”，沙俄一下子扭转了谈判桌上的被动局面，最终和清王朝签订了《尼布楚条约》。如此结果，当时叫沙俄朝野欢呼，公认“莫

斯科外交的极大胜利”。

经办此事的戈洛文，回到俄国后就获得金质奖章，而后又荣升陆军元帅，十分风光无限。那么在谈判时刻给他施以援手，提供核心情报的两位“大清洋大臣”，又得到了什么呢？这忙当然“不白帮”，以戈洛文的话说，他回报给二位的，可是沙俄“大君主的恩典”——四十张貂皮。

后世好些不太熟悉古代贸易史的朋友，看到这里都常纳闷：怎么区区四十张貂皮，怎么比大清朝的“皇恩”都重要，能叫这二人毫无压力出卖起国家利益来？其实，这四十张貂皮放当时，真是好大一笔钱。那时貂皮在欧洲的绰号，就叫“软黄金”，四十张貂皮？那真好似一堆金子摆眼前。

而且，从明末清初起，沙皇俄国之所以一拨拨“探险队”杀向东北大地。哪怕《尼布楚条约》签订后依然不死心，在整个清朝三个世纪里，逮住机会就“咬”一块中国领土。其重要的诱因，也正因这貂皮——貂皮贸易背后的巨大利益。

二、沙皇俄国的“毛皮之路”

十七世纪时，貂皮被称为“软黄金”，全世界产貂皮最好的地方，就是中国东北大兴安岭。这里的貂皮被誉为天下之最。而这地方，亦是清王朝起家时的“自留地”。而对貂皮的价值，清王朝也早不陌生。比如当年被清军俘虏的“大明忠臣”洪承畴，本来都摆谱绝食了，清太宗皇太极亲手把貂裘往他身上一披，这洪大人当场就扑通跪了，流泪高呼“真命世之主也”。一件貂皮，就换来了一位未来的大清“三等轻车都尉”，意义重大。

更重要的是商业价值，东北大地与内地间的貂皮贸易，在嘉靖年间时就红红火火。以明朝火器专家赵士祯的话说，努尔哈赤的火器装备，基本就是用貂皮换的。八旗精兵崛起的重要原因，也是“擅我（明朝）貂参之利以成其富”。所以清朝入关后，也在东北建立了“贡貂制度”，由内务府每年来东北收貂皮，用于皇家消费和转卖。

但这时的清王朝却想不到，珍贵的黑貂皮，也刺激了千里之外的俄国人疯狂的扩张野心。在当时的欧洲毛皮市场上，貂皮就是价值不菲的硬通货。四处扩张的沙俄，更视之为奇珍。从明朝末年开始，沙皇俄国就出台各种“免税”“奖励”

政策，鼓励俄国商人去东方寻找貂皮。一批批俄国“探险队”也就红了眼睛一般，深入到黑龙江流域“收购”貂皮。

他们的“收购”，对于东北大地的各族同胞们来说，是一场不折不扣的灾难：常规的操作，就是抓捕土著部落的首领，然后以他们为人质，要求部落交出貂皮。一旦遇到反抗，他们更会疯狂屠戮村落。比如 1642 年到 1645 年，沙俄波雅科夫匪帮，就从黑龙江流域掠夺了 400 张貂皮。《清实录》里形容说，这些人“攘夺貂皮，劫掠村庄，剿劫人口，肆恶多端”。

在这种劫掠下，沙俄的毛皮贸易量，也是直线增长。17 世纪初时，沙俄仅每年销往欧洲的貂皮，就能换取四十多万卢布。到了“清兵入关”的 1644 年，貂皮贸易获得的收入，已经占到沙皇俄国政府财政收入的百分之十以上。这每一分钱背后，是多少东北各族同胞的血。巨额的貂皮收益，也刺激了沙皇俄国的扩张野心。很快，他们就不满足这种小打小闹的“收购”了。以戈洛文（签《尼布楚条约》的那位）的话说“占领广大的黑龙江流域地区将使国君获得极其巨大的经济和政治利益”。他们开始在黑龙江流域修筑堡垒，强行奴役当地部落，疯狂征收貂皮做“赋税”，雅克萨城就是其中一个重要据点。

更严重的是，沙俄这样的劫掠，导致黑龙江流域的部落或是惨遭屠戮，或是被沙俄压榨，清政府在当地的“貂贡制度”也遭到破坏。许多不堪忍受沙俄侵略的部落，不得不大批南迁。中国东北黑龙江流域，一下子面临真空状态。对于初立国的清王朝来说，这不只是少收几张貂皮的事儿，更是国家主权与国防安全的巨大威胁。

而在忍无可忍的清政府发动两次自卫反击战，狠狠教训了沙俄侵略者后，一纸《尼布楚条约》，换来了东北边境近两个世纪的和平。但虽然对动武这事儿，沙俄暂时没有脾气，但对貂皮贸易，却经常“夹带私货”。

三、《尼布楚条约》，貂皮贸易吃亏不小

其实，如果清王朝能够看到貂皮贸易背后的巨大国际贸易利润，把貂皮作为反制沙俄的手段，甚至以此为契机发展北方经济。大清的东北大地，不但防务会得到巩固，经济人口也都会得到长足发展。貂皮为东北带来了灾难，但其实也是

战略机遇。遗憾的是，清王朝没有看到这个，依然只是把“贡貂制度”当作一种统治手段。反而是沙俄方面，对这事儿却看得更远。《尼布楚条约》谈判时，就在貂皮贸易这事儿上夹带私货，提出“许俄商贸易互市”。清王朝这边呢，觉得这事儿不算大，不假思索就同意了。39 年后的《恰克图条约》又加了一条：均不取税。

这样一来，就带来了咄咄怪事：以当时清朝的法律，内地的民间商人是不能直接去东北买貂皮的，但沙俄商人凭着《尼布楚条约》，却可以堂而皇之进来收购貂皮，后来还不用承担赋税。他们加工的貂皮，不但能倒卖到欧洲，还能倒手更高价卖到内地来。之后的近两个多世纪里，沙俄通过这条“毛皮之路”，常年大赚特赚，给忙于扩张的俄国“补血”。

而另一方面，无视貂皮贸易的清王朝，虽然“吃小亏”换来了东北的稳定。但东北特别是黑龙江流域的经济人口，多年来一直增长缓慢。到了清朝嘉庆十三年（1808）时，黑龙江将军治下的人口，竟只有 13 万多。看过这样的此消彼长，就知半个多世纪后中国东北那场沉痛的边疆危机，早已是山雨欲来。

第二次鸦片战争后，沙俄通过不平等条约，割占了中国大片土地。清王朝在东北当地实行了二百多年的“貂贡制度”，也越发名存实亡。到 20 世纪初终于彻底废止。

而经济建设与战略眼光，对于国防安全的重要意义，那一张曾价值不菲的东北貂皮，就承载了多少教训与记忆。

多次死里逃生的嘉庆帝，为何却神秘死亡？

一、“铁人”的离奇驾崩

清朝嘉庆二十五年，即1820年9月2日，一则突发的爆炸新闻，刹那间惊呆了大清朝南北各地：六十一岁的嘉庆皇帝颙琰驾崩了！

尤其意外的是，在这桩死讯传来前，在位二十五年，亲政二十二年的嘉庆帝颙琰，简直是举国公认的“铁人”皇帝，以今天好些学者的话说，他的“工作狂”程度直追明太祖朱元璋。身板更是硬朗，他平日给大臣的炫耀说，朕这强健体魄，活到七八十岁简直小意思。甚至就在他驾崩前几天，他还在去避暑山庄的路上，兴致勃勃扎进沿途农田里看庄稼，腿脚走半天也不觉得累。驾崩前的当夜，他更认真批了一摞奏折，发了几个重大指示！

然后，第二天早晨，就这么突然驾崩了！

而且比起这硬朗的身板来，二十五年来，斗志旺盛的嘉庆皇帝，当时更出名的却是“命硬”，帝王生涯里甚至有两次几乎命悬一线的刺杀惊魂！这么一个福大命大的健康皇帝，就这么在猝不及防间与世长辞。真是自然死亡？

于是，一直到今天，嘉庆皇帝的死因问题，一直惹得中外学者们议论纷纷。甚至连八竿子打不着的瑞典学者赫定，都有神奇研究结果：精力旺盛的嘉庆皇帝，在避暑山庄里色胆包天，霸占了一个工匠的妻子，害得工匠家破人亡。结果惹得天怒人怨，被天上一道炸雷劈个正着。以赫定的原话说：“这真是上天的惩罚！”

但抛却这可以编小说的“上天的惩罚”。嘉庆皇帝之死，也确实是清朝历史上一桩意义重大的掌故：他最接近历史真相的死因，就是清王朝兴衰的缩影！

这事，就得从这位神秘死亡的帝王，一生看上去十分平庸的帝王生活开始说！

二、“平庸”的治国强人

作为乾隆皇帝的第十五个儿子，排名就看上去黯然的颙琰，自从懂事开始，就是夹着尾巴做人，平日里话都极少说，遇事更从不出风头。每天就是按部就班地读书学习，以他自己的诗歌说，每天最大爱好就是“夜读挑灯座右铭”，也就是学习学到三更半夜。俨然一个老实听话的乖孩子。

但历史再次证明，老实孩子到底不吃亏。乖孩子颙琰，终于以其三十年如一日的老实表现，赢得了苛刻老爹乾隆皇帝的垂青。先早早被作为接班人悉心培养，然后在父亲乾隆皇帝八十五岁那年，就被正式捧上皇位。又在“太上皇”乾隆帝的督导下，做了三年乖皇帝。但到乾隆皇帝与世长辞，长期黯然的嘉庆帝终于骤然爆发，正式执掌帝国权柄的他，出手就是一片暴风骤雨！

尤其叫大清举国连呼想不到的是，当时八十八岁高龄的乾隆皇帝前脚刚过世，第二天嘉庆皇帝就咬牙下了旨：把受乾隆皇帝宠爱了一辈子也捞了一辈子的大贪官和珅，就地免职查处！钢刀雪亮的兵丁们，更是第一时间第一速度，把这个乾隆年间第一重臣的宅院翻了个底朝天。如此翻脸比翻书快的表现，惊出满朝文武一身冷汗！

但对于此时威风八面的嘉庆帝来说，此时他真正的感受，却绝不是翻身做主的得意，相反却是坐在火山口上一般的恐惧：大清江山，早就被老爹糟蹋到沸反盈天的地步。官员贪腐成风，大小事务权钱开道，国库官仓空空如也。甚至大规模的白莲教暴乱，竟已被地方官员糊弄瞒报了好些年，此时已到了西南大地眼看分崩离析的地步！大清朝，已经到了最危险的时候！

为了填平父亲乾隆帝留下的大坑，嘉庆帝近乎疯狂的工作模式从此开始：赐死了大贪官和珅，和珅生前搜刮的惊人财富，也给大清朝早就穷得叮当响的国库大补血！这其中绝大多数钱财，后来基本投入到西南平定白莲教的战争，以及修治自乾隆中晚期起，中原大地愈演愈烈的黄河水患。件件都是“歇菜了”好些年且一团乱麻的难事，嘉庆帝顶着压力硬上！

而要论他一辈子最强硬，至死都零容忍的，当属他长期痛恨的贪污腐败。处决和珅只是小试牛刀。然后就是暴烈大清洗，大清朝的反贪工作，少见地出现了遇魔杀魔的凶狠场面。比如总督一级的官职，以嘉庆他爹乾隆生前叹息说，有一两成好官就不错。嘉庆却是干脆：发现一个就拿下一个。全国十一个总督，陆续叫他拿下了六个。然后是年年狠抓，整个嘉庆年间，因贪腐落马的大小官员总数，保守估计是乾隆年间的一倍，成果十分巨大！

还有另外一些工作成绩：持续多年的白莲教动乱，被他硬生生摁了下去，大清朝穷了多年的税赋财政，也一度略有盈余。文化业绩竟也斐然，从牙缝里省出钱编成的《全唐文》，虽然规模难比《四库全书》，却抢救回了大量因编纂《四库全书》而险些被毁的珍贵史料。老爹乾隆留下的一个个大坑，他填得很辛苦，也完成得很漂亮。

想想大清朝后面即将遭受的西方坚船利炮浩劫，更不得不承认，没有嘉庆帝这二十年如一日的强力填坑，恐怕撑不到鸦片战争时，清王朝就要塌陷了。保守估计，至少给大清朝续命五十年！

填坑业绩如此辉煌，嘉庆帝这位工作强人，是否也会得意几下？相反，自从登基之后，他一辈子都被笼罩在其中的，就是这焦灼的痛苦！

因为越是填坑，他越是发现：他只能减缓大清朝衰退的速度，却无力如年轻时梦想的那般，再造一个盛世大清朝。尤其叫他刻骨铭心的，就是两次死里逃生！

三、从来未有事，竟出大清朝

嘉庆皇帝的第一次死亡考验，发生在嘉庆八年，事情除了惊险，却也相当雷人：当时一个叫陈德的原内务府厨子，趁着嘉庆帝刚走到紫禁城神武门时，竟号叫着手持小刀扑过来。而本该保卫嘉庆帝的各位御前侍卫，竟然吓得呆若木鸡。若不是嘉庆帝的亲姐夫拉旺多尔济上前殊死搏斗，大清皇帝就要惨死在厨子的小刀下！

事后审讯更是雷：原来这个陈德被主人辞退，家里有老母妻儿要养，走投无路间热血上涌，竟打算杀了嘉庆出口恶气！虽说事发突然，可皇帝身边的侍卫，竟然也不中用到这地步？气得惊魂未定的嘉庆帝，把几个护军统领全都发配！

而十年以后，当嘉庆帝第二次死亡灾难降临时，现眼的可就不止几个护卫了，却是整个大内紫禁城——林清之变！当时天理教首领林清，打着“大明天顺”的旗号，深夜奇袭紫禁城。整个紫禁城的防务乱作一团。如果不是嘉庆帝的好儿子旻宁（未来的道光皇帝）临危不乱，迅速指挥部队平定，北京城可就被这群人连锅端了。气得再次捡回一命的嘉庆帝写诗大骂：从来未有事，竟出大清朝！

御前侍卫可以在刺客面前呆若木鸡，而林清之变发生时，各路军将士兵，竟吓得纷纷逃跑。事后再一深查，不但好些太监被天理教买通，就连大清宗室将军庆遥，还有宗室海康，这些嘉庆皇帝的亲戚，竟然都成了虔诚的天理教徒，为了天理教“大明天顺”的战旗，竟毫不犹豫地打开宫门，这才闹出雷人动乱！

而这些雷人乱象背后，是清朝越发败坏的吏治，哪怕嘉庆帝重手整顿，腐败风气却还是压不住，就连他苦心上马的黄河治理项目，都变成黄河大坝上戏台高筑，各级官员听戏唱曲磨洋工的雷人场面。吸食鸦片的恶习，更从官场刮到了宫廷。如果说乾隆末年，大清朝已经患上了重症，那么嘉庆帝只是减轻了症状，却远没有斩断病根！

于是，在经历了这么多次痛苦场面后，嘉庆皇帝也绷不住了，林清之变后，他就曾写下罪己诏，但诏书里却历数各级官员的玩忽职守，句句悲愤无比，说得朝堂上的高官们跪成一片号啕大哭，但跪过了呢？该怎么样还是怎么样！

所以，这位贵为天子的政治强人，一生看上去建树颇多的勤政帝王，却长期在这样痛苦的心境下工作。而在嘉庆二十五年，他动身去承德避暑山庄的一路上，他每天依然高强度地批阅公文。从一路颠簸到抵达行宫，从没有一天停歇。如此痛苦的工作强度，加上如此痛苦的心境，再好的身体，自然也绷不住！驾崩，看似突然，其实早已是必然！

如果说整个大清王朝，真有哪个皇帝生不逢时的话，首先就应该是这位一生勤苦的嘉庆帝，倘若生在清王朝草创时，他的铁腕与坚韧，必然会开创比他父亲更辉煌的功业荣耀。可惜生在了乾隆之后，只能顽强担当填坑的命。但必须说，他做得很不错了。

“道光萧条”发生的原因是什么？

如果说爆发于道光二十年（1840）的鸦片战争，好似一声晴天霹雳，那么之前已持续二十年的“道光萧条”，就好似山雨欲来的长久阴霾。

其实，“道光萧条”这个词，是20世纪末起，由吴承明、李伯重等学者提出来的新名词，指的是第一次鸦片战争前后，晚清道光年间持续三十年的经济大萧条现象。尽管对这个“新名词”，学术界还有颇多争议，但只要翻看相关史料，扑面而来的，正是种种触目惊心的萧条景象。

最常见的萧条现象，就是当时几乎飙升的白银价格。道光皇帝登基前的嘉庆年间时，一两白银可以兑换制钱1000文，到了鸦片战争前夜的1834年，一两白银竟可以兑换白银2200文。飞涨的银价，带来了经济上的连锁反应，要用白银交税的百姓，负担当然年年激增，民间商贸也遭到冲击，即使是经济发达的江南地区，也是“富商大贾，倒罢一空，凡百贸易，十减五六”——家家“清仓处理”，一半以上的店铺关门。

政府的财政收入，当然也损失惨重。虽然从账面看，清政府的“地丁银”等收入似乎减损不大，但那大多是各级官员“虚报”的。比起嘉庆年间每年六百万两白银的地丁银收入来，道光年间的清王朝，地丁银却连每年五百万都收不到。各级官府大面积亏空，以道光皇帝哀叹地说，“动拨则无实储”。看似账面上有钱，用钱的时候才发现没钱。

而且就这么点钱，还是官员们为了政绩，向老百姓“任意取盈”的结果。原本银价上涨，就会造成老百姓负担加剧。外加官府没钱，当然也要让老百姓多买单，所以各种“浮收”变本加厉。以《清实录》记载，比如湖州府的乌程与归安两个县，“浮收”白银就多一倍。陕西仅粮道衙门，每年就“浮收”六万两白银。简直是越“萧条”越朝着老百姓狠宰。如此一来，民生也就可想而知。所以，也就有了鸦片战争前夜，好些让后人啧啧称奇的怪现象：明明是二十年和平时光，晚清的百姓生活，却是一年赛一年困顿不堪。以 1825 年江苏巡抚陶澍的奏折说，江南的老百姓生计已是“内实形其不足”。

富庶的江南尚且如此，其他地方当然更惨。各地都有农民失去土地，大批流民游荡四方，以 1826 年龚自珍的疾呼说：“自京师始，概乎四方，大抵富户变贫户，贫户变饿户，四民之首，奔走下贱。”这样的恶性循环下，鸦片战争前的这段“承平”年代，也就成了民变频发的危机时代：单以《清实录》的统计，从道光帝登基至鸦片战争爆发，大清各地就已爆发民变二十三次，包括了从京城到地方十八省，且有“抗租”“抗暴敛”“抗漕”等各种名目。各省的交界地区，都常盘踞着大量强盗团伙。道光年间的内阁侍读黄瀛山就感叹“邪教盗匪，在在皆有”。哪怕没有鸦片战争，都可见乱成一锅粥。而且，看过了这些乱象，也就不难理解接下来的太平天国战争——持续数十年的“道光萧条”，早把坑全挖好了。

那么问题来了，为什么在这段和平年代里，清王朝会发生如此恐怖的萧条景象？公认的第一条原因，就是清王朝的经济瓶颈：道光年间时，中国人口已经突破了四亿，人口与土地的矛盾空前激化。但固守小农经济的清王朝，蹒跚前行的商品经济，乃至依旧封闭的国门，早就令大清的国民经济发展，进入了死胡同。于是越困顿越封闭，越封闭越困顿，成了死结。但比起这封建经济发展中的固有毛病，大清萧条到这地步，还有两条特殊原因，其中一条，就是空前泛滥的鸦片贸易。道光皇帝登基后，正是英国鸦片贸易最红火的年代。一箱产自印度的鸦片，成本价 237 卢比，卖价却是 2400 卢比，属于当时最暴利的行业。大量的鸦片，就这样疯狂倾销进中国市场，道光帝登基的第一个十年，英国每年向中国输入鸦片一万箱以上。到了第二个十年，即鸦片战争前夜时，英国每年向中国输入鸦片两万箱以上。红火的烟管，不但摧毁着国人的健康，更“烧”着大清的钱：1830 年至 1834 年，清王朝平均每年外流白银，多达五百四十万两。

看过这恐怖的“烧钱”，就明白为何道光年间，白银价格始终飙升：陷入步履蹒跚的大清经济，就这样被鸦片抽干了血肉。而比起鸦片的诱因来，“道光萧条”也更有一桩发人深思的内因：彼时清王朝深入骨髓的腐败。就以“烧钱”的鸦片贸易来说，“道光萧条”时期，清王朝何尝不知道鸦片的危害？但一个怪圈是，林则徐虎门销烟前，大清越是拼命查禁鸦片，输入中国的鸦片，越是数额暴增——就连广东福建的沿海水师，都按照鸦片的箱数来抽取好处，所谓的禁烟命令，只是他们提高索贿数额的口实。以至于“每船得洋银四百圆六百圆不等”，安心发着“白银外流”的财。

而这样的腐败，放在“道光萧条”年间，也只是常见现象。昔日官场上见不得人的陋规，在道光年间都上了台面。比如最简单的地方官觐见，以《道咸宦海见闻录》的统计，按察使级别的官员每次进京，送给六部九卿官员的贿赂，就多达一万五千两白银。州县官员征收赋税，年节官员走动往来，样样都要巧立名目搂钱，所有的钱，当然都落到老百姓身上。

所以，在这个“道光萧条”的年月里，既然年景不景气，缺钱缺红眼，那么各级官员想到的，绝不是如何抚恤民生，却是怎样让小民们“买单”损失。所谓的“道光萧条”，经济问题的表象下，却是如此积重难返的腐败问题。萧条中的晚清王朝，自然也就在鸦片战争的炮声中，坠入落后挨打的境地。经济问题的背后，却是超越经济范畴的叹息与警钟长鸣的回味。

贰

清朝官场的生存法则

历史上真有《百官行述》吗？

说起大热电视剧《雍正王朝》，相信不少观众都对剧中的一个小人物任伯安印象深刻。

虽然整部电视剧里，任伯安出场不过三秒，但由于他利用职务之便，花了一辈子的时间，弄成了一套记录了大清三百多名官员隐私、把柄的《百官行述》，一下子扬名朝堂内外，也因此引发了众人争夺《百官行述》的精彩一幕。

最终，年羹尧为夺《百官行述》屠了江夏镇，四爷胤禛灭口了自家亲信高福，太子狼狈下课，十三爷被圈禁十年，而好不容易抢到手的《百官行述》，则让胤禛一把火给烧了，气得见惯了大风大浪的康熙，也瘫倒在床上连声怒骂。若非康熙老爷子身子骨硬朗，只怕雍正就得提前登基了。

小小一本《百官行述》，竟然震慑得满朝文武集体害怕，就连王子皇孙也只能将其付之一炬。如此厉害的玩意，历史上真的有吗？

一、惊人的账单

若是按《雍正王朝》的描述，《百官行述》出现的时间，应该是康熙至雍正年间。那么，这份吓坏满朝官员的文件原型，就是吴存礼的账单。

吴存礼是汉军正红旗人，康熙晚年，他先后担任四川布政使、云南巡抚，江苏巡抚等职。官运如此亨通，并非是吴存礼有什么过人之才，而是他一次次在大清官场上疯狂送礼换来的。

据吴存礼家人王国玺开出的馈送清单，接受吴存礼贿赂的官员多达 227 人，这其中既有大学士、督抚等高官，也有康熙帝诸子、宫中太监等皇帝身边人。

为了结交这些实权人物，吴存礼可算是下了血本。据不完全统计，吴存礼馈送他人的银两数目高达四十四万三千七百余两，而馈送的官员更是遍布朝堂内外，就连以清廉著称的张鹏翮与李光地，也分别接受了吴存礼馈送的1000两与2560两。

要知道，清代官员的俸禄一直不高。一个七品知县，俸禄只有45两银子，就是总督、巡抚等朝中大员，每年俸禄也不过155两至180两。

理论上来说，就算官员们清廉如海瑞外加不吃不喝，一年到头也存不下几个钱，而吴存礼随便送个礼就是44万多，贪腐程度由此可见一斑。

不过，虽然吴存礼花钱如流水，可送礼的效果却十分显著。一箱箱白花花的银子，为吴存礼搭建出一层层关系网，以至于连自诩“总督、巡抚提督等一切事皆无敢隐匿者，如有隐匿，朕即知晓”的康熙，也在吴存礼各种保护伞的蒙蔽下，评价吴存礼“居官好，亦有才干”。

能够靠着一本账单成功瞒过康熙，意味着吴存礼馈送礼金的行为，已然将满朝风云人物都牵扯了进去，而吴存礼账单更具爆炸性的信息，则是这本账单惊人的时间跨度。

从吴存礼在康熙年间做官开始，他便每年记录馈送清单，年年送礼年年记，一直记录到雍正年间落马，日积月累下才有了这本将大清朝堂上下腐蚀个遍的超级账单，以杀伤力来说，那真是丝毫不亚于电视剧中的《百官行述》。

二、溃烂的盛世

吴存礼写账单时，不过是个普通的巡抚，而记录账单对于他来说，也不过是件寻常事，这似乎从某种意义上说明，吴存礼大肆馈送的行为，只怕并非孤例。

康熙晚年，官员间互相馈赠送礼蔚然成风。像《雍正王朝》中任伯安这种事，放在真实的历史中不过就是小孩子过家家，清代官场里比《百官行述》更大的腐败，早已蔓延到朝堂内外的每一个角落里。

就拿电视剧中任伯安的后台九爷来说，他在明珠死后奉命掌管其家产800万两，但依然嫌钱少，故而不断贪污。有个叫觉罗满丕的人，发现了九皇子的这个特点，便一口气送去30万，只为求九皇子替他谋求个湖广总督的美差。

靠着金钱搭出来的青云梯，觉罗满丕成功拿到了梦寐以求的湖广总督一职。

然而，觉罗满丕到任后一点没有为百姓谋福祉的理想，反而一心只想快速捞钱回本，还带动着全省督抚布按等七名重要官员全都团结一致搞腐败。

觉罗满丕的贪腐只是清代官场的冰山一角，那高悬九天的庙堂之上，朝中官员们的心思大都放在了腐败上。

这直接导致官员们日常工作常常迟到早退，集体议事时也经常有官员缺席，办起政务来更是彼此推诿，拖延懒散，有些事情甚至要拖上好几天才会处理，以致李发甲曾痛心地评价各级“贪酷之吏”说：“念念只营功名，时时只顾身家，刻刻只虑子孙，而国家之安危，民生之休戚，毫不相关”。

时刻顾念自身利益造成的一个副作用，就是各级官员们在政务上往往报喜不报忧，“匿灾”，“匿盔”时有发生，致使许多重要的政治、经济情报无法及时闻达于朝廷，同时朝廷下发的谕旨公文，也常常面临束之高阁或阳奉阴违的命运。

而在民生方面，各级官员更是神操作不断。比如康熙曾推行了一系列奖励垦荒，蠲免赋税，兴修水利的德政，可官员们却用贪污腐化与低下的行政效率，让这些德政大打折扣，甚至让惠民之举变成累民之政。

这其中，最具代表性的当属河工方面的贪腐。朝廷下拨的水利基金，被各级官员层层克扣，以致各项工程的质量都不能保证，有些官员还故意将完好的堤坝扒开缺口，以便在修补时再次贪污钱粮。

人为制造水患虽然让官员们赚得盆满钵满，但却给百姓带来了致命的伤害。每逢灾荒之年，民间“老幼弱稚者半为飑积，少壮强勇者乞食他乡”，就连天子脚下的北京城里，也涌入无数凄苦流浪的灾民。

一张账单背后，就是康熙盛世华丽外表下的千疮百孔，像电视剧中老康熙一下倒在床上的反应，对照当时清王朝的弊病，只能说多亏康熙有颗强大的心脏了。

三、铁腕的整顿

康熙的心理素质虽强大，接盘的雍正可就一脸的“宝宝心里苦”了。纵使早有心理准备，雍正还是在查办吴存礼账单后，才明白大清的官场究竟烂到了什么地步。

触目惊心的账单，分明是在告诉雍正，官场之上“言行相符者，未必一二人”，直接刺激得雍正在接下来的十三年里，严厉整顿起吏治来。

雷霆手段之下，雍正立刻以“爱抄家”的人设红遍天下。市井斗牌因此有了“抄家和”，而官场中更是流传着雍正一道道关于严惩贪婪枉法之辈的谕旨。

比如山东巡抚黄炳就曾被雍正御笔亲批叮嘱道：“知府李元龙……家私数百万，而仍贪酷不已……此等不肖种类，当一面拿问，一面参处。在此人身上，追出数十万金以养尔山东百姓……追到水尽山穷处，毕竟叫他子孙做个穷人，方符朕意。”

正是这样的刮骨疗毒，才让雍正时期的吏治，成为整个清王朝乃至整个封建社会较为清明的时刻，康熙后期大小官员联手贪污的大案，在雍正年间几乎绝迹。

清王朝就此重获新生，若是真如电视剧里那样，雍亲王“一把火烧了”账单就不管了，恐怕这大清，早就提前关张了。

韦小宝与康熙的友谊，历史上真的存在吗？

一、数人世相逢，百年欢笑，能得几回又

说来《鹿鼎记》中韦小宝的原型，或可从康熙亲信曹寅身上看出几分影子来。

早在满族尚在关外白山黑水之间时，曹寅的祖先便是包衣奴才。后来曹家从龙入关成了大清功臣，曹寅之父曹玺便从王府包衣升为内廷二等侍卫，专门负责护卫皇家安全。

说来也巧，曹玺进宫后不久，便遇到了康熙降生。按清朝制度，宫里需要在镶黄、正黄、正白三旗的包衣妇女中，为康熙挑选乳母，而曹玺之妻孙氏刚好出身正白旗包衣，再加上曹玺的工作关系，孙氏最终成功通过重重考验，成了幼年康熙身边最为亲近的人之一。

时光荏苒，岁月如梭，转眼间康熙到了上学的年纪。这时，宫里有人发现曹玺之子曹寅与康熙年龄相仿，恰好能给康熙做伴读，于是年幼的曹寅就这么进入宫中，开始了一段与康熙的神仙友谊。

两人的友谊好到什么程度呢？曹寅年仅 17 岁就当上了康熙身边的侍卫，几年后康熙干脆放了他去天下最为富裕的江南做官，先做苏州织造，再做江宁织造，这份感情比起《鹿鼎记》里韦小宝先是跟康熙玩摔跤，后是不断升官来看，只怕也不遑多让。

神仙友谊加持下，康熙还废了老爹顺治留下来的江宁织造三年一换人的规定，愣是让曹家在江宁织造的任上一干就干了将近四十年，直教天下人都说曹家是富可敌国的“金陵第一家”。

诚然，坊间传言不免有夸大之嫌，可曹寅弄起钱来确实比旁人容易得多。作为著名的皇商，再加上与康熙的亲密关系，曹寅在还是广储司员外郎的时候，就敢直接给皇帝写奏章，压根不管这是四品以上大员才有的特权。

偏偏康熙不但没有怪曹寅，反而鼓励他多写点，结果曹寅写给康熙的奏章，比好些二三品的封疆大吏还多，弄得天下官场人人都知道这位曹大人的背景不简单。

不仅如此，别的官员给康熙写奏章，内容大多是谈工作，但曹寅写给康熙的奏章里除了聊工作，也聊私人话题，有时还会聊到理财小窍门。

比如康熙四十年前后，曹寅突然发现贩铜是个不错的买卖。于是他直接一本奏章写给康熙，开口就找康熙借十万两银子当本钱。

奏章送到后，康熙眉头都不皱一下就拿出私房钱给曹寅。谁知曹寅拿着钱去做买卖后，发现贩铜远没有自己想得那么容易，不但商户间争相压价竞争激烈，其他几个内务府世家还处处排挤他。

眼看无利可图，曹寅忍不住打起了退堂鼓。他再次给康熙写了封奏章，随口胡诌了个理由，说自己不想干了，康熙收到奏章后，又是立刻批准，连亏掉的本钱都没跟曹寅计较。

二、相逢意气为君饮，系马高楼垂柳边

康熙对曹寅的好，曹寅都记在心里。据《南京通史・清代卷》记载，曹寅担任江宁织造期间，不但圆满完成了本职工作，还兼职替康熙打听情报，把江宁织造府变成了康熙重要的情报站。

而康熙也对曹寅开展情报工作十分信任，他不止一次对曹寅说："以后有闻地方细小之事，必具密折来奏。"

这段历史，在《鹿鼎记》里被金庸解释为韦小宝退隐后，康熙派曹寅长居江宁，就地寻找韦小宝云云。但事实上曹寅的工作绝不止打听个人这么简单。

在《康熙朝汉文朱批奏折汇编》收录的3119件奏章里，曹寅和他的亲戚李煦所上的密折就有619件之多。而两人的奏章内容也是包罗万象，既有地方晴雨农情、民生百态，也有官场八卦、士绅隐私。

想来《鹿鼎记》中，韦小宝外出做官后虽然也屡屡给康熙带回重大情报，但比如曹寅组织完善的情报系统来，便有些小巫见大巫了。

靠着曹寅的情报，康熙对江南地区进行针对性管理，先后成功解决了江南盗案、科场舞弊案、朱三太子案等诸多大案，从而保证了江南繁荣稳定的发展。

然而，曹寅的情报工作虽然开展得极好，可江南土地千里，人口众多，难免有曹寅顾不到的地方。康熙想来想去，实在放心不下，忍不住亲自跑去江南视察。

这时，曹寅又承担了接驾的繁重工作。为了让久居北方的康熙能够在温润潮湿的江南住得舒服一点，曹寅不但费心费力大修行宫，还安排了高规格接待标准，远远超出了康熙的差旅费限额。

最终，这些超支的费用成了曹寅的亏空，此后曹寅不得不穷尽一生，拼命想办法弥补，以致连自己的家产都几乎赔光了。

饶是如此，曹寅欠下的亏空依然庞大，这成了曹寅的一块心病，终于让曹寅在康熙五十一年彻底病倒了。

据《关于江宁织造曹家档案史料》记载，一开始曹寅不过是“偶感风寒”，可吃了几服药后，风寒不但没好，还转成了疟疾，这在当时的医学条件下，几乎等同于判了死刑。

眼见曹寅的身体一天不如一天，他的亲戚李煦连忙将曹寅的病情告诉康熙。远在北京的康熙听说后，专程派人八百里加急给曹寅送去特效药金鸡纳霜，试图挽救老友的生命。

为了更好地治疗曹寅的病，康熙还特地用满文写出“金鸡纳霜”的名称，并再三叮嘱道:“此药专治疟疾，用二钱末，酒调服。若轻了些再吃一服，必要住的。住后或一钱或八分，连吃二服，可以出根。若不是疟疾，此药用不得。需要认真，万嘱万嘱万嘱！”

可惜，金鸡纳霜还没送到，曹寅已逝。康熙闻知，不禁郁郁。此后他只能在夜半无人时，回忆起与曹寅间的一幕幕往事，独自品尝《鹿鼎记》中韦小宝离去后的孤独与悲凉。

吴三桂兵马席卷南方八省，最终为何失败？

虽然说起那场折腾了“康熙王朝”八年的“三藩之乱”，野史里大书特书康熙帝“镇定平叛”的英姿，捎带歌颂一下其“雄才大略”。但对于清王朝的国祚来说，这却是一场险过剃头的叛乱。

作为清王朝的“开国功臣”，坐拥西南大地的大清“平西王”吴三桂，造反前就是西南的土皇帝，以他为首的“三藩”，不但垄断了西南地区的金银铜矿、盐井的生产，把西南各省压榨得“富室空虚，中产沦亡，穷民无所为赖”。更每年消耗清王朝大量饷银，以至于“天下财赋半耗于三藩”。吴三桂，这位大清开国的“功臣”“柱石”，到了康熙年间时，却已是清王朝头疼的毒瘤。正如康熙帝的那句怒斥：吴三桂“乃唐藩镇之流”。

对这样的“毒瘤”，康熙皇帝想“撤藩”，其实并不意外。但当时年轻的康熙皇帝，却犯下了大错误：把这事儿想得太简单。在康熙看来，吴三桂“乃唐藩镇”，似乎是说撤说削都很轻松。但哪怕比起唐代藩镇，此时吴三桂都可算是“加强版”。

多年来“三藩”不只聚敛了丰厚财富，更养着精锐军队。吴三桂麾下的常备部队，就有七万人之多，且“平西甲兵，素称精锐”。加上“平南”“靖南”二藩，军事实力十分雄厚。

当时吴三桂的军队有多凶悍？举个简单例子就知道：晚清太平天国战争时，“流动作战”到岳州的太平军，意外从当地挖出一批军火，全是当年“三藩之乱”时吴三桂军队囤积的。别看是堆“古董级”的装备，打起来却照样犀利无比。手握这批“老古董”的太平军也迅速咸鱼翻身，把围堵来的八旗军杀了个落花流水，一口气拿下武昌重镇。这场太平天国早期的关键大战，竟都有吴三桂当年的“神助攻”。

所以综合说来，“三藩之乱”爆发前，确切说康熙决定“撤藩”前，这让清王朝苦不堪言的“三藩”，就是三只“装㞞”的猛兽，吴三桂更是其中的“巨兽”。可康熙十二年（1673）时，二十岁的康熙帝看这群人，竟就像看三只无害的小动物。对这朝臣头疼的“撤藩”问题，他干脆简单粗暴，借着吴三桂们假装请求撤藩的由头，来了个顺水推舟——你说撤，那就都撤了呗。

至于造反？战乱？当时的康熙皇帝，脑子里没有半点预案，就干等着这群骄兵悍将们自己放下屠刀，乖乖回辽东养老。那吴三桂这边呢？别看多年“装㞞”，吴三桂的布局却十分精细。

比如当时的云南巡抚朱国治，每次参劾吴三桂的奏疏，都能被吴三桂在北京的眼线抄录到。那边康熙还没收到，吴三桂这边就把“抄录版”洋洋得意念给朱国治听。彻底撕破脸前，吴三桂在北京的心腹，还把其孙子吴世璠给接回了云南……

一边是浑然不觉做大梦，一边是多年准备精细且兵强马壮，所以康熙十二年（1673）吴三桂撕破脸造反，“三藩之乱”骤然爆发时，清王朝立刻灰头土脸：不到半年时间，吴三桂的叛军竟横扫南方各地。清朝贵州提督李本琛一枪不放，干脆跪在贵阳城门外迎接吴三桂大军。吴三桂的爱将马宝只用三个月时间，就一口气拿下长沙、岳州、衡州等要地，打得清军“五千里无只骑拦截”，几乎是稀里哗啦。

比这更让当时清王朝叫苦的，是整个南方的沸反盈天。有吴三桂这么一带头，南方甚至西北好些省都跟风：福建、广东、湖南、云南、贵州、广西、四川、陕西先后脱离清朝统治，甘肃大部分地区也落到吴三桂手里。等于是转眼之间，清王朝就丢了半壁江山。

尤其要命的是，当时吴三桂的主力部队，已经北进到湖北松滋一带，正好与清王朝的荆州大营隔江对峙，等于是已经饮马长江。当时吴三桂仅集中在湖南一线的兵马，就多达二十多万，多是能征善战的老兵。倘若当时吴三桂再多一些胆气，要么顺江东下拿下南京，要么挥军北上，要么进兵关中平原。这场“三藩之乱”，恐怕又要乱得一锅糨糊。

但最奇特的事情，也正在于此，明明面对挥师北伐的大好机会，手握一大把好牌的吴三桂，却突然下出一招“怪棋”：禁止部队过江。之后的几年里，吴三桂把他的二十多万大军囤积在湖南一线，以岳州为中心精心构筑起完备防线，囤积大量军火武器，就和对面的清军干耗。哪怕清军主力陷于西北东南两个战场，湖南战场上兵力严重不足，甚至“马匹倒毙大半”，兵士“死亡十之二三”。吴三桂这边依然沉得住气，就是岿然不动。

他这一“沉得住气”，其实就是“三藩之乱”的又一转折点。至此之后，清王朝一面与吴三桂在湖南对峙，一面平定东南西南的叛乱势力。吴三桂的精锐兵马“不得出湖南一步”。等着清王朝平定了福建陕甘广西等地，吴三桂的嫡系精锐，也就陷入了清军的大包围里。急火攻心的吴三桂，在康熙十七年病故于衡州，他以岳州为中心的防线，接着也陆续崩塌，被清军一块块啃下来，然后康熙十九年三路进入云南，胜负已无悬念。

可以说，吴三桂在“三藩之乱”里最接近胜利的机会，就是在他“饮马长江”的时候亲手断送的。好些后人说起这事儿，也连连感叹吴三桂出昏着。那么，久经沙场的吴三桂，为何会有这奇特操作呢？

首先一个原因，应该就是吴三桂个人的“格局”问题，别看他造反后自称“周王”，在衡州临终前还过了把“称帝”的瘾。但在扯旗造反时，吴三桂的“追求”真没这么大。哪怕打到长江边上，他依然想着“事纵不成，可划长江而国”，也就是割据自立为帝。

而且这事儿，还不只是吴三桂个人的“追求”，还真是当时清朝朝堂上，诸多高官们的“谈判底线”。三藩之乱初起时，由于清王朝一溃千里，大清诸多高官们，或主张“议和”，或提议“裂土分封”，干脆就把地方赐给吴三桂得了。“撤藩”时犯了大错的康熙呢？这时却有担当，坚持“岂容裂土罢兵”。如果他当时没这么坚决，那么这“康熙王朝”，恐怕就真成了南北朝了。

但虽然康熙很坚决，吴三桂却没死心，打到长江边上，他就开始稳固防守，就是想着保住既得利益，一旦谈判就有本钱。然后几年干耗下来，本钱活活耗光。

而之所以宁可耗光本钱，也不往前打，更重要的原因，就是吴三桂知道自己几两肉。

三藩之乱初期，吴三桂高歌猛进，但是清王朝的精锐部队，却并未伤筋动骨。特别是“北进”这事儿，看上去“打过长江”很容易，但事实是，“三藩之乱”爆发后，清王朝就在太原和兖州两地囤积了重兵。一旦吴三桂真过了江，等于就撞进了清军的“口袋”里，胜算要比“防御岳州”低得多。

而且，别说是北上，就算巩固南方半壁江山，对吴三桂都并非易事。所谓“三藩之乱”，其实是分成了三个战场，除了吴三桂与清军在湖南干耗外，陕甘与闽浙也打得激烈。吴三桂想要掌握主动权，就必须拿下江西，这样才能打通他与福建耿精忠的联系。可清王朝也看到了这一点，江西一直部署重兵，吴三桂几次夺取江西的计划都没得实现，所以他与耿精忠等“盟友”，其实是被分割成了几块。

这样各自为战的状况，几乎是一盘散沙，只能各人顾各人。所以，吴三桂并非不明白，放弃过江会导致的后果，可是在当时的战略局势下，于他个人而言，稳守湖南就是最保险的选择。虽然这个选择对于他，就是“早死”“晚死”的区别。

本质上说，在那个时机选择造反，吴三桂一来不得民心，二来其经济基础与战争支撑力，都无力和清王朝对抗。唯一胜利的机会，就是寄希望清王朝再出昏着。可是在“撤藩”问题上犯错的康熙帝，随后在战略应对等方面，都没有再给吴三桂机会。

抛开历史恩怨说，复盘整个“三藩之乱”，依然在“战略格局”“布局成败”等方面，有着太多值得回味的东西。

“廓尔喀之役”始末是怎样的？

这场“尼泊尔入侵清朝”的战争，就是乾隆“十全武功”里货真价实的一场大功：廓尔喀之役。

当时的尼泊尔，可不是现代人印象里的“南亚小国”，十八世纪统治尼泊尔的是“廓尔喀王国”。几百年来，廓尔喀部族一向以骁勇善战著称，其彪悍的战斗力，连近代的英法列强军队都曾看得心惊。乾隆年间的“廓尔喀王国”，更是南亚大陆上的“小霸”，跟大清撕破脸前，还打败了英国殖民军，且拥有不少英式装备，腰粗了不少。其贪馋的眼睛，也就不出意外，盯上了广袤的中国西藏。

于是，乾隆五十三年（1788）与乾隆五十六年（1791），廓尔喀军队两次入侵中国西藏。特别是1791年的第二次入侵，凶残的廓尔喀军竟攻陷了扎什伦布寺，一路大肆奸淫掳掠，侵吞中国西南国土。连清王朝册封六世班禅的金册，也被他们野蛮抢走。

如此奇耻大辱，令乾隆皇帝十分震怒，在次年打响的反击战里，憋足了火的清军，也摁着廓尔喀军一路吊打。终于打得廓尔喀王国主动请降，遣使到北京谢罪。在清代“康乾盛世”的战争史上，这确实是一场大扬国威，且安定西藏边陲的重大战役。

而为了打赢这一仗，在1792年战事的反攻阶段，乾隆皇帝也是积极调兵遣将，派来了福康安、海兰察等当时名将，更调集了西藏、四川、青海、黑龙江等地调兵。其中行军距离最远的一支，就是来自黑龙江的“索伦达兵”，即我们常说的“索伦兵”。

索伦，指的是清朝年间，生活在黑龙江流域的达翰尔、鄂温克、鄂伦春族同胞。以《黑龙江外记》的说法，“世于黑龙江人，不问部族皆称索伦”。《清实录》

的记载，参加这次“廓尔喀之役”的“索伦兵”，总数只有一千人。而且看地图就知道，他们从黑龙江出发，一路跋山涉水，历经半年艰苦行军，终于抵达了西藏拉萨前线。等于是“穿越大半个中国来揍尼泊尔”。

而对这支占清军总数不到十分之一（清军总数一万三千人）的“索伦兵”，乾隆皇帝却超乎寻常地重视。当索伦兵在紧急行军时，面对朝堂上下群情激奋的“喊打”声，乾隆皇帝却一再给主帅福康安发手谕：一定要等到“索伦兵”到位后，才能大举反击敌军。

打个尼泊尔，为何要等黑龙江的索伦兵？如此“舍近求远”，正见证了“康乾盛世”时代，“索伦兵”在清朝军界的特殊地位：无可争议的战场“定心丸”。

清朝立国之后，黑龙江的“索伦兵”，就渐渐成了清军里的特殊角色。

康熙年间起，清王朝就在黑龙江选拔索伦部族的精壮，进行严格的骑射训练。每年的二月和八月，清王朝还在黑龙江进行“春秋会操”，集中检阅索伦士兵。初冬时黑龙江将军还举办“行围校练”，以大规模的围猎模拟实战。

如此苦心打磨下，当内地许多八旗劲旅日益腐化时，“索伦八旗”却成了清军里骁勇善战的生力军。比如“廓尔喀之役”的清军副帅海兰察，就是出身索伦族。还有一个重要原因，廓尔喀兵之所以彪悍，首先就是其强大的冷兵器搏杀能力。而这一条，也恰恰是索伦兵的“强项”。

以乾隆皇帝的赞叹说，索伦兵“人甚健壮，强健敏捷”，论忠勇作战，“盛京之兵亦不敌索伦兵”。甚至为了强化索伦兵的冷兵器作战能力，乾隆还曾下令收回索伦八旗的各式火器，严令索伦八旗日常训练“以弓箭猎兽”，这次面对彪悍的廓尔喀兵，就指望索伦兵来“硬碰硬”。

而在这场关乎西南边陲安全的大战里，远道而来的千名索伦战士，正是清军里最强硬的铁拳。1792年闰四月，索伦兵抵达日喀则前线后，不顾一路疲劳，立刻投入到战斗里。先给盘踞西藏吉隆的廓尔喀侵略军来了个下马威，一场奇袭斩杀六百廓尔喀兵，还活捉了二百多俘虏。廓尔喀侵略军最精锐的部队，这一仗中几乎就被索伦兵打废了。

这之后的几个月里，清军翻山越岭，反击廓尔喀侵略的战斗里，前线最苦的仗，最难打的关口，经常是索伦兵在打。特别是攻占帕郎口和利底山的艰苦战役里，这些来自黑龙江大地的索伦汉子们，在南亚山脉崎岖的道路上，一次次赤着脚发起冲锋，甚至“两足肿烂”也不退却。清军能够打到距离廓尔喀首都加德满都不到十公里的距离，逼得廓尔喀国王主动求和，冲锋陷阵的索伦兵，立下了重要功劳。

功劳的背后，更有沉重的牺牲：13000 多名清军官兵，阵亡竟有 2112 人。战争结束后的次年，担任副帅的海兰察（索伦族）也因战伤去世。阵亡的索伦族军官，更有阿满泰、墨尔根宝、索多尔凯、傅森内等多人。索伦兵的牺牲，可想而知。这场捍卫西南国防安全，巩固清朝对西藏主权的胜利，就是以索伦兵为代表的，上万中国各族军队团结浴血打出来的。

这沉重的牺牲，也是清代索伦兵的缩影。在康乾盛世的时代里，面对西南西北的各场战事，哪里军情危急，哪里就有索伦兵。从西南藏地到北疆伊犁，几乎都留下了索伦兵血战的身影。以学者郭海燕的话说：“有清一代，黑龙江索伦兵，成为朝廷的消防队，每有紧急，就调用索伦兵。”万里赴戎机，关山度若飞，几乎就是索伦兵的日常。几百年后，那些曾为国跋涉拼杀的汉子，依然值得我们永远的怀念与敬意。

雍正最忌惮的汉臣，却救赎清朝一桩大罪

一部经典电视剧《雍正王朝》，道尽多少风流人物。那德高望重的张廷玉，雷厉风行的田文镜，幽默机智的李卫，无不生动饱满，将人们瞬间带入风云变幻的雍正时代。

不过，《雍正王朝》中虽然出现了大量杰出汉臣，却独独将清初汉臣里学问最深的牛人遗漏，惹得不少资深历史迷，纷纷吐槽编剧没做好功课。

其实，这位牛人未能在电视剧里现身，还真不能怪编剧。只因此人让康熙雍正爷俩都忌惮不已。康熙曾将其流放，雍正帝更是处心积虑，故意抹掉他的名字，自然不会再让此人有机会在雍正主场的电视剧里露脸了。

那么，这位让两代帝王忌惮的牛人，究竟是谁？

一、戍北疆

故事，要从康熙年间的“三藩之乱”说起。

康熙十二年（1673），一位名叫陈梦雷的福建籍官员，高高兴兴收拾好行李，踏上了回家省亲之路。他打算告诉家中老父，自己已经考取了功名，现在在京城做官，一切安好，未来可期。

谁知，陈梦雷到达故乡后不久，就遇上了靖南王耿精忠在福州举兵反清。那耿精忠早就听说陈梦雷少有才名，一心想让陈梦雷加入自己的阵营里。为此，耿精忠不惜绑架了陈梦雷的老父亲做肉票，然后威逼陈梦雷入伙。

有道是自古忠孝两难全，陈梦雷思前想后，最终不得不学习《三国演义》里的徐庶，口头答应了耿精忠的入职要求，但却假称生病，不肯接受耿精忠团队的

聘书。

恰好此时福建安溪籍官员李光地也回乡省亲，不幸也被耿精忠逼着入伙。陈梦雷觉得这是一个机会，就悄悄和李光地商量，两人联手一起对付耿精忠。陈梦雷负责做卧底，打探耿精忠军中情报，李光地则设法将情报带回朝廷，引王师来剿灭叛军。

双方一拍即合，李光地随即骗耿精忠说，自己家中父亲得了重病，他回去料理下家事，便来军前效命。随后，李光地便带着陈梦雷冒着生命危险探听到的情报，从山间小路连夜逃回京城，将情报上达天听，请旨出兵。

然而，李光地上书朝廷的奏章，不知为何没有出现陈梦雷的名字，这让康熙皇帝，以为所有的事情都是李光地一个人的功劳。于是，三藩之乱平定后，李光地因这件奇功大受赏识，一路青云直上，但陈梦雷却被当成叛军附逆，判了死罪。

可怜陈梦雷直到入狱，还在苦苦请李光地为自己作证，可李光地却依旧绝口不提陈梦雷的功劳。幸好时任刑部尚书徐乾学非常欣赏陈梦雷的才华，拼了命地帮陈梦雷求情，才让陈梦雷免去死罪，改为发配奉天。

陈梦雷捡回一条命后，深怨李光地“欺君负友”，一封绝交信与李光地割袍断义，然后毅然决然地踏上了北戍奉天之路。

等到陈梦雷一路历经艰险到达奉天后，却惊闻家中父母已先后去世，妻子也死在了流放的路上，一个好好的家庭，就这么家破人亡了。

前途没有了，家人没有了，陈梦雷一下子，失去了他的整个世界。

二、编巨著

巨大的打击让陈梦雷大病一场，但陈梦雷到底是享誉天下的才子，即便人在病榻上，依然手不释卷，似乎要用文字的力量，抚平心中的伤痛。

此后，读书著述就成了陈梦雷生活中最重要的事。即使北地严寒，书籍匮乏，陈梦雷仍旧想尽一切办法看书写文章，还先后编撰了《周易浅述》《盛京通志》等一大批著作。

康熙三十七年（1698），陈梦雷终于等到一个改变命运的机会。当时康熙巡视盛京，陈梦雷抓住这一难得契机，献上几首好诗哄得康熙龙颜大悦，成功重回京城。

少小离京老大回，此时，离陈梦雷发配奉天，已经过去了十七年。

回京后，陈梦雷便开始负责三阿哥胤祉的学习。由于陈梦雷恪尽职守，学识又好，深得胤祉赏识。然而，侍奉胤祉读书期间，陈梦雷发现由于连年战乱，文化典籍损失十分严重，即使是皇家藏书，也有许多不尽如人意之处，再加上历代原有图书的编辑问题，令后世学者查找资料十分困难。

为此，陈梦雷不禁萌发了重新编纂一套新的百科全书的想法。恰好胤祉也是个文化人，一听之下马上举双手支持，还立刻去求康熙批准了他们的计划。

于是，由陈梦雷领衔，几乎集合清王朝所有文化力量的《古今图书集成》编纂活动，就此拉开了帷幕。

《古今图书集成》的编纂，前后历时数年之久。全书总共搜集了三十二典和六千一百零九部，每部都按照“汇考”“总论”“艺文”“纪事”“杂录”和“外编”分为六个部分，合计一亿六千万字，堪称中国古代规模最大，资料最全，包罗万象的百科全书。

这其中，凡“纪事之大者入于汇考”，也就是说“汇考”部分用于记录一部中的大事。紧跟“汇考”之后的便是“总论”，主要用来汇总历朝历代文献中对该部的重要评论。而“艺文”则“以词为主，议论虽偏而辞藻可采者，皆在所录”，除诗词之外，“艺文”也会收录一些前人读史的感慨之作或是史书的论赞。

“纪事”和“杂录”则属于对“汇考”“总论”和“艺文”的补充记录。其中“纪事”偏重于对史实的记录，而“杂录”则偏重于“论”和“艺文”。此外，《古今图书集成》还专门设置了“外编”，用来记录和尚道士等方外之人的言论。

宏大广博的内容，让《古今图书集成》成为康熙朝当之无愧的文化宝典。但这部图书更大的价值，则体现在它与以往类书的不同之处：

一来，历代古籍编纂要么按材料分类，要么按类收辑材料。但《古今图书集成》却别出心裁地既按类收辑材料，又把这些材料再行分类，真正做到了缕析条分、巨细不遗。

二来，《古今图书集成》一改前人录文献时偏重零章断句的做法，将所引文献完整呈现。比如《艺文类聚》天部上“天”字条，所引《楚辞·天问》。只有“图则九重，孰营度之？八柱何当？东南何亏？日月安属？列星安陈”几句，而《古今图书集成》的《天部·艺文》，却是录的《天问》全文。

三来，《古今图书集成》还在文中配了插图。不仅有山川疆域图，还有禽兽草木器用图等等，更易读者阅读理解。

四来，《古今图书集成》摒弃了以往的编纂理念，内容包罗万象。不仅涵盖了传统儒家鄙视的“杂艺”，还收录了西方天文等科学技术，堪称中国文化的宝典，甚至享有世界声誉。

正是由于《古今图书集成》超高的文化价值。作为胤祉政敌的雍正皇帝，也对这部图书十分认可，专门用铜活字将其印刷出版。

不过，由于陈梦雷是胤祉的人，雍正皇帝没有帮“敌对势力”扬名的好心情。印刷出版时，雍正“顺手”把陈梦雷的名字抹掉，然后把这件文化大功，轻松收入自己囊中。

而被迫做了无名英雄的陈梦雷，则在雍正上台后的清算中，再次被发配到黑龙江，最终凄惨病逝于戍所。

然而，无论是被忌惮的陈梦雷，还是贪天功为己有的雍正，都不会想到，这部凝结陈梦雷一生心血的书，多年后竟弥补了雍正“宝贝儿子”乾隆的一桩大错。

众所周知，乾隆皇帝时代，文化高度专制，典籍封禁如同家常便饭。尤其是乾隆打着编纂图书，实则毁坏无数珍贵典籍的《四库全书》大工程，更给中国文化带来了无法弥补的巨大伤害。

但幸亏，还有陈梦雷编纂的《古今图书集成》。许多被乾隆禁毁的图书，因为早早在《古今图书集成》里做了“备份”，哪怕文网严密，依然幸免于难，流传至今。让百年后的我们，还能一睹古籍的风范。

相信若陈梦雷泉下有知，也会很欣慰吧。毕竟：权力只是嚣张一时，唯有文化，才有永恒！

他临终预言清朝灭亡原因

清朝历代高官，论谁给野史贡献猛料最多？必须乾隆年间的大贪官和珅。这位中国古代史上贪污腐败创新纪录的极品大贪，野史里不但也熟脸，而且还不停被整治。类似纪晓岚刘墉斗和珅的精彩故事，相声戏曲评书里全有一堆，电视剧也是拍一部火一部，长期深受欢迎！但参考历史就知道：这二位仁兄在和珅面前，常年要多废有多废，英雄表现，全是瞎编！

但历史上的和珅大人，当时真到了大清官场上独孤求败的地步？一位和珅的低调同僚绝不答应。这位乾隆至嘉庆年间公认的政坛强人，常把如日中天时的和珅掐到叫苦连天。甚至以好些清史学者的观点，野史里各种“治和珅”的精彩桥段，好些都从他的人生事迹里照搬！

这位奇特人物，就是乾隆二十六年（1761）状元，清朝一代政坛强人：王杰！

一、把乾隆骂出门的状元

王杰，字伟人，清朝雍正三年（1725）生于陕西韩城县一个贫寒农家。以清代以来的各类史料赞叹说，他的成功，就是一个穷孩子逆袭的典型：从小身负奇才，四岁就能读书，然后拜入大儒孙景烈门下，苦学一门冷门学问——强调经世致用思想的“实学”。历经三十年寒窗苦读终于大成，在三十六岁那年的殿试上震惊京城，成为清代陕西第一位状元。

但在王杰看来，这段奋斗史里，对自己一生最刻骨铭心的，却是其中最不起眼的五年：三十岁那年父亲去世，迫于生计的王杰离乡背井，为养家去陕甘总督尹继善府上做幕僚，之后五年里兢兢业业，不但把苦学多年的“实学”陆续实践，更清楚看清了大清官场的为官门道。以他晚年给长孙的慨叹说：没有这五年，他就是中了状元，也是个糊涂官！

而在风光高中状元后，高调踏入官场的王杰，却很快活成了此时清朝官员们最讨厌的模样：走到哪里，哪里就躲！

五年的幕僚生涯，王杰看尽世态炎凉，却从未磨灭“实学”一直追崇的理想：经世致用，匡扶社稷！但他赶上的，却是清朝腐败加速度的年代，身边的大小同僚，没事时拉帮派，遇事就先刮钱，却偏偏王杰从不吃这套，不但不捞还不许别人捞，发现蝇营狗苟就狠掐。于是走哪就得罪一大片，每次调令刚刚下来，立刻一群同僚吓得腿软，慌不迭跑调动。

当然也有尖酸的同僚吐槽：折腾我们算什么？有本事折腾皇上去！果然说什么来什么。乾隆五十一年，官升上书房总师傅的王杰，真“如愿”做到了——把当朝乾隆皇帝气得直哆嗦！

当时王杰身为总师傅，主要工作就是负责皇子颙琰，也就是未来嘉庆皇帝的学业，对这重大任务，王杰十分认真，颙琰稍有错误，立刻罚跪挨打，却碰巧叫来巡视的乾隆皇帝瞧个满眼。他顿时怒火中烧，当场破口大骂了王杰几句，正打算给王杰办个重罪，却被王杰淡淡一句吐槽熄了火：教者尧舜，不教者桀纣！想让你儿子当暴君？那就要杀要剐随便！

然后逆天的一幕出现了：平日咳一声都要吓得官员集体哆嗦的乾隆皇帝，这次竟然默默从南书房退了出去。事后非但没秋后算账，还把王杰提拔为东阁大学士，成了清朝百官里仅次于和珅的重量级人物。真咽下这口气了！

如此逆天场面，在王杰的彪悍人生里，却绝非唯一。另一个日常的逆天表现，更是隔三岔五，就叫大清朝堂上的围观群众开眼——怼和珅！

二、力挽狂澜的和珅克星

王杰入仕时，也正是乾隆年间权臣和珅势力如日中天时。成天大小官员围着他拍马屁，唯独王杰，从来不吃这套！

而且比起野史里各种“智斗”和珅的桥段，王杰却是更敞亮：只来阳谋不耍阴谋。每次都是简单粗暴在朝堂开练。只要关乎国计民生，就不怕跟和珅撕破脸，偏偏奏折水平也高，句句火力凶猛。连乾隆、和珅串通唱双簧的好些坑爹国策，都被王杰彻底搅黄。闹得乾隆皇帝再生气，最后也乖乖捏着鼻子认！

为什么乖乖认？会骂的王杰，可不止会骂。西南打得犬牙交错的廓尔喀战役，远在北京的王杰，只对清军战略做几笔简单修改，前线战事就漂亮破局成功，精彩打出乾隆“十大武功”里货真价实的外战大捷！

如此强硬对手，和珅也使出浑身解数，他曾经拼命搜罗王杰的把柄，但这倔老头却穷得“令人发指”，儿子孙子也出名忠厚老实。捏不着把柄的和珅，又拉下脸跟王杰套近乎，当着同僚面拉着王杰的手秀亲热，却被王杰冷冰冰打脸：你这双脏手就会贪污捞钱，赶快给我拿开！

就这样，权势熏天多年的和珅，眼前却始终有个王杰添堵，以《清史稿》原话说“厌之而不能去”，活活痛苦了二十多年。

但是和珅痛苦，王杰其实更痛苦，别看和珅拿自己没招，可乾隆晚期大清朝被糟蹋到千疮百孔的朝局，当时的王杰也没招。深知乾隆脾气的他，好些时候也只能默默憋气。直到嘉庆四年（1799），做了三年“太上皇”的乾隆皇帝驾崩，七十四岁的王杰，终于挺直了腰杆！先担起了一个全国瞩目的重任：审判和珅！

当时的和珅，虽说已被嘉庆帝关押，但气焰却依然嚣张，审和珅更成了个苦差事，连几位朝中王爷都躲。王杰却是毫不犹豫担起。是年正月十一日升堂，和珅果然大摇大摆走上来，但一瞧见对面主审是“老朋友”王杰，却是立刻变了脸色，当场就扑通跪倒。王杰还没怎么问话，和珅就竹筒倒豆子般交代干净。确实，彼时大清朝堂，也只有一身正气的王杰，才审得了巨贪和珅。

但亲手送和珅最后一路，对于当时的王杰来说，还只是件小事。对于当时的大清朝来说，乾隆皇帝留的一个大坑才真要命——白莲教大起义。这场爆发于乾隆晚期的动乱，此时已席卷西川、湖南、陕西、河南，大清朝不停投入重兵，仗却越打越糟，眼看华中腹地就要分崩离析。又是眼光老辣的王杰，送上关键战略：筑堡团守！简单四个字后，坚壁清野的新战法取代了没头苍蝇般的乱打，从此被断血的白莲教叛军，果然屡战屡败，走向覆灭之路！

如果复盘一下整个战局，倘若没有王杰这次关键战略调整，国库掏空兵马疲乏的清王朝再败下去，后果不堪设想。不夸张说，这是续命大功！

在立下这个大功的同时，忍了多年的王杰更是彻底大爆发，发起了清朝自雍正朝以后空前的反贪运动，数百大小贪官落马伏法，贪腐成风的清朝吏治，一度焕然一新。如此功劳，也正如《清史稿》赞叹：弼成仁宗（嘉庆帝）初政之盛。

而除了这些劳苦功高的大事，他晚年任上另一桩“小事”，却对接下来的十九世纪意义重大：他把他终生信奉的儒家“实学”思想，在各地大力推广，引来无数志在报国的青年俊才。保守封闭成风的清代学风，被他吹进来一缕清新空气。而魏源、林则徐、左宗棠，这些中国近代风云人物，都是自他薪火相传的“实学”门徒！

三、预言清朝灭亡的警句

在晚年王杰近乎工作狂般的爆发下，乾隆晚期起每况愈下的大清朝局，总算渐有起色，但王杰的健康状况，却是严重衰退。在谋划完平定白莲教战略后，他的腿脚就已经行动不便，由嘉庆帝特许可以拄拐上朝，又这样苦干了两年，到了嘉庆七年（1802），七十七岁的王杰连拐杖都已拄不动。嘉庆皇帝这才无奈批准他退休，并亲笔写下一副见证他一生品质的联语：直道一生立廊庙，清风两袖返韩城！

人生的最后几年里，哪怕身在家乡，王杰念念不忘的，却依然是大清朝的吏治！和珅伏法后短暂好转的清朝吏治，在王杰退休后没几年，竟又迅速反弹。就在八十岁那年去世前，得知白莲教动乱完全平定的王杰，依然给清王朝提出“惩治污官，以息民愤”的奏议！疾呼清王朝借着平定白莲教的机会，彻底整肃吏治！

遗憾的是，比起 1805 年 2 月 9 日，王杰病故后，清朝嘉庆皇帝以及满朝文武的沉痛哀悼，这位清朝政坛强人最后的疾呼，却还是被当了耳旁风。日落西山的大清朝，也终于在越发深重的腐败中，迎来了近代落后挨打的悲催命运。大清的日落西山，强如王杰，也终难挽救！

范进中举后，到底当了多大的官？

在古典名著《儒林外史》里，“范进中举”后的癫狂一幕，几百年间不知笑喷多少粉丝。但为何范进会当场“欢喜疯了”到“两手黄泥，淋淋漓漓一身的水”的地步？多年前红遍全国的“白话写史”读物《明朝那些事儿》里，对此也有一句风趣调侃：“换了你也可能会疯的。”

如此“疯狂”，当然因为明清年间举人的“优厚待遇”。单看明代中后期《传世藏书》《采芝堂文集》的记载，一个人只要“中了举”，那真是“亲朋率望腹焉”，也就是“沾点亲的”，全都指望着你来过活。而且千万别怕没钱，阿猫阿狗都会争着来投奔你，“且厚赀以见”，绝不空着手来。

《儒林外史》里“中举”后的范进，就生动展现了这“一夜暴富”的过程，这位在科考场上吃了一辈子亏的“穷书生”，老婆自嫁给他后“这十几年不知猪油可曾吃过两三回哩”，老娘在他中举前更“饿得两眼都看不见了”。可等着中举后“疯完了”，先是张乡绅上门送钱送房子，接着两三个月里“有送田产的，有人送店房的”，财富不知不觉就暴增，连苦了一辈子的范进老娘看到这一幕，竟都惊呼“这都是我的了”，活活给“乐死了”。

这“一夜暴富”的过程，就是明清时代，千千万万举人们“人生大翻身”的写照。比如鲁迅小说里那抽阿Q嘴巴的“举人老爷”，打断了孔乙己腿的“丁举人”，这些让当时老百姓谈之色变的“老爷们”，很可能都是如范进这样“翻身”的。

而比这“大翻身”更让多少读者们惊叹的，是范进“中举”后的人生：别看已是五十多岁，事业却进入了“快车道”，先是“丁忧”三年后考中进士，然后一路官运亨通，官至“山东学道”，负责一省的“整治文风”“考选人才”“讲学”等工作。按今天的话说，相当于一省的“教育厅厅长”。

但放在《儒林外史》的创作年代——清代时，这“山东学道”，可不止“教育厅厅长”这么简单，放在清朝年间，范进的“山东学道”，学名为“提督学政”，这个职务本身没有品级，任职门槛却极高，必须要从当时的“翰林院编修”“侍读”“侍讲”中选拔，等于有“钦差”的身份。不但权力大，“前途”更大，清代纪晓岚、张之洞等名臣，都有过“提督学政”的经历。单看这就知道，“翻身”后的范进，仕途有多得意。

而且这官职何止“前途”大？“钱途”更大：一省的“提督学政”，执掌科场选拔大权，简直抬个手就财源滚滚。所以清王朝也曾高度重视“提督学政”们的“养廉”工作。在山东河南等省，“提督学政”们每年就能拿到五千到六千两“养廉银”，相当于清代总督“年薪”（每年 180 两白银）的二十七倍多。“非法收入”更多，清代的北方各省，往往是 2000 多童生争 30 多个“生员名额”，执掌选拔大权的“提督学政”，当然也是香饽饽。“贩卖生员”“违禁渔色”的丑闻早不是新鲜事，几乎躺着就有钱拿。

所以说，《儒林外史》里苦了大半辈子的范进，在“中举发疯”之后，确实过了上“有前途且有钱途”的宦海人生，完美实现了人生逆袭。如此风光，也叫“范进”这个人物形象，在不少现代读者间实力圈粉，甚至还被当作了“励志典型”，催生了一票“毒鸡汤文”。可如果真的这么“仰慕”范进，那就真误会了《儒林外史》作者吴敬梓的意思了。

因为，吴敬梓在范进身上花了那么多笔墨，哪里是为了树立一个“奋斗标杆”？相反，却是为了讽刺这个“误人误己”的科考名利场。范进的讽刺性在哪？首先就要看一个事实：苦尽甘来的范进，真有过人的才学吗？

说起范进的“才学”，好些人都在哀叹他早年屡试不第的苦命人生。但后来官升“山东学道”，“范大人”还是不经意间暴露了学问水平——当幕客们开玩笑似的说起宋代大词人苏轼时，范进竟连苏轼是谁都不知道，还以为这是“本朝”的考生，还认真来了句“苏轼既文章不好，查不着也罢了”。一个不知苏轼的人，竟管起了山东的教育。

如此雷人一幕，难道是吴敬梓瞎写？还真不是。比如在《儒林外史》作者吴敬梓生活困顿，陷入“腹做千雷鸣”境地的乾隆三年，清朝大臣舒赫德就怒斥八股取士“文途空言，不适于用”，也就是全是空洞无物的学问。清代名臣鄂尔泰更感慨“非不知八股为无用，特以牢笼志士，驱策英才”。但既然“无用”，那么如此模式选拔出来的，自然是越来越多的“庸才”。

所以，到了清朝中期时，大清权力场上就是“庸官”扎堆。各级“饱读八股”的官员，却常见毫无实干能力。放在《儒林外史》已热销“大清图书市场”的清朝嘉庆年间，嘉庆皇帝就见识了“庸官”们的能量——嘉庆十二年，新任江西巡抚金光悌叫苦说，单是当时的巡抚、藩司、臬司、盐道这几个衙门，未结的案子竟然就有一千六百多起，各级州县的积案更多达上万起。这“上下磨洋工”的景象，也叫嘉庆哀叹“今吏治疲玩若此”。

到了嘉庆帝的儿子道光帝在位，这“疲玩”更是越演越烈：仅道光十年这一年，查出犯有“失查”大错的官吏，竟就有两万零二百多名。这都还是些“小鱼小虾”。藩司臬司的高官们“于地方一切公务不求甚解”。有的知府“终日以饮酒唱曲听戏为事”，有些知县甚至“终年未曾坐堂审案”，被老百姓戏称为“木偶老爷”。所以到了鸦片战争时，有些官员更是“昏”出了“国际影响”——英军兵临浙江时，杭州知府凌泰封天天在家看书，各级官员能躲就躲，上下犯浑。

这么多“昏官”，说起来，都是如范进一样，在科场里“考出来”的。

而比这“能力问题”更让人深省的，还有范进的品质问题。说到范进的“品质”，好些人都津津乐道他的“吃苦”“执着”。但他“中举”后的一件“小事”，却暴露了其品性——范进母亲去世后，本该“丁忧”的范进，被张乡绅拉到汤知县处“打秋风”。嘴里说要“丁忧”“吃素”的范进，谱摆得十足，连用什么筷子都要计较。开吃后身体却诚实，“在燕窝里捡了一个大虾丸子塞到嘴里”。如此“孝顺”，实在虚伪。

这虚伪做派，到了鸦片战争前夜，更成了清朝官员间的“潮流”，当时道光皇帝倡导“节俭”，带头穿补丁衣服，官员们也纷纷效仿，民间“补丁衣服”价格也飙升，看上去个个都是穿着朴素的穷官。

可其实呢？州县官员们“挟妓包娼”成了常事，官员们见完上司常直奔妓院，“欢呼达旦，恬不为怪”。地方按察使布政使进一次京城，送礼就要花一万五千多两银子，表面“朴素”的官场上，更形成了约定俗成的规矩：比如在陕西等“穷省”，逢年过节每个下属给总督送的寿礼，就多达上千白银。另外官员过境要送“程仪”，缺了钱就从赋税做文章，大肆“浮收”赋税，这么多钱送来送去，最后都是老百姓买单。

这样的风气下，那个叫“范进”们无比向往，苦一辈子也要玩命钻进去的大清权力场，几乎成了大染缸。比如巡抚到任，放在道光年间就被称为“饿虎出林，急不能待”，猴急着要“吃”民脂民膏，修河治水等重要资金，往往“然实用之工程者不及十分之一”。衙门的饮宴逢年过节都有，每次都热闹到通宵达旦。虚伪且庸碌的范进，进了这样的权力场，摊上的还是“提督学政”这类肥差，到底是变成“饿虎”还是“硕鼠”，闭着眼都能想。

换句话说，清王朝的国力，何尝不是被千千万万个“考出来”的“范进”，一代代活活蛀空？鸦片战争惨败成这样，真不只是装备的事儿。

以这个意义说，刻画了如此生动“范进”形象的吴敬梓，无愧名垂史册的伟大文学家。

嘉庆帝的三件尴尬事

清朝历代皇帝里，若论十分没存在感的一位，当属大清朝第七位皇帝：嘉庆帝颙琰。

无论比起他之前，康雍乾三帝的“雄才大略”，还是比起他身后第一、第二次鸦片战争年间，道光咸丰们的凄风苦雨，夹在中间的嘉庆帝，无论正史野史，都是相当低调。20 世纪学者余秋雨的散文名篇《一个王朝的背影》里，更给他一句话评语：“嘉庆为人比较懦弱宽厚，在父亲留下的这副担子前不知如何是好”。

但这话说嘉庆帝，其实也有些不公平。

因为，他父亲乾隆帝留给他的“这副担子”，其实是口实实在在的锅：满朝腐败严重，官员蝇营狗苟，西南大起义持续九年，外加水旱灾害各种麻烦，年年都在闹。他执政（亲政）的二十一年，也几乎是天天在拼：抓贪官毫不手软，隔几年就重办大案要案，多次下旨怒批玩忽职守官员。外加年年免去各地积欠钱粮，想方设法给老百姓“减负”。如此“拼”法，跟懦弱宽厚实在不搭。

但叫人叹息的是，饶是这般硬撑，嘉庆帝治下的清王朝，纵是闯过了各种难关，却也无奈每况愈下。努力治国的嘉庆帝，到底成了清王朝“由盛转衰”的代表人物。可谓越努力越无奈。

为何会如此无奈？下面这几桩尴尬事，或许就能讲明白：尴尬背后，不只是嘉庆帝的苦，更是清王朝“中兴无望”的因由。

尴尬事一：你们为什么不说话？

其实，初登基时的嘉庆帝，虽然深知大清积弊够多，却也很有雄心壮志，甚至盼着自己能像唐太宗一样，干出一番直追“贞观之治”的大业。他尤其羡慕唐太宗的地方，就是大唐贞观年间那“群臣直言进谏”的热闹场面。还特意以“唐太宗纳谏”为题材，写下著名的感事诗：“贤君容直臣，纳谏终无咎。”

当然，嘉庆帝也不是空羡慕，亲政那年（嘉庆四年）的正月，他就立刻下诏书求直言。比起前代帝王的类似操作来，嘉庆帝这一次，却是十分实诚。诏书里要求“诸臣务须宅心虚公，将用人行政、兴除利弊、有裨实政者，各抒诚悃，据实敷陈，佐朕不逮，用副集思广益之意”。也就是有什么话，各位大臣就放开胆子说，大小官员无论品级，都要放开胆子给朕说话。只要对国家有利，再大的忌讳，朕都听得进！

可以说，在清代所有要求“直言进谏”的诏书里。嘉庆帝这一封，特别是这几句，都堪称最坦诚的。效果一开始也极好。以《清史稿》的形容说，当时一度“下至末吏平民，皆得封章上达”。场面热热闹闹。但比起唐太宗年间这热闹多年的“热潮”，大清朝这“进谏”风，却是热闹了没几年，又消停了。

为什么消停？参考下嘉庆年间的国事就知道：当时大清的问题，致命一条就是腐败。嘉庆帝虽说重手治腐，却是治掉一批蛀虫，接着又来一批，一直治标不治本，朝臣利益盘根错节，“说错话”后果严重，谁还能大胆说？于是几次凉水浇头后，就连“专业进谏”的科道官员，竟也大多失声。

发展到嘉庆帝发布“求直言”诏书十年后，即嘉庆十四年时。尴尬的事情来了：“广兴贪赃案”事发。面对这过程触目惊心的大案，那些担负监察职责的科道言官们，竟是全程集体失语。“求直言”求了十年，大臣们越来越不敢说话，越是该说话的官员，越是不肯说。尴尬的嘉庆帝，除了惩办了不少“失语”言官外，还又特意写了著名的《谏臣论》一文，鼓励科道官员放胆直言。可效果，还是“失语”。

“不敢说话”的大清朝堂，自然，坠入死气沉沉的方向。

尴尬事二：“小老鼠”能力大

嘉庆年间比较出名的大事，就是反腐“大老虎”，诸如和珅这样的“大老虎”，都被嘉庆帝踩翻在地。然后在嘉庆帝亲政的二十一年里，又有漕运总督富纲和巡漕御史英伦等高官们因为腐败被处死。但比起这些身居高位的蛀虫来，更让嘉庆帝火大的，却还有一些“小老鼠”：看似不起眼的小官，竟也有超乎寻常的“腐败能量”。

比如嘉庆十一年被掀了盖子的“直隶司书假印舞弊案”。一个叫王丽南的承办司书，竟然就能肆意伪造账单收据，甚至还造了藩司和库官的大印，借此浑水摸鱼。竟在定州境内多年来虚收官银三十一万两。难道地方官都是吃干饭的，由着这个“小老鼠”骗？原来各县的小吏们，竟都和王丽南串通一气，每多收一份钱，各个都要敲金分肥。还有小吏来回串联，充当中间人，简直是勾搭连环，狠刮民脂民膏。

这番雷人案件，叫大开眼界的嘉庆帝也暴怒无比。直隶历任的藩司们，也个个狼狈陪绑，有的接到嘉庆帝严令，承担赔偿损失的钱款。藩司颜检更被充军乌鲁木齐。一群小吏搂钱，带翻了一群大官。全程神奇操作，也叫嘉庆帝连连怒骂：“实堪令人发指！”

当时嘉庆帝大概以为，这几个小官吏“作”的大事，只是个少数个例，但没想到三年以后，就在他眼皮底下，工部的书吏弄出了更大的动静：书吏王书常私刻假印章，随意胡诌个工程名目，竟就大摇大摆找内务府领钱。理论上说，内务府审核钱财支取，本该由主管官员严格审核。可当时的相关官员，大多是“不复寓目，仰视屋梁，手画大诺而已”。这群草包把关，也就被一坑一个准。

结果，从嘉庆十一年到嘉庆十四年，王书常等小吏们，先后十四次凭着造假的图章文书，从内务府捞得盆满钵满，直到东窗事发后被嘉庆帝处斩。可天子眼皮底下，几个小吏就能如此作妖，大清朝的吏治，怎么能好？

尴尬事三：越查亏空越亏空

比起惩贪等大动作来，嘉庆帝自从亲政后，也在不遗余力地干一桩大事：追查亏空。

在嘉庆帝刚刚亲政的嘉庆四年时，拜乾隆年间的各种治国败笔所赐，清王朝的各地亏空，已经十分严重。单是山东各州县的亏空，就有七十余万两白银。这还算亏空比较“正常”的地方。大清朝的钱袋子，等于到处是窟窿。

这个大问题，事关国计民生。所以嘉庆帝一直抓得紧。但他“追”亏空的方式，每次都是狠狠敲打相关官员一顿，什么样的重话都说出口，貌似一副严办的样子。但紧接着，就常是一句“徐徐办理，自有成效”“其如何从容弥补之法，请各督抚密奏”。也就是朕虽然着急，你们也要把握着慢慢办。

如此“打个巴掌揉三揉”的风格，也是嘉庆帝的常见手腕，甚至就连相关官员出了错，又加了新亏空，他也往往是一顿呵斥后，来一句“如尚有拖延，即严参究办”。也就是这次先饶了你，给我好好干。

可嘉庆帝这套驭人之术，效果到底如何？到了嘉庆十九年，尴尬事情来了：嘉庆帝年年追查亏空，年年颁布严令，年年恩威并施，但是江苏巡抚初彭龄上奏说，嘉庆六年时江苏亏空三十万两，到了此时，别看年年补亏空，亏空却突破了三百万两——官员们一边拆东墙补西墙，把今年的钱拿来补新一年亏空，一边又欠下新亏空。让年年“严格追查”的嘉庆，闹了个大尴尬。

一直到嘉庆帝去世，这亏空问题，依然是清王朝一个头大的问题。说起来，就是嘉庆帝这“徐徐办理”风格惹的祸。雷声大雨点小的追查方式，换来的，必然是懒政与腐败的滋生。

道光勤俭治国，为何越治越贪？

老话常说：节俭是福。大清朝历代帝王里，最认这句“老话”的，就是道光皇帝旻宁。

这位皇帝在做皇子时，就以刻苦勤俭著称。待到登基即位，却发现这大清江山，早已是一片烂摊，财政边防民生全是毛病，最严重的是吏治腐败。从京官到地方官，各级衙门简直无官不贪，以《道光朝东华续录》的形容说，那真是“积弊相沿，挽回无术”，简直是没救。

于是，初登基的道光皇帝，准备对这严重问题，放出一项“大招”：节俭！

一、节俭帝王

“节俭”这事儿，中国古代许多皇帝都常说，但道光皇帝，却是少有的动真格的。

就以最基本的穿衣来说，做皇子时就能省则省的道光皇帝，登基后却是更省。身上的衣裤破了？打个补丁照穿，打着补丁上朝办公。日常一日三餐？每天御膳只有四个简单小菜。就连皇后过生日，也不过稍微改善一下生活，多做一碗猪肉打卤面。1842 年道光的五公主出嫁，全程婚礼花费，竟只有两千两白银。在清代皇家婚嫁史上，结结实实创了“节俭记录”。

如此“全家勤俭”，道光要的，当然不是为了做表率，更重要的目标，就是杀一杀大清官场流行已久的奢靡歪风。

于是，就在这一番表率下，大清政坛许多沿袭已久的“规矩”，也被道光帝悄然改了：地方上大批贡物都被裁撤，道光执政的三十年里，各省的贡赋裁减了一半多。既减轻百姓负担，更堵住各级官员借机腐败的口子。

也正是在这“节俭治国”的思路下，道光帝惩治腐败也不手软：除了严打各级贪官，还制定了独特的“罚赔”策略。典型道光二十三年的“户部银库盗银案”，查明案情的道光帝大手一挥，勒令从嘉庆五年（1800）至道光二十三年（1843）年，四十三年里所有牵涉其中的相关官员，都要赔偿国库损失，哪怕相关人员已经去世，该赔也要照赔。赔不起？那就按月支付赔款，哪怕倾家荡产，也要赔完了为止。

如此几个狠招，效果看上去也很好。特别是在朝堂上，大臣们也纷纷效仿道光帝的“勤俭”风格，官服上常见补丁打补丁，几乎是君臣一心，勤俭操持大清朝。但是，实际效果呢？

二、贪腐成风

道光皇帝想不到的是，他眼前官员们集体“勤俭”的模样，不过是表象。表象之下，是各种不堪入目的“暗流”。首先官员们心知肚明的一条，就是各类送礼的规矩。

在道光年间，先前还偷偷摸摸的官场贿赂风气，早有了一套“成熟”的规矩：夏天天气热的时候，地方官要给京官们送“冰敬”，等到冬天天气冷的时候，又要再送“炭敬”。此外，地方官进京述职，要给有关官员送“别敬”，要是其他官员经过自己任职的地区了，还要给过境官员送“程仪”。

这还只是人情交际，放在工作中，“规矩”更是少不得。各省每年有案件呈报，需要给刑部送礼对方才会继续处理未完的流程，这样的送礼叫作“秋审部费”，再比如说，水师要修理战船，需要送“修船陋规”。就连官员升职也需要给吏部送“晋升部费”，否则吏部就不发文从而让该官员无法赴任。

以《道咸宦海见闻录》记载，道光年间官员张集馨，曾经四次外放“四川按察使”“贵州布政使”等职务，每次上任前都“按规矩办事”。送给京城各级官员的钱财，四次总计近十万两。这些钱当然不会自己买单，等着到了任上，必然想尽办法捞回来。

“规矩”如此成熟，做官的油水当然也更多。于是当穿着补丁衣服的道光帝，连猪肉打卤面都舍不得吃时，道光年间官场的奢靡之风，却是一日胜过一日。据史料记载，道光朝官场宴饮四时不绝，小的宴会天天都有，大的宴会月月都有，宴会已经成为当时人们的一种社交手段。

每次宴会之时，主人家为了排场面子，准备的菜品都极其考究。比如有一次河厅的官员聚会，其中有一道菜就是连着打死五十多头猪，然后只取每头猪背脊上的一片肉来做成的。

除了菜品奢华，宴会的配套也很高端。官员们的宴会一般选在戏园子里面，一边听戏一边宴游，有的官员还会在宴会时用歌舞来助兴，而一些收入丰厚的官员甚至还会邀请名伶来演奏，一场宴会下来，往往花费不菲。

煞费苦心的“勤俭治国”，换来的，却是这“越治越腐”“越治越贪”的奇葩效果。

那么，一心勤俭治国的道光帝，为什么会让吏治败坏至此呢？

三、个中缘由

这就要从道光帝的用人失误说起了。首先，道光喜欢任用一些看似唯唯诺诺实则圆滑的人。这些人奉行的为官之道就是“多磕头，少说话”，这样的官员根本无法为道光提供治理国家的好方法，可道光却认为这些人的“少说话”是谨慎的表现，对这类圆滑官员大加提拔。

结果，鸦片战争时，道光问这些官员有什么应对之策时，一个名叫穆彰阿的高官只能说出“着，着，着，皇上洪福”这样的话，道光靠这样的官员治理国家，吏治又怎会不出问题呢。

其次，道光喜欢重用满族亲贵。这并不是说满人官员更加优秀，而是道光对汉人官员始终信不过。

道光二十七年，一位名叫瑞麟的满族官员负责在道光祭祀太庙时读祝文。结果就因声音洪亮被授予了五品顶戴。

当时瑞麟本来是七品官，一场朗诵换来连升两级，这样的好事汉人官员可绝对碰不到的。

与瑞麟同一时代的抗英名臣林则徐，就始终被道光猜忌。虎门销烟后，林则徐立刻遭到打压，被道光流放新疆，这样对满汉大臣截然不同的态度也是道光朝吏治始终不见起色的原因之一。

第三，道光对官员们的监督考核也没有进行到位。本来清代的官员每3年有一次大型考核，按照正态分布理论，优秀的官员本来应该是凤毛麟角，可道光时代的这种大型考核优异者远远多于不合格的人。

对此，道光也明白之所以出现这样的结果是考核的时候弄虚作假，按理说，道光身为一国之君，本应该严查舞弊，惩处官吏，可不知道光出于什么样的考虑，对此现象仅仅是口头批评，走过场一样说一句要求大臣检举的场面话，却对这类明显失真的考核结果全盘接受，从未公开质疑反对。

第四，道光讳疾忌医，公然堵塞言路。道光朝吏治问题重重，朝中官员人人心知肚明。清代原本设立了一种言官的制度，目的是通过言官风闻奏事，对吏治起一定的监督作用。

然而，作为吏治最后一道防线的言官能否发挥作用，完全取决于皇帝是否虚心纳谏，可惜忠言往往逆耳，道光不是个愿意听这些言官唠叨的人。

言官们一开始也是忠于职守的，有个叫周春祺的官员就曾参奏过浙江巡抚贪污的事情，结果道光看完奏折很生气，不是生气浙江巡抚贪污，而是生气周春祺破坏自己的好心情。

结果，道光一怒之下将周春祺革职，浙江巡抚反而毫发无伤。

此事过后，言官们都不再敢说朝中大事，但即使这样，道光依旧看着这些言官就觉得讨厌，于是道光采纳了大学士曹振镛的方法，在言官们的折子上寻找笔误或者错别字，一旦发现就严惩不贷。

几次三番，言官们全部被吓得噤若寒蝉，预防吏治腐败的最后一道防线也不复存在了。

其实，吏治存在的种种问题道光早已心知肚明，只是道光并没有铁腕治理吏治的勇气，他想做的仅仅是充当一个修补工匠的角色，对吏治问题小修小补，以达到表面风光的效果。

然而，日益严峻的吏治问题带来了连绵不断的社会问题，道光帝虽然依旧勤俭治国，却还是只能眼睁睁地看着清王朝，渐渐走向落日的余晖中。

叁

另一面的鸦片战争

大清曾造出豪华战舰，为何后来就剩小破船了？

清朝康熙二年（1663），大清使臣张学礼率领的两艘“封舟”，傲然亮相琉球海面。这两艘担负出使重任的“封舟”，每艘长度都在六十米以上，船高更突破七米。即使比起此时东亚海洋上的荷兰大型战舰，也是“宽广过之”。巨大的船身上，还以双层甲板配备二十四门重型火炮。俨然武装到牙齿的海上魔兽，到了琉球就看跪一片，给入关不到二十年的大清朝，结结实实地扬了一把国威。

而且千万别以为，这两艘撑场面的豪华巨舰只是摆设。此时为了应对与南明海军的作战，这种当时被称为“鸟船”的巨无霸战舰，正渐成清朝海军的主战力量。之后的二十年里，清王朝几乎不惜血本，全力继承实践明代以来的造船技术，一艘艘崭新的“鸟船”陆续下水服役。到了康熙二十二年（1683）时，清军已拥有五十六艘“大鸟船”，放在当时亚洲海面上，这是一支顶级的海上力量。

也同样是 1683 年，随着明郑政权的投降，曾经纵横东亚海洋的明郑舰队，以及明郑政权那充分学习西方的战船火器技术，也统统被清王朝收入囊中。原本就具备巅峰实力的大清水师，自然是如虎添翼。在那个全球航海事业红红火火的十七世纪下半叶，历史就这样给了中国一笔重要财富：一支不只能够拱卫大清海疆安全，更能护卫开辟海上黄金航线，缔造新辉煌的强大舰队。

在那一年，恐怕没有人会想到，豪华战舰扎堆的大清海军，会在 157 年后的鸦片战争里躲起猫猫，干看着英国战舰耀武扬威，把中国沿海砸成稀巴烂。就连曾经把琉球国看跪的“封舟”，也是越活越不行：待到嘉庆五年（1800）册封琉球国王时，大清的“封舟”竟只有 23 米长，船高也只有四米，几乎缩水一半多。比起当年的豪华战舰，简直就是小破船。

如此“缩水”，也当时的大清使臣赵文楷也深感寒碜，质问为啥船这么小。

得到的回答却是“抚军以闽县海船但有此等对”——大人您还别嫌船小，最大的就是这船了，您凑合着用吧。

在大清最讲面子的“朝贡册封”大事上，最关乎面子的“封舟”，都造成了这个熊样，清王朝的海防力量，也是可以想。为什么会变这熊样？可以先瞧瞧清王朝的官方造船业。造船这个产业，素来油水巨大，康熙年间起大清日渐腐败，造船过程里的“花花肠子”也就越来越多。一艘大型战舰的制造，对于各级官吏来说，那就是一块流着油的肥肉，是个“大人”都得扑上来啃两口。连雍正皇帝都发出怒骂：“营员每方勒索，不顾州县累赔。”造船，成了官员的提款机。

而以乾隆年间大清造船的潜规则，船厂报修十艘战船，实际修了七八艘，那都算是良心操作。其他的“维修费”基本被层层吃走。到了乾隆晚年时，一些早已报废不堪，只能放在港里晒太阳的破船，相关的官员们仍然厚着脸皮“报修”，就为吃点维修费。到了嘉庆年间，那更是连这点脸都不要：船厂开出的造船费用，往往比实际开支高八九倍。就这么着还不知足，造船时往往故意拖延工期，一拖就张嘴要钱，不多坑几笔，都不好意思造完。

甚至到了嘉庆帝晚年时，许多官办船厂，更找出了新的“创收”妙招：造好的船只，干脆捂在手里不交出去。等着日子久了，船上的帆布、桅杆、舵等用具，基本都被各级官员卖个精光。造出一艘船，能肥一群人。到了鸦片战争前夜的道光年间，这点吃相也不讲了：坑足了朝廷的钱造出的船，倒手就低价卖给民间商人，甚至租给鸦片贩子运鸦片，赚得细水长流。

如此操作下，大清的船舶，那还能造得好？

更可笑的是，这帮人造船没本事，造假却不脸红。每次造船前，都故意给朝廷吹牛，说要给大清的船舶搞“创新”，哄得朝廷拨下大笔专款。结果要么是在大船顶上加个蓬花，要么是故意给桅杆改个样子，门面上装点得好看点，竟就能蒙哄过关，把朝廷的“专款”吞了个精光。

都说大清海军衰落，是因为闭关锁国，但就以大清这些“专业人士”的手段，就算打开国门，这船，照样还是越造越糟。

而且由于乾隆年间，清王朝的多次昏聩操作，许多明代时有关造船与火器技术的图书，都惨遭无情焚毁，直到清末时才重见天日。曾经代代传承的产业技术，自然也就此打住。清王朝的战舰，当然也就越造越不行。二十几米长的船，五六门炮，放在19世纪初大清海军的战斗序列里，别看寒碜，却还真是主力级别。

如此水平的大清舰队，何止鸦片战争时躲猫猫？鸦片战争前就多次现眼：嘉庆年间时，越南海盗一度肆虐中国沿海，清王朝的主力舰队，居然连越南的海盗船都打不过。以至于越南海盗在中国领海里嚣张打劫，大清的沿海水师竟只敢“登桅望”，也就是远远看热闹。

可是，越南海盗你躲得过，三十多年后的英国舰队，那到底还是躲不过。鸦片战争的耻辱，看过这“越活越不行”的大清水师，其实就已经预埋——积重难返的腐败，以及对海洋的昏聩漠视，终于，招来了历史的惩罚和发人深思的警醒。

虎门销烟背后，预埋鸦片战争惨败的伏笔

清朝历史上一桩提气大事，正是1839年的虎门销烟。

在鸦片战争前夜，清王朝举国烟毒泛滥，吸食鸦片人口突破两百万人的糟心国情下，临危受命的钦差大臣林则徐，带着“若鸦片一日未绝，本大臣一日不回”的豪迈誓言，在广东掀起铁腕禁烟风暴。不到三个月时间，就叫英美烟贩乖乖认输，一口气收缴二百多万斤鸦片。然后，从是年6月3日起，在东莞虎门海滩，上演震撼的“虎门销烟”壮举，历经二十三天艰苦劳动，将这害人的鸦片销毁殆尽。

这一番禁烟大场面，不但是深远影响中国近代史的大事，更是人类近代禁毒史上的空前范例。甚至比起近代以来，某些“精英”们对“虎门销烟”乃至林则徐本人，各种尖酸的歪曲质疑，1987年6月，联合国却以一种方式，证明了“虎门销烟”超越国界的价值——虎门销烟结束后的第二天，即公历6月26日，被定为“世界禁毒日”。

但是，说起这桩大事，有一处常被忽略的细节，却也有着意味深长的意义：为什么，林则徐会选择东莞虎门太平镇，作为销烟的场所？

一、销毁鸦片的技术问题

为何会在虎门？首先是个技术问题。

作为一种中国历史上的“新型”毒品，鸦片的顽固之处，就是极难销毁。火烧？这本身就是靠点燃吸食的毒品，点着了岂不是一吸一大片？虎门销烟以前，清朝销毁鸦片的办法，是“烟土拌桐油焚毁法”。就是把鸦片浇上桐油再烧。看上去烧得彻底，烧剩下的渣滓，照样能“服务”瘾君子。

林则徐自己，都被这“烧法”坑过，他之前做湖广总督时，也曾收缴大批鸦片，然后公开以桐油点燃，烈火熊熊的场面蔚为壮观。谁知壮观过后，周边的土地都烧成了毒地，庄稼都不能重。更气人的是，前脚刚烧完，后脚一大群烟鬼就闻味而来，把烧过的渣滓刨出来带走，回家继续美美地抽——销烟，等于给他们“免费服务”了。

所以，在受命钦差大臣后，虎门销烟前的林则徐，一边铁腕整治烟贩烟民，一边痛定思痛，也终于找到了正确的销毁操作：“鸦片最忌二物，一曰盐卤，一曰石灰。凡以烟土煎膏者，投以灰、盐，即成渣沫，必不能收合成膏。”

既然鸦片的“克星”，是盐卤和石灰，那最佳的场所，当然就是海边。

但虽然知道这个道理，一开始的林则徐，其实也没想在虎门销烟。

二、都是缺钱惹的祸

林则徐收缴的鸦片，总数二百三十七万六千二百多斤，价值一千一百多万银圆，放在英美商人眼里，这是一笔绝对的巨款。怎么对待这笔巨款？林则徐原本也计划，来个更震撼的大场面：“委派文武大员，将原箱解京验明，再行烧毁，以征实在。”

也就是说，林则徐原本计划，要把这些鸦片全数运到京城去，由国家转派的大臣们验明正身，然后在天子脚下销毁。

这个打算，也可以说是林则徐为代表的“禁烟派”官员们，憋了许久的气。从康乾盛世开始，大清朝就厉行查禁鸦片，没想到越查越多，每次禁烟风潮后，鸦片输入量都以几何级数疯涨。以至于道光年间，从文武百官到宫廷太监，甚至和尚尼姑，几乎各阶层都有大量烟民。这次取得空前禁烟收获，正好可以拉到京城去，在京城来一场盛大销烟，教育意义必然重大。

可这个建议刚报上去，就被道光皇帝打了回来，反而命令林则徐“督率文武员弁，公同查核，目击销毁，俾沿海居民及在粤夷人，共见共闻，咸知震詟”——不用拉到北京，就在广东办吧。

为什么？最关键一条原因，还是大清朝没钱：把这么一堆鸦片运到京城来，以当时官员们的估计，需要动用四万多人外加五千多匹骡马，花费简直是天文数字。对于一辈子“勤俭”的道光帝来说，这事儿简直一听就肉哆嗦，还是在广东办了吧。

而背后的问题，却是大清朝窘迫的财政，拜长期闭关锁国政策所赐，清朝中期以来，清王朝的财政收入，就是捉襟见肘。外加数十年鸦片泛滥，清王朝的白银大量外流，仅1821年至1839年，清王朝就外流白银近亿元，“银贵钱贱”的困境持续多年。清王朝国库自然也捉襟见肘。而且鸦片战争前，大清朝大江南北，水旱灾害也是不断，到处都急用钱。差钱，是鸦片战争前后，大清朝越来越严重的病。

接下来的鸦片战争，道光皇帝一而再再而三的昏聩判断，“战”与“和”间的摇摆不定，直接一条原因，就是缺钱惹的祸。闭关锁国的大清王朝，已经承受不起战争的风险了。

既然缺钱，鸦片自然要在广东销毁，但选在虎门，更重要一条原因，是大清朝比差钱还严重的毛病：腐败！

三、盛况背后的腐败

鸦片战争前的一百多年里，为什么清王朝每次查禁鸦片，结果却是越查越多？“买卖双方”心知肚明的原因，就是清王朝深入骨髓的腐败。

就以当时担负查禁鸦片重任的广东水师来说，查禁鸦片就是他们轻车熟路的生意。在林则徐到来以前，这些水师每月都会到鸦片船上“巡查”，按照鸦片箱数来收取提成，然后就大手一挥放行。甚至许多水师巡逻船，干脆就变成了鸦片贩子的“运输船”，帮着一起倒腾鸦片，很多水师军官的收入，百分之九十以上，都靠鸦片生意。

水师尚且如此，然后各级官员，有多少人靠鸦片生意敲金分肥？放在当时清朝，这是个骇人听闻的天文数字。身为钦差的林则徐，能在这样的环境下成功收缴鸦片，足见其强大能力。

但拜这心知肚明的腐败所赐，在林则徐当时收缴鸦片后，各种谣言也四起，特别是在外国商人聚居的澳门，一个一传十十传百的流言是：林则徐哪里是为了查禁鸦片？他不过是做做样子，掉头就把这些鸦片卖高价！因为，当时清王朝的高官们，常见这种操作套路。

甚至清王朝内部，也有人勾搭连环，好些人甚至蠢蠢欲动，打算监守自盗偷运鸦片。被林则徐强行缴鸦片的英国领事义律，更把相关谣言疯狂散布，惹得澳门好些商人都“慕名而来”，强烈要求参观禁烟现场。

所以说，这场看似简单的销烟，放在当时，一不留神，就能变成笑话，绝不是一个轻松的任务。要想把事情办好，绝佳的销烟地点，就是虎门。

首先一点，当时的虎门地理位置极好，正好可以采取“石灰加盐卤”的销毁方法，确保把鸦片销毁干净。

但更重要的是，虎门是清王朝的海防重地，驻守着强大的炮台与军队，防守非常严密，能尽可能杜绝一切监守自盗，方便林则徐施展其整个计划。

于是，在林则徐的操作下，从1839年6月3日起，这个震撼的大场面上演了：虎门太平镇的高地上，两个十五丈的深池子，池底全用石板铺好，先放入盐卤，再倒入石灰，把鸦片销毁后再冲到海中。瘾君子们想接着抽？下海找鲨鱼去吧！

比这巧妙设计更震撼的，是林则徐的现场管理手腕：每个池子各派五百士兵，每个士兵都只穿短裤，杜绝一切夹带。各级官员轮流上阵值班，严查一切夹带行为。储存鸦片的仓库，也是重兵把守。整个虎门销烟前后，抓获的监守自盗的贼人，就有十多名。一箱鸦片都没带走，全都扔进池子里销毁。

参考当时清王朝的腐败状况，就知道林则徐做到这一步，已是多么的不易。就连现场参观的外国商人乃至官员们，都不禁连连叹服。《澳门月报》更发出一声惊叹：（虎门销烟）全部事务的处理，在人类历史上也必将是一个最为卓越的事件。

虽然，这前后的过程里，这虎门的见证里，清王朝的孱弱与腐败，已是暴露无遗，鸦片战争战败的伏笔，早已悄然埋下。但超越历史，至今值得铭记的，却是一位铁骨铮铮的英雄：林则徐。

大清的钱，都让印度坑走了？

说起中国近代史，特别是晚清史，憋屈事儿确实不少，尤其憋屈的一件，就是大清没钱。

晚清的“穷”表现在影视剧中，就是朝廷每年苛捐杂税不断，可贵为九五至尊的道光皇帝，却穿起了打补丁的衣服，而生活在重重压迫下的老百姓，日子就更是过得苦不堪言了。

那么，大清王朝的税收如此繁重，朝廷的钱为何总显得不够用呢？其实，清王朝没钱的原因是多方面的，这其中既有清王朝腐败，以及帝国主义侵略造成的影响，但更重要的一个原因是：大清的钱，被印度坑走了！

一、鸦片贸易

印度坑走大清钱财的往事，还得从臭名昭著的东印度公司说起。1757 年，英国占领了印度鸦片产地孟加拉，随后英属印度政府确立了鸦片政策，并授予东印度公司鸦片专卖权及制造鸦片的特权，而东印度公司则将罪恶的双手，伸向了比邻而居的中国。孟加拉的鸦片成了东印度公司最重要的“商品”之一，为了获得利益最大化，东印度公司不断开拓新的鸦片产区，并用垫款或是签订购销合同的方式，利诱当地农民大量种植鸦片。

从农民手中收购的鸦片，很快被送往东印度公司的鸦片加工厂进行加工，而后这些加工好的鸦片通过拍卖的方式，出售给商人，再偷运到中国销售。彼时，中国市场的鸦片原本主要是葡萄牙和荷兰等西方国家，通过澳门输入，鸦片数量不多，发展也比较缓慢。但印度人打破了这种局面，他们潜心研究鸦片制作，以便让鸦片更适合中国人的口味，从而攫取更多的利润。

在印度人的努力下，印度鸦片的销量在中国市场节节攀升，甚至发展出以英国、印度、中国为主体的三角贸易。英国低价购买印度鸦片，再卖到中国谋取暴利，一改18世纪英国白银流入中国的局面，反而让中国白银大量流向英国。而作为中国财富流往英国中转站的印度，在鸦片贸易中既扮演了种植商，又担任了中间商的角色，更是赚得盆满钵满。据史料显示，仅是东印度公司从1797年到1817年间，通过拍卖鸦片赚到的纯利润就高达110547580卢比。

小小一个拍卖，利润已如此可观。而当这些拍卖的鸦片运到中国后，赚到的利润更是犹如天文数字一般。比如1805年，东印度公司以每箱160卢比的价格收购鸦片后，再以每箱988卢比的价格进行拍卖，而当这些鸦片运到广州后，售价就达到了3500卢比每箱。若是忽略掉少许流通费用，那东印度公司贩烟的利润率，竟然达到了令人咂舌的517.5%，就连运输鸦片到中国的二道贩子，利润率也高达254.25%，这在世界贸易史上，也是亘古少有的暴利了。巨额利润下，英国政府也忍不住来分一杯羹。英属印度政府按超过鸦片成本300%来征税，到鸦片战争前夕，每年在鸦片上的收入达到了两百万磅，几乎抵得上印度全部收入的十分之一。疯狂的鸦片贸易，造成中国白银大量外流，国民经济持续下滑，迫使清廷不得不派林则徐为钦差，以一场虎门销烟向世界宣示了朝廷禁烟的决心。

清廷禁烟的消息传到印度，立刻引起了印度工商业的极大恐慌。来华的鸦片飞剪船纷纷转往新加坡，导致印度市场鸦片烟价格大幅下降，大批印度殖民地工商业代表，以及英国曼彻斯特、伦敦的工商业财团，忍不住联合向英国政府请愿，痛诉“用鸦片换来的白银使英属印度大片土地喜气洋洋”，现在白银要没，请求英国政府出兵惩罚清政府。有道是人类的悲喜并不相通，印度所谓的“喜气洋洋”，全然是建立的大清百姓的苦难之上。18世纪时，中国一直在中英贸易里处于出超地位。停泊在广州的英国商船上，携带的货物并不多，船上装的大多都是银圆。但自从鸦片贸易兴起后，中国在中英贸易中很快从出超变成了入超。仅1821年到1840年的短短十几年时间，外流白银便高达1亿元以上，平均每年流出500万，相当于清政府年收入的十分之一。

大量白银外流造成银贵钱贱。18 世纪末，一两白银只能换七八百文铜钱，而到了 19 世纪 30 年代，一两白银就值一千六七百文钱了。

偏偏民间商品买卖大多使用铜钱，而清政府却规定用白银交税，无形中加重了百姓的负担，致使拖欠赋税者越来越多。

更为严重的是，鸦片泛滥吸收了大量社会购买力，造成工商业的衰落。这也让林则徐在 1838 年调查完苏州、汉口的商业后痛心地说："苏州之南濠，湖北之汉口……近年来各种货物销路皆疲，凡二三十年前，某货约有万金交易者，今只剩得半之数，问其一半售于何货？则曰鸦片烟而已矣。"

短短数语，字字泣血。泛滥的鸦片贸易，就这么如同恐怖的吸管般，吸走了大清的财富，而印度，则是这根吸管上甚为重要的一环。

二、茶叶贸易

鸦片贸易带给中国的阴霾尚未消散，疯狂的印度人又将贪婪的目光，投向了中国开展得如火如荼的茶叶贸易上。中国是茶叶的母国，文字记载的饮茶历史最早可追溯到汉代。鸦片战争前，中国的茶叶销往世界各地，是西方国家离不开的刚需。

英国人自然也是茶叶的狂热爱好者，马戛尔尼访华前，东印度公司垄断着中英茶叶贸易。从 1760 年到 1789 年，东印度公司自华输入的商品里，茶叶贸易额占比平均为 73.41%，其中仅 1789 年一年的茶叶贸易额就高达 3659266 两，占到贸易总额的 82.5%。火爆的销量，让英国政府一度担心起茶叶的安全性。谁让当时鸦片还不是世界公认的毒品，而西方人又一致认为酒、茶、鸦片、香烟都会让人乱性。为了印证茶叶对国民健康的影响，英国政府甚至专门搞了个"茶叶和鸦片谁有毒"的实验。

实验听起来奇幻，但操作起来并不复杂。英国政府找来两头猪，一头喝茶，一头不喝茶，谁知一个劲喝茶的那头猪后来不知为何呜呼哀哉了，结果茶叶就这么得到了和海洛因一样的待遇，在英国上层社会被严令禁止。

不过，虽然英国上层社会担心茶叶有毒，却架不住英国百姓"不怕死"的饮茶热情。那时的英国百姓，不分男女老幼通通茶不离口，每人每年平均要喝掉一磅以上茶叶。

民间饮茶风的普及也影响到英国上流社会，各大贵族看老百姓喝茶喝得红光满面，一点没中毒的样子，这才放开了茶叶禁令。

自此后直到马戛尔尼访华前，茶叶贸易成了清王朝的摇钱树，英国人喝下的每一口茶，都成了流入清朝的外汇收入。可惜，这项赚钱的买卖在马戛尔尼访华后，硬生生让清王朝玩坏了。原来当初马戛尔尼访华时，清王朝带着天朝上国的骄傲，一口回绝了马戛尔尼的通商请求，却让马戛尔尼轻轻松松带走了核心科技茶树苗。随后，马戛尔尼使团立刻将这些珍贵的茶树苗移植到印度，等到 19 世纪 70 年代后，印度已然有了大片的茶园了。有了茶叶后，印度又借助工业革命的东风，在 1872 年首次采用揉茶机，走上了茶叶机械化生产的康庄大道。

据说采用机器制茶后，12 分钟就可制茶 350 磅，大大增加了印茶在国际市场的竞争力，而反观那时的中国，却还在固守着传统的茶叶生产方式，生产出的茶叶品质良莠不齐，有些甚至还赶不上工业化生产的印度茶。印度茶后来居上，让中国茶成了最直接的受害者。据 1876 年英国驻华领事报告称："在 1875 年最后的四个月里，印度茶在英国的消费量就超过了英国 1868 年全年进口茶叶总额。与此同时，中国茶首次遇到滞销问题。"写这段报告的时候，英国驻华领事一定不会想到，此后印度茶继续爆炸式增长，到 1890 年时，印度茶出口超过 1 亿磅，是 1876 年的 4 倍。印度茶疯狂鲸吞英国市场的背后，是中国失去世界头号茶叶大国地位的苦涩。

在印度茶的猛烈冲击下，中国茶在英国市场的份额越来越少，而占领了英国市场的印度茶，又进而与中国茶争夺澳洲、美国、加拿大等众多海外市场。靠着机械化生产的优势，印度茶逐渐取代中国茶的世界霸主地位。无数洋商"舍近求远，争贩印茶，年盛一年"，到 20 世纪初，中国茶就几乎完全失去了西方市场，有些中国产的福州茶甚至要掺入印茶或标为印茶才能卖出去。印度在产业升级上对大清的反超，坑走了大清的钱，也让称霸世界一二百年的中国茶，在国际市场竞争中败下阵来。

但痛定思痛，印度能如此吊打大清，何尝不是大清自身停滞不前酿成的苦果。闭关锁国的教训，落后挨打的反思，看看大清被印度坑走的钱，就足以令人警醒了。

鸦片战争中，清军为何一败再败？

说起那场轰开近代中国国门，打得大清“精兵”一败涂地，“交换比”无比难看的第一次鸦片战争，后人常常怅恨的，是中英双方在武器方面的“代差”。确实，这场战争里，英军在枪炮与战舰层面占有绝对优势，电影《鸦片战争》里那一声撕心裂肺的“我们的炮够不着他们”，更让多少观众连连叹息：不是我大清不能打，就是运气太差。

那么，鸦片战争的战败，真实只是大清“运气差”，赶上了“装备代差”？下面这两个装备之外的原因，却更值得深思。首先一条，就是清军的战斗力问题。

在很多近代题材的影视剧里，清军的战斗力常被大书特书，特别是许多清军士兵以冷兵器血拼洋枪洋炮的场面，更让多少观众当场动容。而在真实的鸦片战争历史上，清军的战斗力到底有多感人？可以看看公认无比悲壮的虎门战役。

在这场老英雄关天培壮烈殉国的战役里，面对英军的刺刀和炮火，清军的普通士兵们，好些却都稀里哗啦：为了和英军死磕，关天培倾家荡产发奖金，然后下令封锁炮台，但有的士兵拿完钱后却“夜有扒越台墙而遁者”，没打就撒腿逃命。虎门战役最激烈的时刻，几名清军军官更是连呼“事急矣”，带着几千士兵逃了个精光，转眼炮台上就剩下包括关天培在内的二十来人。这位血战到底的老英雄，可以说就是被这群“尿兵”坑死的。

如此“尿兵”，绝不是虎门炮台上这一处个例，相反却是整个鸦片战争里，每个战场都可见的奇景：虎门战役之前的大角、沙角之战里，守将陈连升父子壮烈殉国，但当英军冲上沙角炮台时，不但守军逃得精光，还有一百多“来不及跑”的清兵，当场跪下来请降。但如此窝囊一幕，还得到了英军的“高度评价”。以英军的评价说“中国军队在这里的表现比后来的战役要好些”。这，都还算是清军打的“比较好”的一仗。

实事求是说，整个鸦片战争里，清军在战斗素质方面，与英军之间的“代差”，真不比装备差距小。

为什么有这么大“代差”，根子上一条，就是清王朝的军事制度，当时已经烂到家。军队“吃空额”成风，比如号称清朝精锐的“京师步军”，缺额竟高达一半。贵州等偏远省份，实际军队竟只有账面上的六分之一。多出来的军饷？当然被一级级“官爷”大口吃走。就算在册的士兵，日常多要忙着种地帮工甚至做小生意，当兵反而成了“兼职”。比如鸦片战争的爆发地定海，当地的清军“半系节工修脚贱佣”，全是冒牌货。

高层一级级“吃”，下级一层层“混”，这样的“屎兵军团”，又有什么战斗力可言？就连禁烟英雄林则徐，在看清了当时清军的战斗力后，都发出了一声著名的哀叹：“虽诸葛武侯来，亦只是束手无策。”这烂队伍，诸葛亮“穿越”来了，也是“带不动”啊。

不过，即使这样，乍一看去，鸦片战争也不是没有胜机：英军再能打，其当时举国兵力也不过二十万人，清朝总兵力高达八十万。况且大清主场作战，英国远道而来，能用的兵力最多不过一万五千人。跟清王朝的兵力相比，竟是1 ∶ 53。大清的兵再屎，凭着绝对优势的数量和他死磕，怎么也能磕出点战果吧。

确实，对这优势，清王朝自己也是门清。整个鸦片战争期间，大清不遗余力，从全国各地往东南沿海调兵，连四川松潘地区的藏兵都给调来了，另外安徽、湖北、江西、广西、湖南乃至东北大地，都被抽走了精兵。前后共有五万多清军增援前线，加上沿海地区的原有兵力，清军几乎在这场战争里投入了十万大军，兵力是英军的六倍多。但这“绝对优势”，到了战场上又成了两样——绝大多数的战役，清军都在以少打多，英军反而占有兵力优势。

这问题，首先出在动员能力上，清王朝“兵多”不假，但体系却十分混乱。就以鸦片战争里作为主力的“绿营”军队来说，每一支四五千人规模的绿营部队，往往要分散在八百多个“关门哨台”驻扎，一旦有战事就会被各个击破，而一旦要调动，手续也必然混乱不堪。说句寒碜话，能把部队整整齐齐凑在一起，都是相当不易。

调兵就这么麻烦，行军就更麻烦，清军的增援部队，大多来自内地各省，这么多军队开赴前线，无论水路陆路，都是交通的大考验。大部分的军队，都要沿着传统的驿路行走，但驿路有限的交通条件和沿途的供给能力，又根本无法“供得起”上万部队，数千人的军队，往往要分成 200 至 300 人一队，分批行军，好些军队还没抵达前线，前方就已经战败了。

而英军呢？别看兵少，但其发达的航运能力，特别是在中国内河横冲直撞的舰船，每次都能第一时间第一速度，把部队投放到预设的战场上。清军的几万几十万人，没几个能赶上战事，英军这边一个士兵，凭着发达的航运，却可以当两个人三个人用。单这个劣势，就足以让清军吃紧。

更不要说清军高层低效的指挥与调动，典型火线受命的“扬威将军”奕经，1841 年 10 月率军上前线，却是走一路磨一路洋工，走到苏州更不愿意前进，一度天天在苏州花天酒地，哪管前线水深火热。到第二年三月壮着胆子打了一把，立刻被打得一败涂地……

低效的调度、腐朽的管理、低下的作战素质，这每一条放在战场上，都非常致命，偏偏清军还全占了。如此清军，就算提前给他们马克沁机关枪，这鸦片战争，也难免丧权辱国。

大清一品大员叶名琛，曾被抓到印度当猴展览？

1858年3月12日，英国无畏舰抵达印度加尔各答，一位51岁的大清官员从船舱里被押出，随后被囚禁在加尔各答的威廉炮台——大清体仁阁大学士，两广总督叶名琛，在经过了四十八天海上押解后，抵达了他人生的最后一站。

在落后挨打的中国近代史上，这位有着"六不总督"称号的叶名琛大人，常见被历史票友们狠踩。甚至有人说他被英国人装进玻璃笼子里，像猴子一样供人参观，一路给英国人赚足了"票钱"，相当活灵活现。那么真实的历史上，这位可怜的叶名琛大人，真是如此低能？事实是，在第二次鸦片战争前的大清官场上，后来的"六不总督"叶名琛，却也曾是二十八岁就高中进士的才俊，在三十九岁（1846）那年，就坐到了一个看似肥缺，其实如同火山口的岗位上——广东巡抚！

为什么说广东巡抚是"火山口"？第一次鸦片战争打完后，清政府不平等条约签了一堆，可兑现成了难题。认真"按合同办事"？老百姓肯定民怨沸腾，年轻气盛的咸丰帝更不答应！可要违约？又得招来英国人的兵舰恐吓。简直是怎么做都是错。

但就是这么个两难的岗位上，当时的叶名琛如鱼得水，每次遇到英国人的逼迫，他都软硬兼施。一边给英国人推太极磨洋工，一边武装广东当地乡勇，借"民意"给英国人施压。谈判谈到白热化时，叶名琛还常来个"以彼之道，还施彼身"，竟然精心研究《南京条约》的条款漏洞，逐条逐句把对手怼回去，多次叫英国人吃瘪。

尤其不容易的是，1854年6月，广东又爆发了著名的"红兵大起义"，广州也一度陷入"红兵"的包围里。参考这个年份就知道：这一年，太平军已经占领了江南大地，太平军的北伐军已迫近到京畿要地。北方打成一锅粥，富庶江南尽失，原本就靠广东输血，这下一闹腾，简直火上浇油。但就是这样火上浇油的局面，当时已是“两广总督兼通商大臣”的叶名琛，硬是扛了过来。他治理下的广东，成了当时风雨飘摇的清政府，最放心的一根“支柱”。这位未来的“昏官”，当时也因此声誉鹊起，年年被咸丰帝表彰。以《清史稿》形容说“遂疑古今成功者，皆如是而已”，简直是官场上的励志楷模。

而在1856年10月“亚罗号”事件爆发后，叶名琛的应对，更堪称当时清朝官员里的榜样。先是面对英国无理的挑衅讹诈，做到有礼有节回应；而后在手里无兵无钱的窘境下，冷静应对英国的进攻：他多年苦心培养的民团，给了英军狠狠的打击，甚至创造了清军水师击败英国水师的经典战例。一来二去几个回合，英军虽然迫近广州，甚至击毁珠江口炮台，却无力打进广州城，双方陷入拉锯。

甚至，蓄意挑起这场战争的英国驻香港总督，也因战事不利，于1857年10月被英国政府解职。以当时中英的实力对比，外加叶名琛手里的“牌”，打成这样已经不容易了。当然，叶名琛接下来的槽点，也是不少。比如说他虽然老谋深算，却也极度迷信，还在城里建了“长春仙馆”，遇到重大决策就算卦。又比如他虽然高度重视情报战，但对敌情的了解，还是非常模糊，也根本不明白英国此次的战略意图。所以他根本不知道，英法已经结成了战略同盟，更想不到1857年12月底，英法联军就会攻打广州。哪怕面对确凿情报，他也固执地不肯相信。然后，就有了他人生里败得最惨的一仗：1857年12月28日，英法联军攻打广州，汉奸张同云等人卖力带路。大败亏输的叶名琛做了俘虏。

次年1月5日，他被塞入英国军舰“无畏号”，押往印度。但实事求是说，即使他少犯一些错误，这一仗，他也注定赢不了，中英双方的巨大差距，那一代清朝官员的认知偏差，外加上头那位刚愎自用的咸丰帝，撑到这个地步才输，已是不易。可是作为带路党的张同云等汉奸们，以及出卖了叶名琛的广东巡抚柏贵，显然不这么想，只有把叶名琛搞臭，才能掩盖自己的罪责。作为胜利者的英法联军，当然不这么想。虽然他们也承认叶名琛“是英勇果断的人”，但为了巩固既得利益，就必须把他搞臭。刚愎自用的咸丰帝，更需要一个背锅的叶名琛。于是三方“一拍即合”，各种丑化滚滚而来。

但是，就是在英国人的史料，以及叶名琛随从们的回忆里，叶名琛最后一段人生，却是这样的。押解的路上，他一直很坚强，哪怕在船上身患重病，也是咬牙强忍，绝不在英国人面前喊一声痛。

叶名琛本来想着，能够作为俘虏见到英王，当面怒斥英国人的强盗行径。当这个可怜的愿望落空后，他随即做出了抉择，从此再不进食，哪怕看守他的英国人，捧着食物求他，他也置之不理，直到1859年4月9日，凄然死于威廉炮台。死时“双目炯炯，怒容未息”，可以想象，他不惧死。可是，他有多么不甘心。英国人的史料里，也对他人生的最后时刻，留下了心悦诚服的评价：“确有大丈夫气概。”可无论丑化还是公正，此情此景，对于那个落后挨打时代的叹息与反思，尽在其中。

鸦片战争中，美国扮演了什么角色？

说起晚清悲催的挨揍史，人们总是想到英法列强嚣张的嘴脸与日本、德国狮子大开口的要价，而同为侵略者之一的美国，由于既没有提出割地也没有搞屠杀，只是斯斯文文地要求“利益均沾”。因而在人们心中的形象远比其他侵略者光鲜得多。看似友好的做法，让一些所谓的“海外专家”忍不住对美国感恩戴德。

然而，作为侵略者之一的美国，真的有看上去这么好吗？

一、对华贸易

美国打造友好人设的考量，要从鸦片战争之前的中美关系说起。18 世纪末，北美十三州脱离英国，成为独立的美利坚合众国。然而，开国之初，美国也曾筚路蓝缕，穷困不堪，以致那些参加独立战争的功臣们也大多身无分文，衣食无着。偏偏英国又十分记仇，针对美国制定了若干对外贸易限制条款，令本就疲软的美国经济雪上加霜。

消息传到欧洲后，法国和西班牙跟着落井下石，毫不犹豫地取消了独立战争时期建立的与美国平等互惠贸易条款。可怜美国一个泱泱大国，愣是在欧洲各国的围追堵截下弄得差点揭不开锅。为了生存，美国只得将攫取利润的目光，投向遥远的中国。

1784 年，美国商船“中国皇后”号离开纽约港，满载着棉花、人参、毛皮等各种货物，漂洋过海来到中国广州，中美贸易就此登上历史舞台。首次对华贸易的成果完全出乎美国预料，他们一次性卖出了 361 担棉花，473 担人参，2600 件毛皮及其他货物，还从中国运回了3022担茶叶，864匹棉布，962担瓷器，490匹丝织品，还有21担肉桂。来自古老东方古国的商品，一到纽约就引发了当地居民的购买热情。事后美国人一结算，发现这次贸易获利额总计30727美元，利润率高达25%。

高额利润刺激下，美国的资本家们争相跟中国做起了生意。待到1792年，美国对华贸易额已超过荷兰、法国、丹麦等国，仅位居于英国之下。1803年，美国对华贸易规模进一步增长，其总值超过欧洲大陆各国总和。可以说，鸦片战争前夕，美国正是靠着如火如荼的对华贸易，才走出了一穷二白的困境，成了西方世界里不可小觑的强国。

二、和平使者

然而，资本的贪欲是无止境的，对华贸易虽然获利颇丰，但鸦片贸易似乎更能触动美国人敏感的神经。1805年，三艘美国船从土耳其缓缓驶向中国，船上装载的货物，则是一百二十四箱鸦片。这次美国首次试水鸦片贸易，随着这批鸦片的到来，中美早期贸易关系完全转变。美国人再也不是远道而来的生意伙伴，而是成了英国鸦片贸易的追随者。

罪恶的鸦片贸易让中国迅速从中美贸易中的出超地位沦落到入超，而美国却因此获利颇丰。据一位参加过鸦片贸易的美国商人估算，从1827年到1830年，美国商人每年贩运来华的鸦片在一千二百箱到一千四百箱之间，由此获利六十至七十万美元，相当于美国对华贸易总额的九分之一。利润驱使下，鸦片渐渐替代了普通货物，成了美国对华贸易的主角。一箱箱鸦片掏空了中国多年积攒的繁荣，也让美国在鸦片战争爆发后，对华态度表现得颇为暧昧。这种暧昧之态在某些学者眼中，被解读为美国对中国的“同情”和“支持”。

然而事实上，1840年的美国当局，曾为对华是战是和争论不休，最后美国政府权衡各方意见，制定了所谓的对华“和平政策”，不参加英国的武力侵华，而是利用中英战争扩大美国自身在中国的利益。

于是，一些美国政客开始在战争期间发表谴责英国的言论。比如马萨诸塞州众议员凯莱布·顾盛就曾说：“美国绝对不会想要与英国政府合作，因为英国人蛮横不法，为所欲为。”

无独有偶，美国外事委员会主席弗兰西斯·皮肯斯也说：“总统不会与英国合作，而我本人也绝无与英国合作的意图。”

政坛谴责英国声一片，美国民间似乎也正在将反战进行到底。1840 年 4 月，一些参与对华贸易的商人与船主，联名上书国会，劝告政府应行动审慎，不要像英国那样采取侵华战争。

反战言论包装下，美国成了“和平使者”的象征，引得后世一些人对美国赞不绝口。然而，若是仔细追溯美国的种种做派，便会发现精明的美国人，不过是打着和平的旗号，趁机大发国难财，谋求更多的在华利益。

比如初林则徐下令禁烟时，美商虽不愿上缴鸦片，但为了其在华利益，最终还是选择不顾英国立场，公开发布禁绝毒品通知，由此赢得清政府好感，获得“美船驶入内河”的特别优待，成了那一时期赚钱最多的外商。疯狂赚钱之余，美国人也没忘了弥补与英国之间的嫌隙。靠着在对华贸易取得的利润，美商在中国市场大举采购茶叶，然后再转运到英国，从而让英国商人跟着大发横财。如此一来，就连英国人也对美国“和平使者”的人设赞不绝口。美国就这么打着所谓的“和平”旗号，游走在中英两国间，直到鸦片战争结束。

1842 年，清政府不敌英军船坚炮利，被迫签下丧权辱国的《南京条约》。美国人眼见清政府被打趴下，立刻一把撕去“和平”的伪装，将四艘战舰开到中国领海，然后对着清钦差大臣、两广总督耆英一通威逼利诱，要求参照英国《南京条约》的优待，给予美国“最惠国待遇”。刚刚在鸦片战争中吃足了苦头的清政府，不敢再招惹洋人，只得喊着“一视同仁”的口号，与美国签订了《望厦条约》。该条约规定美国在通商、外交等方面与英国享用一样的权利。换句话说，号称“和平使者”的美国，不费一兵一卒，就取得了除割地赔款外，英国通过战争获得的全部权益。

至此，美国完全露出了“和平”外表下狰狞的獠牙，一口咬破了清政府“弱国无外交”的真相。只可叹清政府一心指望美国做“和平使者”，却不知自己战场上被人揍成那样，所谓“和平使者”云云，早就化为一场幻梦了。

“八里桥之战”士兵为何冒着枪林弹雨送死？

在中国近代战争史上，1860 年 9 月 21 日清晨打响的“八里桥之战”，堪称让多少后人痛到锥心的耻辱一战：晚清名将僧格林沁率领的两万七千清军精锐，在通州八里桥的开阔地上，向英法联军发起了暴烈冲击。

四个小时的血战后，清军以伤亡殆尽（仅英法联军就在战场上清理出 1500 具尸体）的惨烈代价，换来了击杀 5 名英法联军士兵的可怜战果。然后就是咸丰帝跑路，英法联军火烧圆明园，定格中国近代史耻辱一页。如此惨痛的过程和耻辱的结果，也叫后世多少人叹息连连。

主帅僧格林沁的用兵方略，更惹来声声吐槽：明知英法联军有明显优势，干吗还要把部队拉到开阔地，让士兵们冒着枪林弹雨送死？难道就不能想些其他办法，发挥自家“主场”优势，打点近战夜战？

但事实是，这锅僧格林沁真不能背。首先一个原因是：当时的战场态势，已经让僧格林沁无法部署什么“近战夜战”，在开阔地迎击英法联军，已经是唯一的选择。“八里桥之战”的背景是：1860 年，挑起“第二次鸦片战争”的英法联军，8 月 21 日攻陷大沽口，9 月 17 日又拿下张家湾，直逼在通州的僧格林沁。此时的僧格林沁呢？从 17 日到 20 日，三天的时间里一直忙着集结整理部队。

能快速稳住战线，已经是非常的不容易。而对面的英法联军，也没有给他任何喘息的时间。英法联军统帅蒙托班决定“应速战速决”。于是 9 月 21 日，大战在八里桥打响。这样的紧迫形势下，僧格林沁能够把部队稳住，然后拉出去与英法联军作战，已经算做得不错。夜战奇袭？真不能要求他太多。

而比起这客观原因来，第二个原因，却让人哭笑不得。在当时清王朝满朝文武看来，选择在八里桥开阔地，对英法联军发起暴烈冲锋，是一个稳赢不输的打法。

特别是“近战”这事儿，连当时焦头烂额的咸丰帝，对此也是高度重视。他还专门下了命令：“须以前锋抄袭，挫其先锋。能以鸟枪刀矛等短兵相接，则可操胜券矣。”在他看来，洋人枪炮厉害没什么可怕，只要能靠近了他，跟他打肉搏战，咱就稳赢。

所以说，僧格林沁没想“夜战”不假，但“近战”却是做梦都想。他在八里桥之战的战术思路，就是正面骑兵冲锋，两翼步兵包抄，凭着两万七千大清精锐，把五千英法联军彻底吃掉。“近战”，就是成败关键。而很多大清“能臣”们，也是纷纷献计献策。

比如詹事府詹事殷兆墉就想出“好办法”：让士兵们拿着湿棉被冲在前面挡子弹，英法联军的“火器刀矛都无所施”。敌人都快打到京城了，这帮人对敌人的虚实，竟还是这么一无所知。大战开打之前，大学士瑞麟还提出一个让人哭笑不得的主意：洋人的炮厉害又如何？咱们也有炮啊，当年康熙爷收台湾的时候，缴获的南明军队的六门巨炮，不都还在仓库里放着吗？都拉到前线去，看看谁家的炮厉害。大清的危急时刻，竟要指望大明的火炮来救命了？

比起这些“好办法”来，僧格林沁的决死一搏，确实是靠谱得不能再靠谱了。但是再“靠谱”，也不能换来胜利：战斗打响后，清军骑兵一度冲到了离法军阵地不到五十米的地方，却还是被人家的枪炮打得七零八落。清军两翼的包抄也被打了回来。英法联军的散弹炮与康格里夫火箭，给清军造成了巨大伤亡。随后的八里桥争夺战里，尽管清军前仆后继抗击，打出了顽强的战斗精神，连英法联军都感慨清军“宁愿一步不退，勇敢坚持，全体就地阵亡”，可最后，还是无奈的失败。因为双方的差距，是两个时代的差距。

停留在古代战争水平阶段的清军，无论什么战术，也无法在这样硬碰硬的较量里，打赢近代化的英法联军。而最后一个残酷的事实是，即使是近战，哪怕是白刃战，当时的清军，也远不是英法联军的对手。在 20 世纪诸多港台电影里，关于八里桥之战的场面，常被拍得可歌可泣，赚足了观众的泪水。但真实的情况是，即使是以古代战争的“白刃战”标准，此时的清军，也是严重不合格。之前太平天国战争爆发时，清军就暴露出了战斗力低下的弱点，比如永安之战里，七名太平军将士手持长矛，就把数百八旗精兵杀得四散溃逃，清军战斗力之低，令人瞠目结舌。

至于僧格林沁率领的骑兵？虽然享有“精锐”的美名，也打出过对太平军的经典胜利。但真实的战斗力，依然十分不堪。特别是迎击太平军的独流木城之战里，僧格林沁的精锐蒙古马队，被太平军骑兵打了一个冲锋，立刻“轰然溃散”。僧格林沁对太平军的胜仗，基本都是靠以众击寡打出来的，实际战斗力？着实槽点满满。

而对面的英法联军呢？却是受过严格训练的近代化军队，以战斗力和战术水平说，更是当时全球战场上的高水平。这样的仗，就是反复换多少种打法，又有什么赢面？

战斗力槽点满满，大炮还不如明朝，所有胜利的条件，当时要啥没啥。这样的军队，能在八里桥坚持四个小时，僧格林沁已经做到足够好了。惨烈的交换比背后，除了落后挨打的教训，更有一句不变的真理：“敢于刺刀见红的部队才是好部队。”只是这真理，从火烧圆明园到庚子国耻，大清的军队，真是从没弄懂。

《瑷珲条约》中为何白扔六十万平方公里国土?

很残酷的事实是，以清王朝积贫积弱的发展脉络说，东北大片国土沦入沙俄之手，是必然的事情。

这其中的直接原因，就是《尼布楚条约》挖的坑。

作为清代一桩平等条约，金庸小说里都被打上“中国大占便宜”标签的《尼布楚条约》,内容却也充斥着暗坑。虽说当时清王朝牛气哄哄,几乎用精兵大炮“押”着沙俄谈判。可架不住清朝使团里的欧洲传教士私心作祟，先偷着把清朝谈判底线卖给沙俄，导致谈判陷入被动，接着又在《尼布楚条约》里大塞私货：拉丁文版的《尼布楚条约》里，外兴安岭至乌第河间的中国领土，全成了“未定地区”。

这一条的后果十分严重。接下来的近两个世纪里，沙俄就是以此为口实，宣称“黑龙江下游都不是中国领地”。一批批的沙俄“探险队”，更不停朝东北边境渗透。特别是第一次鸦片战争打完，清王朝被打回原形后，胆肥的沙俄也是紧锣密鼓:1849年时，俄国船只就闯入黑龙江口，占领了中国庙街地区，又在特林（明代奴儿干都司所在地）升起俄国国旗，随后又登上中国领土库页岛，侵略的刀锋已经挥了过来。

那清王朝就任由沙俄挑衅？这就是另一个重要原因：自从清朝建国后，大清在东北国防问题上，进行了一系列昏聩的操作。

要说清王朝不重视东北防务，那是真冤枉。东北是大清的“龙兴之地”，历代清朝统治者，都高度重视东北安全。可事情坏就坏在这“重视”上。比如手握重兵，肩负东北防务大任的“奉天将军”，其重要工作，竟是防范内地百姓进入东北:从开原到鸭绿江口，以及从山海关到威远堡，清王朝修筑起两道“柳条边”，部署大批堡垒精兵，全归奉天将军节制，严抓“闯关东”的内地百姓。本该保家卫国的军队，二百多年里就干这事。

如此折腾，成果也极“辉煌”，大清朝二百年里人口暴涨，东北大地却始终人丁萧条。“康熙盛世”年间的传教士南怀仁，就亲眼见到当时沈阳“断壁残垣，瓦砾狼藉，连续不断”的惨状，这还算东北的发达地区。吉林省更惨，偌大吉林地区，只有“建木为城”的吉林市。直面沙俄兵锋的黑龙江呢？那更是“广袤几万里，蓁芜绝四邻”，几乎大片无人区。

人口如此稀少，所谓发展边疆经济，加强边防，统统成了空话。东北边防的虚弱局面，也是可想而知。

而在黑龙江的防务上，清王朝自《尼布楚条约》签订后，却是一年赛一年消极。拜“柳条边”所赐，黑龙江地区长年荒凉，以《清实录》形容说“黑龙江剩地有余，人力不足”。从打仗到屯垦，样样都严重缺人，有限的兵力守备荒芜的国土，自然鞭长莫及。可清王朝的应对，却是把黑龙江将军的驻地一再内缩，从最早的瑷珲一路南迁，直到迁至齐齐哈尔。所以也就不难理解，为何沙俄的“探险队”，可以一次次撒欢！

也正因为黑龙江将军驻地的南迁，早在第二次鸦片战争前，抗击北方沙俄的侵扰，经常就靠黑龙江当地的各族同胞百姓，特别是鄂伦春族和赫哲族的同胞们，更多次以血肉之躯，硬杠俄军的火枪刺刀。以俄军头目穆拉维约夫的记载，俄军根本不怕清兵，反而最怕手拿弓箭的赫哲族猎手。

但比起这些英勇的百姓来，当时清军的做法，却是让人目瞪口呆。道光三十年（1850），一支进入黑龙江流域的沙俄侵略军，被当地鄂伦春族百姓击退，闻听消息的清政府却吓破胆，反而赶紧把这些忠勇百姓捆了，交给沙俄当局处置。尿到如此地步，挨打自然不远。

可虽说如此，但沙俄的战略重点毕竟在欧洲，直到19世纪中叶时，他们能往黑龙江调用的兵力也十分有限。何况冰天雪地的黑龙江大地，物资补给都是大难题。只要清王朝能审时度势，采取正确战略。就算边境上吃亏，也不至于吃大亏。可1858年一纸《瑷珲条约》，却叫沙俄生生撕走六十万平方公里国土，简直吃了血亏。为什么？

这事儿，与其说沙俄太凶，不如说清政府的昏聩神助攻。

《瑷珲条约》签订前四年，即1854年时，沙皇俄国就向清政府提出了“黑龙江航行”的要求。借口是帮大清朝“防堵英夷”。如此荒唐借口，清王朝的官员们却昏聩不识，反以为能以夷制夷，竟给黑龙江将军下令，命清军给俄国船只放行。结果四年间，在清军的“礼送”和“热情接待”下，俄国船队进行了四次“黑龙江航行”，把黑龙江防务看了个满眼，更建立了大批粮仓兵站，“远征”难题，这下迎刃而解。

这里要补充说个人：后来签订《瑷珲条约》的奕山，身为黑龙江将军的他，面对沙俄的一次次“航行”，提出过“阳抚阴防”的策略。虽说能提出这见解，在清王朝高层已属睿智人物。但“引狼入室”已是既定事实，再防也没用了。

然后，就有了1858年五月的耻辱一幕：早已打着“航行”名义，在黑龙江流域布足兵力的沙俄，突然兵临瑷珲城下，叫嚣要重新划界。兵力不足且被沙俄打了闷棍的奕山，经过多日拉锯，只能哆嗦着签下《瑷珲条约》：六十万平方公里国土拱手送人，北方边疆门户洞开。落后挨打的晚清王朝，又翻开耻辱一页。

签字者固然耻辱，但这前因后果，多少挖坑多少昏着，每一条，纵是时过境迁，依然，值得深思警醒！

热血诗人遗作，竟挽救百万平方公里国土？

中小学语文课本里，若论哪首古体诗最热血？有一首清代诗歌，公认有资格与豪迈唐诗争风头——清代诗人龚自珍的《己亥杂诗·其二百二十》。

这首只有四句的小诗，写于龚自珍罢官回家路过镇江时，本是一首送去道观的应景青词，却出手就是浓墨重彩，前两句哀叹大清朝“九州生气恃风雷，万马齐喑究可哀”的悲催世道，后两句却是怒目圆睁，愤然仰天长啸“我劝天公重抖擞，不拘一格降人才”。诗中热血澎湃的情怀，自问世起，就激励了一代代有志青年。连20世纪末一部青春片里，都有台词生动调侃：“您说这龚自珍一辈子都经历了什么？写个诗都这么热血。”

不过，放在龚自珍生活的晚清年代里，发出如此热血一吼的龚自珍，在他的同僚眼里，与其说是个热血诗人，不如说，是个古怪的异类。

一、少年天才，政坛怪人

龚自珍的家世，属于清代典型的官宦名门。他生于乾隆五十七年（1792）的杭州，祖父和父亲都是朝中官员，母亲段驯也是一代才女，外祖父段玉裁更是经学大家。有这良好家学渊源，龚自珍少年起就爆发出惊人才华，八岁起研究经史，十五岁时以诗词出名，成了江浙颇有名气的神童，凭着家族关系和满腹才华，以后至少能做个饱食终日的清流官僚。这条人生路似乎铁板钉钉。

但就是从青年起，龚自珍却是不知不觉转了性。他二十三岁时，清王朝正遭天理教动乱，连皇宫都差点被天理教端了，气坏的嘉庆皇帝下了罪己诏。之前一直乖乖读书的龚自珍呢？却愤然写了《明良论》，满篇笔墨锋利如刀，竟把清王朝上下都骂了个狗血淋头：为什么大清朝要遭这个难？就是因为“士不知耻，则国之大耻”。那为什么不知耻呢？就是因为皇帝刚愎自用，把大臣看成“犬马”，于是上梁不正下梁歪，叫大清朝落到这地步。

从此时起，乖孩子龚自珍没有了，从此以后，一个古怪的龚自珍，在清朝文坛横空出世。期间，他连续五次会试，每次都悲催落榜。但他知名度却是暴涨，跟魏源林则徐等后来“放眼看世界”的俊才，也成了至交好友。

如果说二十三岁时的龚自珍，还只是作为一个不谙世事的青年，写下对朝政的愤怒，那么在多次落榜的岁月里，游走各地的龚自珍，也看遍了此时大清朝从上到下的民不聊生。期间,他也一度以举人身份担任内阁中书,又曾在国史馆修史，阅遍了库藏的典籍，却也从没停过忧思：清王朝此时，已绝非太平盛世，深重的危机，正阴云一般涌来。

于是，就是在官场浮沉间，龚自珍变得越来越古怪，别人写诗作文，都是吟风弄月，他却从来是现实题材，张口就是家国命运。甚至科举考场上，还洋洋洒洒行文，疾呼国家变革。其犀利的改革主张，把阅卷考官都吓一跳。可这激愤的性格，也是常常得罪人，以至于终于考取了进士，却被以“字太差”为由，被拒绝在翰林院门外，只是在内阁中书的位置上，一憋就是多年。

二、诗文惊艳，死因神秘

在很多同僚眼里，这个张口就危言耸听的龚自珍，确实成了个怪人。要论其最怪的事，就是写诗。

比如龚自珍抨击现实的诗句，简直每一篇都充满“生气”。写民生苦难，他写出了“不论铁盐不愁河，独倚东南涕泪多”，把江南百姓的漕运负担，一口气写到泪奔。写深重的腐败，他大骂“牢盆狎客操全算，团扇才人踞上游”的雷场面，把盐商幕僚操纵官府，欺压百姓的场景真实还原。写物价飞涨，他大喊“盘中贵一钱，天上明月瘦一边”。写黄河水灾后的凄惨，他望着“云梯关外茫茫路”，痛心着“一吟游魂万里愁”。

不夸张地说，自从清朝入关起，直到鸦片战争前夜，从没有一个清朝诗人，可以用如此动人的笔墨，真实写尽清王朝治下的世态民生。虽然他的散文成就同样辉煌，但他的诗篇，却在嘉庆至道光年间大火，以清代史料笔记形容，每当龚自珍有一首新诗诞生，京城的读书人圈子会立刻轰动，各路学子书生们纷纷传抄，就连京城里不太识字的百姓，没几天都在街头传颂。就是这么红。

甚至以近代许多诗词名家的话说：清王朝为什么会在鸦片战争里被打惨？读读龚自珍的诗就可以找答案。

但大红大紫的龚自珍，在意的却不是这些诗名，却是国家隐隐的危机。当他的好友林则徐受命奔赴广东禁烟时，激动不已的龚自珍，立刻送来了《送钦差大臣侯官林公序》。以其斐然文采为林则徐打气，把正压力山大的林则徐，都看得立刻燃了："归墟一心，足坚我心"——有你鼓劲，我非把这鸦片烟销了不可！

可龚自珍没有想到，就在送别了好友林则徐后，即道光十九年（1839）四月，多年抨击时弊的龚自珍，竟突然被清王朝罚掉了俸禄。以《定庵先生年谱》的说法，当时的龚自珍，因为"才高动触时忌"，以至于到了家中日常生活都难以维持的地步。终于在这年春天辞官回家。多年小吏生涯，就此结束。

但他的心，却依然牵挂着老友林则徐的禁烟战场。鸦片战争爆发后，已在丹阳教书的龚自珍，毅然决定辞去教职，奔赴抗英战场。却在1841年9月26日，突然病故在丹阳。

他的去世，也成了晚清年间，一桩众说纷纭的谜。有人说是因龚自珍性格激愤，得罪了太多权贵。这才被人下毒杀害。"谋杀龚自珍"的疑团，还被写入小说《孽海花》里，清末时流传一时。但比起这些茶余饭后的谈资，龚自珍另一个独家贡献，却被长期遗忘：经营西北。

三、特殊遗作，死后救国

在清王朝许多权贵眼里，这个龚自珍是个讨厌的才子，仗着有些才华，满嘴攻击时弊，除了能写几笔诗，基本没什么实在能力。龚自珍科考时建言国事的文章，就曾被道光年间的忠臣曹振镛当场嘲笑，然后毫不留情黜落。但光绪年间的一桩大事，却终于给龚自珍正了名：左宗棠收复新疆。

清朝光绪四年（1878），晚清英雄左宗棠率领西征军，终于收复了沦陷多年的西北国土新疆。但英国俄国列强依然虎视眈眈，新疆未来该怎么办？大清朝堂上，“弃疆”的论调依然一浪高过一浪。关键时刻，四十九年前龚自珍的一篇文章，再次走入了朝野视线：《御试安边抚远疏》。

这篇文章，就是龚自珍在1829年参加会试时，写下的一篇关于治理新疆的文章。文章针对当时西北大地叛乱迭起的危机，提出了石破天惊的建议：如果清王朝只是照搬汉唐时代的经验，采取这种被动调兵的“镇守”方法，西北的叛乱将永无宁日。唯一的办法，就是在西北大地建省，迁移内地人口入新疆屯垦，在这一百六十多万平方公里的国土上，建立完备的行政机构。甚至，就连新疆十四个府州与四十个县的管理设置，他都事无巨细，一一写明。

这篇奏疏，不只是龚自珍的应试文章，更是他在国史馆修史时，苦苦思考的心得。平日里对清王朝满腹牢骚的他，却永远有一颗忧国之心。他的愤怒抨击，只因忧心太深。在国史馆的无数日夜里，他精细钻研了西北大地每一条山川河流，把每一个部落的演变都烂熟于心。终于有了这篇心血力作。只是在当时，却被大学士曹振镛以“龚自珍字太差”为由，甩手扔在一旁。

四十九年后，重新收复新疆的清王朝，面对同样问题时，终于认清了这篇奏疏的价值。1884年，龚自珍曾大力疾呼的“新疆建省”成了现实。所有的建设规划，都是以龚自珍这篇雄文为参考。自清朝中期起多次陷入叛乱风波的新疆大地，从此迎来了和平发展的时光。再也没有谁，可以把它夺走！

比起龚自珍在晚清各类野史里，常被津津乐道的“死因”“逸闻”，这一特殊的贡献，却更当得起后人虔诚的敬重。

真正的爱国，不在多少漂亮的言语，更不是多么深情的表白，最真诚的，永远是实实在在的行动。比如，一生忧国的龚自珍。

肆

掌权者的奇葩事

如果肃顺未死，晚清还会落后吗？

虽说晚清落后挨打的丢人历史，属于积弊重重，并非一两个人就能改命。但昔日咸丰皇帝的股肱重臣爱新觉罗·肃顺（下面简称肃顺），却是最有可能拯救大清的人。

当然，放在慈禧太后执掌晚清江山的四十八年里，曾在咸丰帝驾崩伊始大权独揽，却一不留神被慈禧绑了杀头的肃顺，是个在晚清贵族里相当“拉仇恨”的人物。肃顺被绑赴刑场时，北京城里的权贵子弟们，就家家兴高采烈围观，还嘻嘻哈哈朝肃顺扔石头，简直比过年还喜庆。肃顺遇害几十年后，大清老王爷奕譞还得意扬扬炫耀自己曾“拿肃顺”。但大清救星曾国藩，却用四个字叹息了肃顺之死：自坏长城！

而放在晚清历史上，曾国藩这话绝不夸张：肃顺被杀后，清王朝接下来的五十年国祚，甚至大清权贵们骄奢淫逸的生活，却正是这个招他们恨的肃顺，强硬打下的家底。具体说来，就靠了肃顺三个本事。

一、通透的治国眼光

作为郑亲王家的婢妾之子，肃顺年轻时和北京城其他闲散宗室一样，过了好多年花天酒地的浪荡公子生活。可他硬是在市井胡混中练出了本事。照《近代名人小传》里形容，肃顺“接人一面，终身能道其行貌，治一案牍，终年能举其词”。简直天赋异禀。

待到四十二岁那年，身负奇才的肃顺得到了咸丰帝的重用，瞬间让咸丰帝有“捡到宝”的幸福感觉：此人说话办事都从不拖泥带水，且专扛苦活累活。越得罪人的苦差事，他摊上越是战意高昂。放在满朝庸才的北京城里，简直就是异类。于是官位“唰唰”地高升，成了咸丰年间“一人之下”的柱国重臣。不过比起这办事能力来，肃顺更关键的本事，就是治国眼光。

与同时代那些或混日子或无知的“大清重臣”们不同。长期混迹底层（京城茶楼市井）的肃顺，早看透了清王朝的病根：为什么从嘉庆帝到咸丰帝，都知道大清朝每况愈下，每个皇帝也都励精图治，可这大清江山，为什么却越治越糟？肃顺一句话就说明白了：“咱们旗人（晚清权贵）混蛋多，懂得什么？”

说白了，这个大清江山，已经被腐败的权贵们，几乎抽干了血肉。不扫掉这些“混蛋”，大清朝再怎么折腾都没救。只此一句，肃顺的觉悟，已经碾压道光至咸丰年间，所有中枢重臣们。

二、襟怀开阔的用人思路

本着“旗人混蛋多”的坚定信念，大权在手的肃顺，开始了对晚清政治的强硬改革，尤其让权贵们叫苦不迭的一条，就是肃顺开阔的用人风格：别管生得多好，把持高位的混蛋，统统给我滚蛋。大小官员选拔，更要不看出身资历，是人才，就给我大胆用！

肃顺的府邸，当时夜夜灯火通明，许多后来中国近代史上如雷贯耳的人物，都是他的座上宾。中国近代首任公使郭嵩焘，当时还是他的心腹幕僚。这些人或是得到肃顺推荐，或是被肃顺暗中助力，从此大展拳脚。比如曾国藩在前线组建湘军，受到重重刁难时，也是肃顺“遥控”局面，帮曾国藩清除一切阻碍，这才有了湘军虎狼般横空出世。

不夸张地说，在19世纪那场轰轰烈烈的洋务运动中，许多叱咤风云的英才，都是肃顺早早替大清朝“储备”下来的。

而咸丰年间一心物色人才的肃顺，却也无意之中，做了另一桩影响中国近代史的大事：力救左宗棠。

身为未来彪炳史册的民族英雄，咸丰年间的左宗棠，还只是湖南巡抚骆秉章门下的幕僚，却只因几句话得罪了总兵樊燮，被樊总兵一怒泼了脏水，忽悠得咸丰帝都下了“可即就地正法”的命令，眼看铁板钉钉是死。与左宗棠从无来往的肃顺，却在得知了左宗棠一身才华后，不假思索站出来：死定了？我救！

随后，肃顺巧妙布局，不顾“满族大臣不得私自结交汉臣”的官场忌讳，与潘祖荫等大臣们一唱一和，又“忽悠”得咸丰帝消了气，反而发现了左宗棠人才难得，立刻赦免了左宗棠，并从此大力提拔——十六年后抬棺出征，为中华收复一百六十万平方公里新疆国土的大英雄左宗棠，就这样奇迹般地，被肃顺从鬼门关上拽回来！

三、铁腕反贪

如果说肃顺用人，是让权贵们叫苦，那么肃顺的反贪，那更是在整个朝堂拉仇恨。

肃顺为官，常挂嘴上的一句话，就是“满人糊涂不通，不能为国家出力，唯知要钱耳”。而他最咬牙切齿的，就是“唯知要钱”——不治腐败，大清没救。

于是，在肃顺平步青云的咸丰年间，他的反贪风暴，也是多年如一日狠刮，甚至走到哪里就刮到哪里。在户部尚书任上，就严查“户部银案”，一口气抄没官员数百家，抄出赃款数千万两白银。在左都御史任上，又严查科考舞弊，把卷入科场舞弊案的内阁大学士柏葰，咬牙送上法场杀头。是为中国科举史上最血腥的大案：顺天考案。

可以说，肃顺任上掀起的，是清王朝自雍正帝驾崩后，又一次力度空前的反贪风暴。效果也是“数十年诸弊净绝”。清王朝能够以高效的行动力，启动火热的洋务运动，首先就得益于肃顺整顿后，那焕然一新的政风。当然，这好政风，也没维持多少年。

不过，待到肃顺死后五十年，辛亥革命一声炮响，大清的满朝权贵，却只剩了哭和跑：当年那个力挽狂澜的肃顺，已在他们的喝彩声里被杀了。不会有下一个肃顺站出来，顶风遮雨给大清续命了。

慈禧是个怎样的人，这几条段子就能说明白？

一、收放自如拿捏亲王

影视剧里的慈禧太后，出场不是看戏就是吃宴席，但只凭这个就能掌控晚清近半个世纪？对她本事体会最深的，当属恭亲王奕䜣。

在当年辛酉政变里，正是恭亲王奕䜣关键时刻助拳，亲手把慈禧捧上“垂帘听政”的高位。立大功的奕䜣，也风光就任议政王，把清朝行政权力抓到手里。但风光了才四年，慈禧就借蔡寿祺弹劾奕䜣的由头，把奕䜣所有差使全撤掉。直到奕䜣在满朝哗然里，入宫痛哭流涕请罪，才算恢复了奕䜣的官职。但“议政王”的头衔，却是顺水推舟拿掉了。

这场折腾后，慈禧拿捏大臣的手腕，从此更放轻松。1874 年 7 月，为重修圆明园问题，奕䜣又与慈禧怼上。这次慈禧根本没出面，先由同治帝出面，革掉奕䜣亲王爵位，两天后慈禧又出面，把奕䜣的爵位又赐还给他。一番打巴掌揉一揉，文武双全的奕䜣，也是从此没脾气，为人做事更低调。待到 1884 年 3 月，接着中法战争作战不力的由头，慈禧终于罢掉了奕䜣的大小职务，史称“甲申易枢”。这位洋务运动的扛旗者，就此淡出晚清政坛。

只看这“温水煮青蛙”般的过程，就足见奢靡享乐的慈禧，不动声色的心机手腕。

二、确实有格局

在晚清名臣曾纪泽的日记里，野史中昏聩专横的老太后慈禧，眼光格局并不差。

身为一位当年慷慨担当重任，迎着沙俄刀锋抢回伊犁国土的外交英雄，曾纪泽做事不但硬气，更是非常仔细。仔细到他觐见慈禧的过程，都原原本本写成了日记。其日记里的对话，非但没有空话，相反句句实在：慈禧详细向这位外交人才询问了近代国际外交方方面面的问题，包括西方的经济发展水平，外交的困难甚至屈辱，以及西方海军的发展水平。每句对话，都有深深的危机意识在其中。

尤其让当时晚清顽固派们汗颜的是，面对沙俄威胁都不退缩的硬汉曾纪泽，也曾在慈禧面前大倒苦水，哀叹晚清落后挨打的耻辱，还有洋务派们为办洋务自强受的委屈。也惹得慈禧发出一声著名叹息:“可不是吗。我们此仇何能一日忘记，但是要慢慢自强起来。你方才的话说得明白，断非杀一人、烧一屋就算报了仇的。”

虽然，慈禧承诺的“自强起来”，她并没有做到。但以此句话来说，比起晚清政坛上，那些满嘴忠君道理，做事却昏聩保守的“清流”来。她的格局，还是要大多了。

三、任性坑国

有手腕有格局的慈禧，为何不能令晚清走向自强？可以瞧瞧甲午战争前后，她的所作所为。

以晚清的财政制度说，慈禧修颐和园的钱款，是以“海军衙门”的名义筹的，本身就是用在慈禧个人享受上。就算不用在颐和园，也绝不会用在海军方面。但在甲午战争前后，慈禧的表现，却实实在在各种坑。

比如慈禧做寿的开支，除了传说中的“海军军费”外，还有三百万两白银，属于“部库提拨”，这笔钱里就包括“备饷需边防经费”，属于国家军队边防建设，最不能缺的钱。可就这么被大手一挥，变成了各种戏台楼阁。特别是在1894年3

月，朝鲜那边已经战云密布。慈禧呢？还只是关心着街面上的戏台修建。明明战事在即急用钱，却是大把往街上砸钱。

甚至，1894 年 7 月 25 日，日军突袭丰岛海面，对北洋水师不宣而战，运兵船高升号沉没，六百将士壮烈殉国时，中外都一片震惊，满脑子“做寿”的慈禧，第二天还是大张旗鼓，在宁寿宫里乐呵呵地看戏。日本侵略者的刀锋，数百将士的鲜血生命，对于那一刻的朝廷大员们，仿佛浮云一般掠过。

哪怕 8 月 1 日，中日已经正式宣战，前线军费开支暴增，慈禧的万寿庆典工程，依然在热热闹闹地建设。甚至在战斗爆发几天后，内务府还在向户部狮子大开口，把本来要划拨前线的军费，强行拿去置办“侍卫庆典朝衣”。而当清军在鸭绿江死战时，1894 年十月初五，慈禧的“万寿庆典”，依然热热闹闹在宁寿宫皇极殿开始，场面奢华无比，全无战争年代的模样。

论及甲午的战败，马关条约的国耻，慈禧的有权任性，确是逃不掉的责任。

四、逃亡路上的瞎糟

1900 年 8 月，八国联军攻克北京，著名的“庚子国难”上演。慈禧太后与诸多王公大臣仓皇逃跑，一路受了不少“洋罪”后抵达西安，然后，又开始糟了。

慈禧来到西安时，正是整个陕西大地面临空前干旱的时候。陕西受灾人口超过八百万，饥民三百多万。也如此困顿，也没耽误慈禧的舒服日子。慈禧进入西安这天，正是寒冷的十月底，饥荒里的西安百姓们，被强迫在雨中迎接慈禧的到来。西安府中学的学生们，还被强迫在雨水里“跪迎”。

接下来的日子里，陕西巡抚衙门成了慈禧的“行宫”，且装修十分豪华。“行宫”里连御膳房都有，上百个厨子给慈禧服务，每天一百多样菜供慈禧选。第二年夏天酷热，慈禧每天都要喝酸梅汤，所用的冰块，全是从西安城外百多里的太白山拉来。虽然那个时候，八国联军正肆虐中华，北京城正遭受浩劫，但慈禧在西安的日子，以《庚子—辛丑随鉴纪实》形容，却是听戏画画全都有，每天都十分滋润。

如此滋润生活，当然劳民伤财，他们一群人在西安的花费，一年的时间里，保守估计却有一百九十万两之多。待到丧权辱国的《辛丑条约》签订，清王朝大笔白银赔出去，慈禧也要“回銮”了，却又在西安拉走了三千辆大车装载的财物，耀武扬威地离开。

但对这劳民伤财，慈禧也很“知足”，以她的话说:“自来在京膳费，何止数倍，今可谓省用。”——这一次，本太后很节俭了。

只看这离开西安时耀武扬威的场面，听听慈禧这句“自谦”，就知这国破山河在的清王朝，确实没救了。

慈禧半个月生活费，能买一艘吉野号？

先说说慈禧太后是啥生活水平。《流亡日志：慈禧在山西的53天》一书统计：慈禧每天的生活费是纹银4万两，这是什么概念？甲午战争里，欠下中国军民无数血债的日本主力巡洋舰“吉野号”，其售价不过60万两白银。也就是说，慈禧太后半个月的生活费，就能买艘“吉野号”。慈禧这么“糟”几个月，一支北洋水师就这么“糟”没了。

由于这个数额比较恐怖，所以至今也争议颇多。但相对更加可信的，却是慈禧太后身边的亲信太监——小德张的回忆。

在小德张养子之子张仲忱的《我的祖父小德张》一书里，对于慈禧太后的生活，也做了近乎“零距离”的刻画。单是慈禧每天吃晚饭，身边就要有四五百小太监伺候，每顿饭要吃三百六十品菜。而且还搞“责任制”，哪道菜做得不好，哪怕一个馒头没蒸好，也必须追查到底，从做饭的厨子到跑腿的太监，查着谁就要打谁。

说实话，慈禧掌权年间，虽说遇事经常“追查到底”，但就是查这事查到最认真，经常是慈禧安然吃着饭，殿外小太监被打得皮开肉绽，直到慈禧吃完饭才消停，简直是给慈禧“伴宴”。以小德张本人的原话说：“老祖宗（慈禧）一天不打人就不能进膳。”

要以“打人”来说，这基本是慈禧的日常生活，何止“进膳”时要打人？以小德张的晚年回忆，慈禧日常每天的打人“名头”，那可是多着呢：比如每天在宫里溜达，哪里花开得不好，立刻把太监叫来打一顿。池子里的鱼没浮起来，也把太监打一顿。孔雀笼子里的孔雀没开屏，管事的太监也要挨打！简直是“老祖宗（慈禧）不打人一天也过不去”。

如此脾气，慈禧的生活自然极度讲究，大臣们给她送礼，更得小心翼翼。比如晚清重臣，未来的北洋枭雄袁世凯，就是相当会送。袁世凯的窍门，就是专给慈禧送新鲜洋货，比如法国产的玻璃八音盒，还有精美的法国瓷盘子，每次都以“性价比”极高的方式，哄得慈禧心花怒放。

但袁世凯能做到这个，也是因为舍得下本，给李莲英等慈禧“身边人”都不少送，这才准确掌握慈禧的喜好。比如有一次，袁世凯就曾给李莲英送来印度产的“上珍”烟土。李莲英刚点了要享受，偏巧慈禧就来了，闻着“上珍”烟土的香味，还饶有兴趣地问：“这是什么香”，吓得太监们糊弄她说是“藏香”，才把这事瞒过去。当时清宫里太监抽大烟成风，但“老总管（李莲英）就不叫老祖宗（慈禧）知道”。

连身边的人，都能瞒她到这地步。

如果说这些在平时，都还是慈禧的深宫生活，那么一场庚子国难，慈禧更叫天下人见识了她的“生活水平”。《重修华县志》记载，当时丢了北京朝西撒腿狂奔的慈禧，过境华山时，还要专门打造两张精美“御床”，“御床”用名贵檀木打造，四周有玻璃，上面还有清水与金鱼，装潢十分豪华。可临上华山时，慈禧又嫌山路难走，干脆绕道而行。天价的“御床”？当然也就废了。

待到慈禧逃难到西安后，虽然当时陕西正遭空前旱灾，但慈禧的奢靡生活，却是变本加厉。哪怕国难当头，慈禧每天个人的膳食费用也在200两银子以上，为了供她喝奶，还专门养了两头奶牛，每月仅养牛的费用也有200多两。以相关史料统计，慈禧一行人在陕西八个月的花费，竟多达一百九十万两。当然，比起她在皇宫里的费用，确实“节俭”。

如此“节俭”生活，也给慈禧“身边人”提供了发财良机。比如慈禧每天要吃“燕菜”，“燕菜”如果不能按时送进行宫，经办官员就要获罪。于是把守行宫的太监，也都趁机勒索，“燕菜”的“宫门费”就有三百两银子，不交钱就不收，赚得盆满钵满。吃口菜，都能衍生出腐败产业链。如此“糟”法，糟掉的又何止一个北洋水师？

所以就是慈禧在陕西“节俭过日子”期间，许多民众都已忍够。当时的陕西中学堂学生，未来的同盟会骨干于右任，当然就一怒拍案，差点就去刺杀慈禧（被同学拽回来了）。但无论杀不杀，只要看过这一系列“幸福生活”，就知这大清，真心没救。

太监李莲英在慈禧死后过得怎样？

清朝光绪三十四年（1908）11月15日，执掌晚清大权四十七年的“大清实际统治者”慈禧太后，在留下了“不得令太监擅权。明末之事，可为殷鉴”的遗言后病故。原本就风雨飘摇的晚清朝局，这下又是一场大震荡。

当然，别看慈禧临终前还念叨着“不得令太监擅权”，可之前的几十年里，晚清权力场上一位无比炙手可热的人物，却正是从1864年起伺候了慈禧太后大半辈子的“大太监李莲英”。而随着慈禧太后的病故，李莲英，这位曾让多少文臣武将打哆嗦的老太监，人生也到了拐点：先是被“新主子”隆裕太后降旨“传奉龙驭上宾”，即在慈禧灵前护卫。慈禧“百日孝满”后又“退居南花园养老”，几乎转眼之间，就“淡出”了权力中心。

而在晚清正史野史上，这位深受慈禧宠爱的“小李子”李莲英，其“擅权”时的一桩桩“大事”“恶事”都十分火热，今天还被各色“宫廷剧”花样改编。却唯独他“淡出”后的人生晚年，相比却十分低调。诸如“李莲英死因神秘”之类的传言，也从民国时代流传到二十一世纪。某部“网络评分9.7”的“历史正剧”里，慈禧去世后“失势”的李莲英，更是先被“晚辈”小德张胖揍，而后又悲戚戚上吊，凄凉的一幕，看得多少观众唏嘘不已。

不过在真实的晚清历史上，“淡出”后的李莲英，别看没了权，却还真没这么惨。

慈禧去世后，六十岁的李莲英，也从此在南花园里过起了养老生活。虽然已经不是“总管太监”，但李莲英“养老”的“南花园”，就是故宫西华门外南长街上的一处豪华园林，明代时还曾被叫作“咬春园”，出名的幽静秀美。住在这里的李莲英，还使唤着“首领太监一名，太监七名”。在过了三年锦衣玉食的生活后，宣统三年（1911）正月，六十三岁的李莲英病入膏肓，在给家人分过了财产后，于是年二月初四病故。

李莲英去世后的第三天，隆裕太后就下旨，将李莲英葬入“西郊恩济庄之大公地”，并“赐以祭坛和治丧银一千两”，以“国家元勋”的待遇将其安葬。李莲英的墓葬，也是修得豪华无比，就连墓顶的建筑材料，都是用沙土、糯米、鸡蛋来灌浆，周边还调用了几百禁卫军保卫。整个工程包括了地下墓室与地上的院墙、石桥、祠堂，耗资高达两万两白银。就连远在河南老家的“大清忠臣”，一年后的“民国大总统”袁世凯，都派长子袁克定来吊唁。从丧礼到下葬，都堪称是“风光大葬”。

比起李莲英“前任”安德海“被砍头”的结局，以及多少晚清政要们“垮台惨死”的下场，在晚清“水太深”的朝堂上，李莲英的这“人生终点”，非但不像电视剧里那样凄惨，反而可以称得上幸运。为何会如此“幸运”？很重要的原因，就是李莲英那至今常被津津乐道的“高情商”。

作为慈禧太后身边的“小李子”，混迹晚清政坛“染缸”里的李莲英，“结仇”“结怨”自然不少。但让多少王公大臣惧怕的李莲英，更多的时候却是个“识趣”的人。比如跟随醇亲王检阅北洋水师时，他就乖乖捧着醇亲王的烟袋跟在后面，和醇亲王、李鸿章都刻意保持距离，绝不争这一刻的风头。相关的地方大员，也休想能接近他。他能一直深受慈禧信任，凭的就是这“识趣”的做派。

甚至在处理与光绪皇帝的“复杂关系”时，李莲英也把他的左右逢源发挥到极致。戊戌政变后，“光绪与慈禧”这对儿关系，那叫敏感无比。庚子国难时，慈禧带着光绪仓皇西逃，一路上受够了“洋罪”，光绪帝晚上都冻得打哆嗦。但李莲英却赶紧抱了床被子给光绪帝，这一番情谊，也叫光绪帝念念不忘。“返京”后的光绪，也常念叨“若无李俺答（李莲英），我活不到今天”。

而在慈禧太后撒手人寰时，长期左右逢源的李莲英，其实也面临着人生最大的危机：即将“掌权”的摄政王载沣，原本就对李莲英十分痛恨，况且在晚清的“浑水”里，李莲英又涉足太深。但对这事儿，李莲英其实早就在布局：慈禧去世前，他就主动结好隆裕太后，慈禧去世后，他更是主动让贤，把自己的徒弟小德张推到了太监总管的位置上。这样有隆裕太后护着，又有小德张照应，老迈的李莲英也就躲过了各种危机，幸运全身而退。

甚至在“养老地点”的选择上，都透着李莲英的精明。当时的李莲英，有多处宅子庄园，为什么养老偏偏选在南花园？因为这样既把自己放在“皇家”身边，又放在隆裕太后眼皮子底下，等于背靠大树好养老，顺利寻了个善终。实事求是说，这全程算计操作，其中的“高智商”“高情商”，就算放在今天的各类“鸡汤文”里，都可以当作“职场教材”。

那么问题来了，顺利全身而退的李莲英，真的能在南花园“欢度晚年”？其实，之后那三年的李莲英，别看锦衣玉食，精气神却一年比一年颓废。特别是从宣统二年起，更是动辄满面哀愁。他为什么会愁？直接的原因，就是当时的外间，流传着种种传言，最出名一条就是“光绪是李莲英杀死的”。了解晚清残酷政争的李莲英，又如何能不心惊肉跳？他临终前给家人分财产时，就是强撑身体，在床上痛哭流涕。

不过，临终前的李莲英，也不只是愁“谁杀了光绪”这事儿，“分钱”时的他，叮嘱家人最多的，就是要“谨慎持家”“注意时政”，一旦革命党推翻了大清，大家一定要“做好退路”。伺候慈禧四十多年的他，其实比谁都明白:这大清朝没几天了。

后人说起李莲英，常说起李莲英的“高情商”“厚道”，确实，晚清旋涡里的李莲英，也算是一个“相对不错”的人物。可对于大清朝的国势来说，李莲英也是“拆大清墙角”的人。作为慈禧的心腹，“厚道”的李莲英，“敛财”也毫不耽搁。他与李鸿章袁世凯等“近代风云人物”交往极多，每次“交往”都要发笔横财——李鸿章在直隶总督任上时，一次就贿赂李莲英二十万两白银。袁世凯仅在李莲英母亲丧礼时，就送了四十万两白银的礼金。袁世凯的宝贝儿子袁克定，更和李莲英的侄子拜了把子。这两家，那是“亲生的朋友”。

有这么多“亲生的朋友”，李莲英的财也不少发，卖官鬻爵等破事也不少干。以李莲英家车夫林丙臣的话说“在李府二十多年，什么活也没干过，就是天天拉银子”。李莲英去世后，给家人们分了一通家产，却还在皇宫大内存了三百万两银子，最后全被隆裕太后“没收”。其触目惊心的财富，却恰是晚清王朝“烂到骨头里的缩影”。

亲身经历这一切的李莲英，到了生命弥留之时，又怎能不对大清朝的“国运”门清。确实，就是他去世的那一年，震撼中国历史的辛亥革命爆发，“烂到家”的清王朝彻底亡国。李莲英的风光与悲伤，留给后世的，不只是种种“历史之谜”的猜测，更是“腐败亡国”的真理。

八国联军进城，慈禧太后非得逃到西安吗？

“中国人带着首都被人攻占的耻辱进入二十世纪的”，在“庚子国难”里，“慈禧往西安跑”这事儿，也让很多历史票友们想不明白。

倒不是说不能往西安跑，而是怎么看，慈禧这一趟“西狩”，都不是时候。一是当时的西北大地，正遭受空前旱灾饥荒，比如慈禧“西狩”途经的山西，在“庚子国难”前，就已是多年干旱，甚至“田地干燥”“麦苗枯萎”，山西全境三十五处州县受灾。而慈禧“躲难”所在的西安呢？受灾更多达六十多处州县，饥民多达三百万人。她这趟“西狩”，来得真不是时候。

外加从北京跑出来，一路朝着西安奔，整个路段也十分折腾，仓皇出逃的慈禧，曾经哭诉说“完全成一乡姥姥”。刚跑出北京的时候，连轿子都没有备，坐着破马车就跑了，开始几天路上，住的是破庙，吃的是粗茶淡饭，逃到榆林堡驿站时，见到来迎接的怀来知县，也是忍不住号啕大哭：“不料竟至于此，诚可愧痛。”

那么问题来了，北京沦陷之前，虽说局势危急，可全国大部分地区都在清政府手里，慈禧要真想跑路，那既可以往山东跑，也可以往中原跑，路线也更顺畅，为何还要自讨苦吃，翻山越岭经山西去西安“西狩”，哪怕当地正闹着饥荒也要来呢？

首先肯定是军事因素，当然现在说来有点“马后炮”。一场庚子国难，清军集中了十几万人，且配备大量先进枪炮，结果面对两万人的八国联军，一打就稀里哗啦。京津地区充足的弹药，几乎就是给别人大补血。倘若慈禧往中原等地跑，万一八国联军追来，那就真是一马平川，老太后恐怕分分钟当俘虏。反而是道路崎岖的陕西山西地界，好歹还有几块“天险”把守，别看正闹饥荒，却是真安全。

不过，放在“庚子国难”时，慈禧还真没想这么深，甚至就连北京城沦陷前，她一度都没想到自己要跑。之所以往西安跑，就因跑得太突然。

有多突然？其实，当登陆大沽口的八国联军，一路朝着北京杀来时，牛气哄哄宣战的慈禧，表现得异常自信。她这么自信，大清各级官员当然不敢惹她生气，虽然前线的清军一路败，可慈禧手边的战报，永远都是捷报频传。特别是八国联军迫近北京的1900年8月12日，慈禧还兴高采烈下旨，嘉奖几位“奏折里打胜仗”的清军将领，接着就被八国联军的炮弹打了脸。

然后不到两天时间，北京城就稀里哗啦，“逃跑时间”这么紧张，准备也就十分仓促：找了几辆破马车，连生活用品都没带，带了千余人撒腿就跑，夹在逃难百姓中间出了北京。至于往哪里去？那哪里还顾得上，就是哪里看着安全往哪儿逃，就这么一路往北走，到了河北怀来县才算坐上了轿子，沿途的官民也几乎跑光，到了榆林堡驿，见到了接驾的怀来知县吴永，才算安顿下来。

看了这一路，就知道慈禧为何会当着怀来知县的面哇哇哭，快把大清朝折腾到绝路的她，自己还真是绝境逢生。

而一直到了榆林堡驿的时候，慈禧及其身边的“团队”，这才郑重想起了“该往哪儿走”的问题。她身边的大臣也是七嘴八舌，有说往内蒙去的，可瞧瞧地图就知道，内蒙离俄国太近。也有说去承德避暑山庄的，这地方慈禧也“熟”，当年她就是在承德避暑山庄，借着“咸丰北狩驾崩”的机会，从此走上了人生巅峰。可眼下要再过去，那地方离北京也近，八国联军不比英法联军，真要是一鼓作气再打过去，那就真没还手之力了。

所以，在这种情况下，慈禧唯一的选择就是往西跑，山西道路崎岖，却还不算保险。战略位置更好，“屏障”更多的西安，才算最保险。所以歇了口气，继续往西奔吧。于是就是在怀来，慈禧发布了上谕，先说要“暂行巡幸山西”，就这么取道山西，收拾心情朝着西安出发了。

不过，虽然嘴里说“巡幸”，慈禧心里也明白，这一趟到底咋回事。所以是年9月5日，当慈禧一行人长途跋涉，来到山西代县阳明堡镇的时候。登上雁门关的慈禧，在这座洒下多少英雄血的城关上，瞬间想起了千里之外的北京。她还自语一句“塞上早寒，得花迟，京师极盛矣”。说着就潸然泪下。乍一看，一路受了不少洋罪的慈禧，还真挂念着正惨遭屠戮的北京城。

可是，就是在慈禧潸然泪下的同时，在山西走了五十三天的慈禧一行人，也把当地祸害个够呛。这年的山西，本来就遭到空前旱灾，慈禧既然来“巡幸”了，是不是该给子民发点福利？单是在慈禧抹眼泪的代县，当地就花掉了白银数万两，其他所过之处，都是连吃带拿，为了让慈禧吃好喝好，正在遭受天灾的山西百姓，勒紧裤腰带供应慈禧一行人，天镇县知县甚至因为办不起奢靡的饭食，竟吓得服毒自杀。官员都到了这地步，何况老百姓。

这服毒自杀的，都还算其中的好官，绝大多数的地方官，都想着办法巴结慈禧，管他国难不国难，先给自己谋个好前程。就连慈禧身边的太监兵丁，一路也是“肆意劫掠”，甚至半夜闯入民宅侮辱妇女。特别是官员觐见慈禧时，也要按照北京的规矩，给太监们塞门包，动辄就是上万两银子。国家到这地步，却还是不忘了腐败。

等慈禧到了西安，日子安顿下来，那更是彻底放飞。慈禧个人的吃穿，在陕西八个月就花掉多达一百九十万两白银。等到《庚子条约》落了墨，慈禧大摇大摆走人时，更是拉走了三千辆车的财物，沿途“千官车马”，气势十分浩大。这一段岁月，今天还被好些野史影视剧来回翻拍，但在当时，就是两个字：皇灾！

看过“为什么去西安”的缘由，还有这“皇灾”，就不难看出，此时还看上去风光无比的晚清，已经把它的无能、短视、自私暴露得淋漓尽致。自然，也没几天活头。

慈禧太后死后，袁世凯如何躲过皇室追杀？

1908年11月14日至15日，大清朝名义上的统治者光绪帝，以及实际掌舵大清四十八年的慈禧太后，几乎是前后脚去世。3岁的宣统皇帝溥仪即位，26岁的摄政王载沣执掌军政大权。

伴随着这场权力交接完成，以往背靠慈禧太后大树的晚清重量级人物袁世凯，也在慈禧去世57天后，突遭一声晴天霹雳：1909年1月2日，清政府突发谕旨，称袁世凯“现患足疾，步履维艰，难胜职任”。所以，“著即开缺回籍养疴，以示体恤之至意”。这道76个字的谕旨之后，彼时的大清外务部尚书、军机大臣袁世凯，当夜就紧急行动，躲进天津法租界利顺德饭店。几乎是撒腿狂奔，逃离北京城的“龙潭虎穴”。

而且这位之前亲手创立北洋系，见惯了大风大浪的枭雄，面对这场突发变故，也是当场一阵慌乱。袁世凯女儿袁静雪回忆说，当时在北京的袁家老老小小，几乎全都紧急撤离，只留下少数人看摊。袁世凯的好友王锡彤也叹息说，接到谕旨后的第三天，才五十出头的袁世凯，竟然就已“须发尽白，俨然六七十岁人”。京城的各大报馆，更是来了精神各种编排，甚至还有人说袁世凯要逃亡英国，连相关细节，都说得有鼻子有眼。

因为，几乎所有人都明白，随着“靠山”慈禧太后的轰然倒塌，这位之前几年里呼风唤雨的风云人物，此时正陷入一场空前的死亡威胁里，且不说清朝历史上，对大臣“先罢官再抄家后杀头”是惯用套路，就说大清朝堂上，绝大多数的权贵们，都恨不得要袁世凯的命。

此时清王朝的权贵里，袁世凯最出名的“仇人”，就是大权在手的摄政王载沣。

载沣与袁世凯的恩怨，既有戊戌变法时的旧怨，也有清末“预备立宪”“厘定新官制”等折腾里的梁子。甚至好些野史里记载说，当年还是“小王爷”的载沣，就干出过拿枪顶袁世凯脑门的荒唐事。这时载沣“刀把子”在手，新账老账还不得一起算？

而且，袁世凯拉的仇恨，也绝不止载沣一家。虽说多年来，袁世凯如履薄冰的每一步，都不忘了结好朝中权贵。可此时的袁世凯，早已位高权重，自然也成了众矢之的。外加“清末新政”等各项改革里，作为“立宪”的坚定推动者，袁世凯疾呼“新官制”等改革，动了从权贵到百官们的大量“奶酪”，早就无比招恨。

甚至，就连袁世凯的“靠山”慈禧太后，也在“新官制改革”里顺水推舟，拿掉了袁世凯“练兵”“铁路”“电政”“商约”等八项兼差，后来虽说又将袁世凯“补授军机大臣”，且命袁世凯扛起了外务部的一摊大事，但明面上升官的袁世凯，等于是被狠狠拔掉了几颗大牙。

所以，以晚清宗室载涛的回忆，除了载沣外，载泽、善耆等宗室权贵们，也是“倒袁”的积极推动者。他们认为“内外军政方面，皆是袁之党羽”。善耆更是决心很大，一心要把袁世凯置于死地。这态度，也代表了当时很多权贵的想法。乍一看去，一没靠山二没实权的袁世凯，几乎就是案板上的肉，就算逃到天津去，也只能任人宰割。

但奇特的是，在经过了早期的惊慌后，袁世凯也冷静了下来。跑到天津后稍歇了歇，1月3日晚上就返回了北京。1月5日下午5点，袁世凯更是在与几位旧友话别后，轻松地返回老家，而且全程步履轻盈，丁点“足疾”都没见。临走还潇洒扔下句话：“看他（载沣）去办就是，彼时再叫我办，我亦不出矣。”

而在接下来袁世凯返程的一路上，虽说“追杀”的空气依然紧张，但袁世凯也越发放松，一路上照吃照睡。路过河南卫辉府时，袁世凯还给军机处拍电报，请求在卫辉府停留歇息下。载沣得知后不但同意，还亲切地回复袁世凯“加意调养”。两位人所共知的死对头，竟就这样一路保持默契，直到袁世凯安然返家。这以后的几年里，袁世凯更一直把“足疾”挂在嘴边，年年大吃俄罗斯山参“治足疾”。

载沣的态度呢？那也十分默契。当御史江春霖乘胜追击，继续上奏弹劾袁世凯时。载沣非但没有兴奋，反而把江春霖“著回原衙门行走，以示薄惩”。意思也很明白：袁世凯回家就行，别给本王找事。

“追杀”袁世凯的大刀，晚清皇室高高举起，然后又轻轻放下。

为什么会这样？一个直接的原因，就是袁世凯的“人脉”起了作用。特别是奕劻与张之洞两位军机大臣。自从载沣露出“杀机”起，就是拼命阻拦。奕劻在1月2日谕旨下达后，就果断请假。还劝载沣“万一北洋军造起反来怎么办”？张之洞更疾呼“主幼时危，未可遂戮重臣，动摇社稷”。这才劝得载沣改主意，把袁世凯的命捞回来。

但更重要的原因是，无论袁世凯本人还是载沣，只要冷静下来，都会看明白一个事实：这袁世凯，杀不得！

此时的大清王朝，原本就是风雨飘摇的时候，最经不起乱。而作为这些年大清栋梁的袁世凯，从庚子国难起，就扛起了晚清新政的重任，诸如练兵实业等各个领域，几乎都是他一肩挑。其势力范围，也就渗透到大清方方面面。早在1903年时，御史王乃徵就大骂袁世凯“爪牙布于肘腋”“腹心置于朝列”。势力已如日中天。

就看袁世凯“开缺”前后的人事更迭：袁世凯逃亡天津时，护送袁世凯的京津铁路督办杨士聪，就是袁世凯的心腹。直隶总督杨士骧也是袁世凯的门生。袁世凯在北京天津来回兜了一圈，到处都是他的人。袁世凯“回籍”后，继任他外务部尚书职务的梁敦彦，也是他的门生。换来换去，又是他的人。

更不要说袁世凯苦心打造的北洋军，多年以来，哪怕清王朝煞费苦心，把兵权从袁世凯手里拿掉，可北洋系的各位主将们，依然只认袁世凯。别管清王朝如何“掺沙子”，这些“认老袁不认朝廷”的悍将们，个个都独当一面，轻易都换不得。真要贸贸然冲袁世凯挥下刀，后果，简直闭上眼可以想。

所以，容不下袁世凯的载沣，在摄政王的位置上，还是做了最理智的抉择。与其说，是载沣的抉择，给大清留下了袁世凯“高调归来”的后患，不如说，正是这个抉择，让气数已尽的晚清，能够在三年后席卷全国的革命烈火面前，保留了一个体面的退场。

伍

你不知道的洋务运动

晚清“活阎王”，诗画看哭天下有情人

英才荟萃的晚清洋务运动，曾有“四大中兴名臣”之说，这其中的左宗棠、曾国藩、胡林翼，都是功业辉煌的名流，其智慧手腕与人格魅力，更让后人无比推崇，今天依然圈粉无数。

不过，放在晚清年间，要论“四大中兴名臣”里在当时名气最大，大到让清王朝全国贪官都吓得哆嗦的，却是三人之外的另一位：湘军的缔造者之一，曾国藩一生仰慕的“天下英雄”，亦是晚清官场上的“活阎王”——彭玉麟。

一、书生悍将

如果乍看形象，彭玉麟真和“阎王”不搭：这位少年丧父的安庆苦孩子，因家产纷争避居衡州，然后在多年饥一顿饱一顿的求学生涯里，硬是学得一身文韬武略。34 岁那年，他就略施小计，轻松扫平了衡州当地的悍匪。三年后曾国藩慕名上门，经过多次软磨硬泡，终于把淡泊名利的彭玉麟拉进了湘军，把惨淡的湘军水师交给他。彭玉麟从此成了赫赫有名的“雪帅”，俨然文武双全的男神一枚。

不过，在那太平天国战争白热化的年代里，手把手带出湘军水师的彭玉麟，却真不负“阎王”称号，比如管兵，那真比阎王还狠。

在彭玉麟被曾国藩硬拉出山时，清王朝的军队，那简直涣散成风，抽大烟赌博都是日常生活，成千上万的清军，有时都能被七八个太平军追着打。有时急得曾国藩要跳河，歪风还是继续刮。可待到彭玉麟出山，这歪风却是戛然而止——彭玉麟到任后，就先立下三条硬规矩：一不准私斗，二不准赌博，三不准抽鸦片。谁敢违犯？分分钟人头落地。

就靠这几个空头规矩，就能治住这群兵油子？还真治住了，因为很快大家就发现，这个优雅的彭玉麟，首先就是对自己狠。比如著名的小孤山血战上，面对太平军炮台上雨点般的炮火，彭玉麟二话不说，率先站在船头上，迎着对方弹雨猛冲，激得全体水师官兵跟在后头，咬紧牙关狠打，在付出巨大伤亡后，奇迹般拿下小孤山。

对自己都能狠成这样的人，狠起来当然谁都怕。于是在这位狠人的铁腕治理下，曾经一盘散沙的湘军水师，终于被彭玉麟打造成纪律严明的钢铁之师，随后就在长江里劈波斩浪，历经多年血战后，终于成功堵住天京的护城河口，横扫江浦、浦口等地，一口气断掉天京城的粮道，立下关键一功。

太平天国战争结束后，当各路湘军骨干们，正为钱财官位狠掐时，居功至伟的彭玉麟，却是多次拒绝清王朝的赏赐。巡抚他不干，漕运总督这样的肥缺他更不干，只是顶着"兵部侍郎"的头衔，打造那支已改名"长江水师"的湘军水师。他全盘引进西方海军的装备操典，继续发狠提高水师战斗力。这支战力强悍的水师，后来被李鸿章全数划走，变身为一度威震亚洲的北洋水师。彭玉麟，就是中国近代海军的奠基人。

也正是那些年里，由于彭玉麟做事太狠，婉拒升官次数太多，自然也常遭尖酸嘲讽。有人说这彭玉麟只是办事求名声，根本不敢担大事责任。但1884年中法战争白热化，清军海陆两线，都被法军杀得节节败退，好些昔日的名臣猛将，更是吓得躲猫猫，一听上前线就装病。眼看又是要割地赔款的节奏，却是67岁的彭玉麟再次站出，怒吼"畏首畏尾，其如外辱日肆，臣当拼死一战，立我天朝雄威"！

放过狠话之后，年近七旬的彭玉麟，更是狠劲大爆发，抬着棺材奔了广东前线。智如泉涌的风格更是爆发，他亲自选定了老将冯子材，精心策划了镇南关大战，杀得自称"欧洲最强"的法国陆军大败亏输。法国茹费理内阁更在战败中垮台。欧洲列强？"活阎王"彭玉麟照打！

不过，要论他比这还"阎王"的，却是他宦海生涯一贯的风格：铁面无私。

二、活阎王

自从被曾国藩拽进湘军起，彭玉麟一大出名风格，就是眼里不揉沙子：麾下士兵犯错？必须管！友军士兵犯错？我替友军管！友军统帅犯错？照样管！

最早触到他这霉头的，就是曾国藩的亲弟弟曾国荃。当时曾国荃带陆军，彭玉麟带水师，公认湘军的左膀右臂。可比起纪律严明的彭玉麟来，曾国荃的带兵风格，却是凶残暴虐。特别是安庆、江宁等战役里，破城后的曾国荃，每次都是大肆纵兵奸淫掳掠，这可把耿直的彭玉麟看得愤怒，一怒就给老上级曾国藩去信，把曾国藩、曾国荃哥俩骂得狗血淋头，捎带一句吓坏曾国藩全家的狠话：为公千秋清誉计，当大义灭亲耳。

如果说跟曾国藩哥俩的风波，彭玉麟还算点到即止。那么曾国藩的好学生，清末政坛大名鼎鼎的“李中堂”李鸿章，可就没这么“走运”了。

同样是在安庆战役后，正整顿休整的彭玉麟，突然接到当地百姓喊冤，状告安庆恶霸李秋升抢男霸女。这李秋升是李鸿章的侄儿，当地官员谁敢管？可在查明了一桩桩“实锤”罪证后，彭玉麟直接把李秋升五花大绑，当着喊冤百姓的面撂下狠话：“如不除尔，安庆难安。”——真要杀了！

这还了得？急红眼的李鸿章，赶忙派人送信说情。送信人来到安庆时，正赶上处斩李秋升的行刑仪式。谁知彭玉麟看过李鸿章言辞恳切的说情信后，却是当着现场围观群众一通击节叫好，连呼李鸿章大人深明大义，命我处斩李秋升以正家风。接着顺水推舟，在现场如雷般的叫好声里，把吓成一摊烂泥的李秋升砍成两截。

事后被打了脸的李鸿章，还没来得及发飙，就收到彭玉麟的回信：“令侄坏公名声，想亦公所憾也，吾已为公处置讫矣。”——我替你把你侄子砍了，不用说谢谢哈，这都是我应该做的。狼狈不已的李鸿章呢？也只能强挤一脸笑容，给彭玉麟连说谢谢。

就这样，在彭玉麟的戎马一生里，他几乎是走一路杀一路，只要贪官污吏撞他手里，管他靠山是天王老子，却是一律不放过。如李秋升这样栽在他手里的官场丑类，更是有200人之多。如此阎王作风，仇人当然不少啦。可彭玉麟自称“不要钱，不要官，不要命”，出名的又狠又清廉，正面硬杠杠不过，背后打黑枪也找不到把柄。只能默默躲着他走。

1888年，72岁的彭玉麟年老体衰，终于辞去所有职务，安全回到了家乡。一生廉洁奉公的他，不但没有一分钱非法收入，就连他多年来获得的数万两白银赏赐，也几乎全被他捐出来充作国用。以他自己的话说“未尝营一瓦之覆，一亩之殖以庇妻子”。对国家，他问心无愧。

可对一个人，他却终其一生，永远怀着深深的愧疚：梅姑。

三、铁汉柔情

梅姑，是彭玉麟外婆的养女，按辈分是他的“梅姨”，却更是他青梅竹马的恋人。奈何造化弄人，少年时的彭玉麟，因生活所迫被赶离安庆，之后十四年分别。待到再见之时，梅姑却已远嫁他人。嫁人四年后的梅姑，又因难产而死。痛断肝肠的彭玉麟，也就立下了刻骨誓言：一生画梅，要以万朵梅花，纪念这段铭心的感情。

于是，在诸多同僚们，忙着娶妻纳妾时，晚年丧妻的彭玉麟，却从此与书画为伴。他痛苦的感情，深深的怀念，全数赋予在笔下的梅花里，数十年上万幅梅花图，每一张都是昔日恋人的生动倩影。其写在书画上的梅花诗，更是句句深情。自晚清以来，不知让多少有情人看到潸然泪下。以清代以来书画界公认，能与彭玉麟名作《墨梅图》媲美的，唯有乾隆年间的鬼才郑板桥。

铁汉，亦有柔情时。

1890 年，74 岁的彭玉麟与世长辞。噩耗传来后，即使他昔日的仇人，好些也是悲痛万分。曾差点被他“灭”的曾国荃，亲笔为他写下挽联，挽联中的几句话，恰缩影了他一生英雄风采：“下为河岳，上为日星”，“身在江湖，心存魏阙”。清王朝赠予他的谥号，更是他一生写照：刚直！

在那个落后挨打的黑暗年月里，却总还有刚直如彭玉麟的英雄，中国，幸甚。

中国清末留美孩童，到底有多优秀？

在曾国藩纵横捭阖的宦海浮沉里，“留美幼童计划”堪称是他一生最后一件呕心沥血的大事。1872 年 8 月 11 日，也就是曾国藩去世近五个月后，这桩被他视作“中华创始之举”，几乎撕破脸皮去争的大事，终于艰难成行。120 名“留美幼童”分四批，跨海三万两千里赴美国留学，肩负“徐图自强”的国家使命。曾国藩生前得力助手，“留美幼童计划”执行人容闳为此发出兴奋高呼：“我像夜鹰睁开了眼睛。”

在那个刚刚被人“揍开”国门的年代里，“留洋”对于大多数中国人来说，绝不是什么抢破头皮的好事，“美国”在当时老百姓眼里，基本等于“魔窟”，留学？那就是把孩子往火坑里扔的祸事。120 名“小留学生”，年龄在 10 至 15 岁之间，绝大多数都来自贫苦平民家庭，更无一名高官家庭子弟。他们刚踏上美国国土时，看到隆隆奔跑的火车和“奇形怪状”的建筑，竟一度吓得目瞪口呆……

但是，就是这些出身平凡的中国孩子，在经过了早年的“惊愕”后，很快就以坚贞的爱国心与刻苦的学习精神，不断给美国人留下深刻印象。他们以惊人的学习能力，迅速克服语言障碍，不但获得优异的成绩，更完美融入美国的校园环境里。

比如在哈特福德高中读书时，“留美幼童”里的邓士聪、康赛龄、梁敦彦等人，就是全校闻名的橄榄球高手。后来就读耶鲁大学的钟文耀，也是耶鲁赛艇队的主力选手。在这些美国年轻人最自信的领域里，顶着“东亚病夫”绰号的“留美幼童”们，都展示出了丝毫不差的勇气与力量。

而那几年哈特福德高中的毕业典礼，也成了“留美幼童”们的舞台。他们不但拿出了优异的毕业成绩，更一个个奉献了经典的演讲。比如梁敦彦的《北极熊》，痛斥了沙俄侵吞中国领土的无耻行径，演讲中的“俄国是窃贼”一句成了当地流行语。蔡绍基的《鸦片贸易》，揭露了英国可耻的鸦片贸易，并代表那一批“留美幼童”，用英语喊出内心的声音：“中国没有死，她只是睡了，她终将会醒来，并注定会骄傲地屹立于世界。”

而1876年的费城世博会上，上百名中国“留美幼童”，也成了一群特殊的“小客人”。世博会上展出了他们日常的考试试卷与笔记，其扎实的学习精神与优良的分数，令各国宾客啧啧称奇。平均年龄只有十来岁的他们，更以端庄的举止，有条不紊地回答来宾们的各种问题。精彩的表现，还吸引了美国总统格兰特的注意，专门抽出时间与这些孩子们会面，并且“与每一个孩子握手寒暄”。

此情此景，令许多参加费城世博会的清政府官员们，也瞬间感到了满满的自豪感。清政府代表官员李圭，就以惊喜的笔墨，在日记里写下了那一刻的激动。这些离乡背井打拼的中国孩子们，各个“于千万人中言动自如，无畏怯态”。认定他们“西学所造，正未可量”。其实何止是李圭，世界各国的来宾们都在那一刻认识到，有一群何等自信优秀的中国孩子，正为他们落后挨打的祖国，扛起沉甸甸的未来。

但无奈的是，就是这么一群优秀的孩子，却成了大清朝诸多“顽固派官员”们的眼中钉，从他们踏上“留美”之路的第一天起，各种抹黑辱骂污蔑，就像阴影一样笼罩在“留美幼童”身上。折腾到1881年，清政府终于做出了一个载入史册的昏聩决定：除了少数幸运的孩子外，大部分“留美幼童”都被强制回国。一场关乎近代中国自强大业的“留洋”行动，就这么被粗暴终止。

而在踏上祖国的国土时，这些离乡背井多年，并在异国不停为中国赢得荣耀的年轻人，得到的非但不是鲜花掌声，相反是赤裸裸的羞辱。从下船登岸起，他们就被水兵强制押送，安排在“门窗均已潮湿腐烂”且“霉气熏鼻”的破屋子里。过了三四天“囚徒”一般的生活后，他们才被押去道台衙门，一路忍受着“围观人群”的各种嘲弄，然后又在道台衙门里被强迫下跪，接受“道台大人”冷冰冰的讯问……

但即使如此，这群遭到清政府刻薄无情对待的“留美幼童”们，在接下来的半个多世纪里，其绝大多数人都成了近代中国的脊梁人物。比如1881年被提前召回，后来建成京张铁路，成为中国铁路业“祖师爷”的詹天佑，又比如1881年幸运留在美国继续深造，后来公认“中国机器采矿创始人”的吴仰曾，还有背负着“庚子国难”耻辱据理力争，促成美国退还部分“庚子赔款”的外交家梁诚，都是其中最优秀的代表。

另外还有民国第一任总理唐绍仪；喊出“中国没有死”豪言的天津大学创办人蔡绍基；末代皇帝溥仪婚礼上的伴郎，曾以“俄国是窃贼”走红哈特福德高中的外交家梁敦彦；清华大学首任校长唐国安；首位美国华人律师，晚清“法科进士”张康仁；美国华工的“保护者”李恩福……这么多近代史上留下浓墨重彩一笔的人物，亦是当年那 120 名“留美幼童”中的一员。

但比起这些后人熟知的“大人物”来，同样值得后人铭记的，却还有下面这几位“小人物”。

首先是 1884 年 8 月 23 日，中法战争“马尾海战”的战场上，这场福建水师全军覆没的悲壮战役里，亦有四名当年的“留美幼童”为国捐躯：“振威”号六品军功邝咏钟，“扬武”号六品军功杨兆楠，“扬武”号六品军功薛有福，“扬武”号七品军功黄季良。

然后是十年后，即 1894 年 7 月 25 日的甲午中日丰岛海战上，“济远”号帮带大副沈寿昌，就是当年“留美幼童”里年龄最小的一位，指挥发炮的他在战斗里头部中弹，壮烈倒在驾驶台上，成为甲午海战里第一位殉国的中国军官。

而在是年 9 月 17 日，更加惨烈的中日海军黄海大决战里，与邓世昌一起，驾驶“致远舰”愤怒撞击日本“吉野号”的“致远舰”大副陈金揆，也是当年的“留美幼童”。最后的威海卫大决战里，陈金揆的同校同学，指挥“广丙”舰殊死抵抗的“留美幼童”黄祖莲，也不幸中炮身亡……

比起那些在近代史上事业“风生水起”的同学们来，这几位英雄的知名度，直到今天也十分寂寥。在这些生死大战开始前，他们的“仕途”也并不顺畅，排挤冷眼都是常事。他们所面对的，更是近代中国当时几乎九死一生，没有多少胜机的恶战。但对于注定到来的牺牲，年轻的他们，却是早有准备。

比如殉难于马尾海战的黄季良，在大战开始之前，就为自己的父亲送去一张自画像，以及一字一泪的心声：“望父亲大人勿以男为念，唯兵事究不可测……援将平日绘呈之貌，寄呈父亲见之，如男常侍膝前矣……”父亲，儿去为国捐躯，看到这幅画，就如看到儿……

这一番的心声，与那一声“中国没有死，她只是睡了，她终将会醒来，并注定会骄傲地屹立于世界”一样，何尝不是那120名“留美幼童”，绝大多数人心灵的写照？无论何年何月，无论何时何地，中华自强的心愿，毕生，他们不曾忘。

那个近代落后挨打，苦难到我们不敢回望的中国，何尝不是千千万万如他们一样的英雄，以殊途同归的选择，扛过多少沟沟坎坎。

欣慰的是，面对百多年前，那些壮烈捐躯的英灵，那些离乡背井的孩子，那些历尽苦难不忘初心，为近代中华崛起呕心沥血的先贤，今天也终于可以说一句：这中华，已如你所愿。

传奇商界精英，却因爱国悲壮破产

中国近代商业史上，如果要问哪位商界精英的破产，充满着毁家纾难的悲壮。那无可争议，就是胡雪岩。

而在说他悲壮的破产之前，首先必须说的，就是他在晚清大变局时，那近乎奇迹的成功历程：这位放牛娃出身的徽州穷孩子，第一次鸦片战争时，还只是一个钱庄的小伙计，却靠着精明苦干继承了掌柜钱庄，然后果断砸钱进行政治投资，先后攀上了王有龄与左宗棠两座"政治大山"，又以精准眼光投资军火、船政等各产业，终于在靠山左宗棠的力捧下迅速暴富，成为洋务运动时代威震东南大地的"红顶商人"。

乍一看去，胡雪岩的成功，就是政治投机的典型。但是，就是在这近乎狂飙速度的发家历程里，胡雪岩始终不曾忘的，却更有一个重要的事情——家国责任。

生在那个西方列强轰开中国大门，中国民族危机日益加重的晚清年代里，在这"五百年未有大变局"里投资成功，轻松赚得盆满钵满的胡雪岩，却与他的靠山左宗棠一样，忧国忧民之心一生未改。穷困时尝尽的世态炎凉，更让发达后的他以振兴国家为己任。单是在太平天国战争晚期时，他就曾自掏腰包，安葬了数十万死者的骸骨。而粥厂、善堂等善举，他更是一直坚持。年年用真金白银狠砸，实实在在致力于公益。

而在胡雪岩的靠山左宗棠，开始启动那场轰轰烈烈的洋务运动时，兴奋不已的胡雪岩，更是紧跟着慷慨解囊。吹响中国近代造船工业号角的福州船政局，正是胡雪岩投入的启动资金；中国第一艘本土生产成功的轮船"海清号"，更是胡雪岩全力资助的成果。然后还有中国第一个官办轻工企业兰州织呢总局，与北京同仁堂交相辉映的"胡庆余堂"，每一个产业，都凝结着这个晚清商界强人，对中华崛起的希望。

就是在这个外国资本大量涌入，晚清洋务运动红红火火的“同光中兴”年代里，胡雪岩这滚雪球般暴涨的资产，不但见证了他自己的成功，更是中国本土近代企业，对抗外国资本入侵的桥头堡。他的贡献，正如左宗棠的原话：去海之害，收海之利，此吾中国一大转机，由贫弱而富强，实基于此。

可以说，比起征战沙场的武将们，运筹帷幄的政治家们，打拼商海的胡雪岩，就是在这个无烟的战场上，为近代中国努力拓荒的英雄。

而1873年，一场关乎晚清国运的残酷战争——左宗棠收复新疆之战，又令慷慨担当的胡雪岩，尽显英雄本色。

当时的大清领土新疆，已经落入了侵略者阿古柏之手，英俄等西方列强更趁火打劫，企图将新疆完全割裂出大清版图。脓包的清朝满朝文武，更连呼放弃新疆，却唯有胡雪岩的“靠山”左宗棠卖力奔走，担起了收复新疆大业。

可对于这场关乎近代中国命运的大战来说，这只是一个艰难的开始，决心收复新疆的清王朝，军费却捉襟见肘，只能靠左宗棠来自筹。但东南大地是左宗棠政敌李鸿章的自留地，坚持要放弃新疆的李鸿章，又哪里肯行这个方便？眼看战局火烧眉毛，西征大军的上千万白银军费，却连影儿都没有。关键时刻，胡雪岩默默站出来——仗你放心打，钱我来想办法。

他几乎动用了自己所有的商业关系，拉下老脸与各大外国银行谈判，以赌上自己所有资产为代价，先后为左宗棠的西征大军，生生借来了一千八百万两白银。几乎是以一己之力，成功解决了收复新疆的军费问题。而在西征大军出征的前夜，胡雪岩更送来了大批药材，为这支以湖南子弟兵为骨干组成的铁血劲旅，免去了水土不服的瘟疫之忧。然后，就有了抬棺出征的左宗棠，摧枯拉朽般收复新疆，迫使沙皇俄国乖乖低头的浴血辉煌。

辉煌的背后，正是胡雪岩以一生产业为代价，默默地输血。

但是，也正是一场孤胆英雄般的壮举，在令胡雪岩背上了沉重债务负担的同时，更令他成了另一位晚清实权人物——李鸿章的眼中钉！

收复新疆的胜利，大扬了近代中华国威，却也把李鸿章的老脸啪啪打肿。恼怒不已的李鸿章，从此不停找胡雪岩的麻烦。那胡雪岩呢？此时因收复新疆声望如日中天，且顶着三品布政使头衔的他，目光正死死盯在疯狂涌来的欧美资本上——不击退外国资本的入侵，近代中国的民族工业，乃至中国的富强，都是痴人说梦。

于是，1882 年，一场由胡雪岩亲手策划的惊天商战，如铁拳一般在上海挥出了：胡雪岩投入巨资的蚕丝厂大量收购蚕丝，意图将外国资本挤出中国。但就在这场博弈的关键时刻，李鸿章却在背后打出了黑枪：先授意上海官员，延缓偿还胡雪岩该得的八十万欠款，导致胡雪岩资金链出现问题。然后李鸿章的心腹盛宣怀趁机策动挤兑风波，叫胡雪岩的阜康钱庄陷入破产。最后在慈禧太后处进谗言，造谣胡雪岩挖大清朝的墙脚吃回扣……

结果，商场上战无不胜的胡雪岩，终于被李鸿章这一通黑拳打得吐血，昔日风光无比的商业帝国就此土崩瓦解。他在全国各地的产业相继被查封。与他同气连枝的左宗棠，也在无奈之间含恨病故。

1885 年 11 月，穷困潦倒的胡雪岩，最终在贫病交加中死去。离开了他几乎拼上产业去支持，却最终毁掉他一切的大清朝。

这一场博弈，李鸿章赢了，可赢了又如何？十年以后，独揽晚清洋务大权的李鸿章，在甲午战争里大败亏输，含恨签下丧权辱国的《马关条约》。而这个时候，再也不会有另一个胡雪岩挺身而出，为大清王朝担当分忧了。

这位“丑老头”罢官后，大清就被揍惨了

晚清挨打极多，但要论痛到举国抓狂的，还属1894年的中日甲午战争：明明三十年洋务运动，账面实力空前强，洋枪洋炮海陆军一大把，却被以往看不上眼的小日本，出手就打得满脸花。然后陆军一溃千里，水师全军覆没，只能放出割地赔款“大招”，赔了两亿白银和台湾澎湖列岛，其耻辱之深，让多少近代有识之士，都是连呼心痛。

那为什么会败得这么惨？清末的各界人士，倒有一条意见一致：倘若有个人没有罢官，那么大清朝就算败，也不至于败到这地步。

如此有“扭转乾坤”效果的人物，就是甲午战争前，一位曾遭晚清权贵集体讨厌的“丑老头”，亦是大清朝曾经的财神爷：户部尚书阎敬铭。

一、彪悍“丑人”

“晚清四大中兴名臣”之一的胡林翼，曾对阎敬铭有独到评价：阎敬铭气貌不扬，而心雄万夫。综覆名实，居心正大。

如果只看阎敬铭的颜值，胡林翼这话，简直是客气话。这位生于陕西大荔县的西北汉子，相貌何止是“不扬”？从年轻时就是丑人，以至于他早年以举人身份参加选官“大挑”时，竟然一进门就被主管官员气冲冲轰出去——丑到被歧视。

可这个“丑人”，却更是出名的认真人。既然“大挑”没指望，那就认认真真科考。终于在二十八岁那年（道光二十五年）考取进士，两年后“分户部以主事用”，开始为大清朝的财务工作忙活。

户部在清代，属于六部里最位高权重的部门。可放在又穷又乱的道光年间，却也是最焦头烂额的部门。阎敬铭早期担任的户部主事工作，更是公认的受气包。又苦又累不说，一旦出了问题，往往就是主事背锅。可就在这个糟心的岗位上，阎敬铭却干得兢兢业业，而且谁的面子也不给。只要不符国家法度，谁家权贵要钱，都是被他怼回去。然后在得罪光一圈人后，被湖北巡抚胡林翼提拔为“总管湖北前线粮台营务”。

事实证明，胡林翼的眼光没错。在京城受够委屈的阎敬铭，到了湖北前线就大展拳脚，别管多十万火急，只要粮草任务派给他，前线将士就一定吃饱饭。但认真办事的他，另一大办事风格，也从此名扬天下：彪。

就连胡林翼的顶头上司，湖广总督官文，都尝过阎敬铭的“彪”风格。一次官文的爱将强抢民女，犯事后躲进总督府。受害者父母愤然到武昌告状，湖北各级官员吓得纷纷躲猫猫，阎敬铭一听就“彪”劲大发：你们不管我管！可你一个管粮草的怎么管？阎敬铭直接带着铺盖卷，跑到官文总督府过道一躺，放话官文一天不交出凶手，自己就一天不挪窝。就跟你耗上了！

官文呢？这位曾把胡林翼欺负得抹眼泪的晚清权贵，这下被整得狼狈不堪，连总督府的门都出不去。焦头烂额的官文，还叫湖北各级官员排队找阎敬铭说情，结果来一个被阎敬铭骂一个，不到三天光景，就吓得谁都不敢来。这下官文彻底没脾气，只能乖乖把这恶将交出来，由着阎敬铭将他当众脱光衣服暴打一顿，然后依律重办！

自此以后，彪悍丑人阎敬铭的官场生涯，也就狂飙突进。先是在战场上屡建战功，而后又和曾国藩密切配合，治好了多年闹灾的黄河。他眼里不容沙子，见着贪污腐败就狠打，1877 年山西大旱，奉命赈灾的阎敬铭，更是上演了晚清政坛上空前的“彪”景象：身穿一身褡裢布（粗布）官服，踏遍山西全境，一路打翻全省高官，更救活山西全省百姓。“褡裢布钦差”的美名，从此流传天下。

不过，要论把大清高层折腾得鸡飞狗跳，还得从他就任户部尚书开始。

二、抠门尚书

光绪八年（1882），劳苦功高的阎敬铭荣升户部尚书，接着就气得直哆嗦：大清朝的财政，竟然烂到这地步了！

当时的大清户部，到处是呆账坏账烂账，好些个亏空拖了一二十年，居然就不了了之。户部名下的仓库呢？更是多年无人管理，货物竟然都白白烂了许多年，好些库房毒蛇老鼠成群，就连账册也被啃光。主管的官员呢？好些人竟然连算账都不懂，账目情况一问三不知——此时大清朝内忧外患，中央地方各部门伸手要钱，管钱的户部，竟就这么一团糨糊。

换了别的尚书，知道这其中水深，也就跟着糊涂。大不了隔几年换个地方嘛！但阎敬铭却不糊涂——查！管你水多深，都给你刨出来。

这一查，可就捅了马蜂窝，饶是户部大小官员，全在各种磨洋工，但阎敬铭单枪匹马进库房，没黑没夜拨拉算盘，竟然就把清朝户部二百多年的糊涂账，拼死拼活查了个清楚。接着就是一笔笔算账，诸如“云南报销案”等上下勾结贪污的黑幕，全被阎敬铭掀了个底朝天。仅一个“云南报销案”，清王朝从中央到地方，就有数十名官员获罪。就连光绪皇帝的老师，大清“清流”领袖翁同龢，也被揭了老底，落得降职罚俸。

这几个大案查完，阎敬铭也把朝廷上下得罪光。可“彪悍”依旧的他并不收手，接着就大刀阔斧改革，完善户部的财政制度。连原先由清朝皇亲国戚把持的北档房，这下也被阎敬铭一顿横扫，先前的昏聩官员都扫光，全换成了精明干练的理财能人。户部，这个清朝最“肥”的部分，这下也是华丽大变身，变成了清王朝最“抠”的部分。别说是蝇营狗苟贪公款，就算是慈禧太后想修园子？撞到阎敬铭手里，照样怼！“抠门”的名号，从此常年招骂。

但千万别以为，阎敬铭是对谁都抠，事关国计民生的用钱，花再多也不含糊。比如左宗棠收复新疆后，英俄列强依然虎视眈眈。可新疆的兵力却捉襟见肘，要长治久安就必须屯田。可屯田又要花钱，自然惹得满朝反对声四起。但一贯“抠门”的阎敬铭却果断力挺：屯！再花钱也要屯，钱再紧我也想办法！中国西北大地的安定，就有这“抠门尚书”的心血。

那几年，清王朝的洋务运动红红火火，中法战争也曾打得激烈，北洋水师等“大项目”更是花钱如流水。但别管用钱多急，阎敬铭就是这“不该花的钱一分不给，该花的钱一分不少”的风格，硬是呕心沥血，完成了多桩影响中国近代发展的大事。

而也正是在户部尚书任上，“抠门”的阎敬铭精打细算，不到五年的时间，就给大清朝攒下了八百万两白银的“救急钱”。可以说，未来十年清王朝富国强兵的经费，这“抠门尚书”都给攒下了。

可曾经力挺阎敬铭改革户部的慈禧太后，又哪里懂他这番苦心？由于在修颐和园问题上，阎敬铭多次怒怼慈禧，闹得慈禧一分钱都要不出来，也终于触怒了这位老太后，惨遭革职留任。心灰意冷的他，随后多次上书请辞，终于在光绪十三年（1887）罢官回家，四年后病故。他攒下的八百万两白银？当然全填进颐和园的无底洞里了。

更严重的后果是，阎敬铭罢官后，接替他户部尚书职务的，却是“清流”名声响亮但毫不懂理财的翁同龢，于是清王朝的财政，也就紧接着一团乱麻。就连阎敬铭在任时从不缺钱的北洋水师，也到了锅炉、装备、维修样样缺钱的地步，终于眼睁睁看着被日本海军反超，然后在甲午战争中被打惨。

可以说，如果甲午战争爆发时，大清朝的户部尚书，依然是识大体重大局的阎敬铭，那么清军前线粮草短缺装备孱弱的窘境，也许会改良很多。

可是，执掌此时大清朝国家走向的，却是一个毫无大局眼光的统治集团，一群大战在即还在修园子的统治者，就算有阎敬铭，又能如何？

只可惜了，这位“抠门尚书”的一生心血。

晚清官员在骂声里，结束了中国一段愚昧历史

自从鸦片战争一声炮响，外强中干的大清朝，就进入到落后挨打的年代里，一次次战败和丧权辱国的条约，叫一百多年后的国人，都常深感羞耻。那这糟心的晚清王朝，就没有过知耻后勇的时候？1877 年 1 月 21 日，伦敦码头上的一幕，却绝对算得上一个。

这天的伦敦码头上，诸多英国人诧异的目光下，一位正遭到清王朝举国痛骂官员，带领 30 多个随员走下游轮——清王朝首位驻外使节，大清朝驻英国大使郭嵩焘，正式走马上任。

派驻外交使节，这是近代国际关系中的寻常事，怎么就成了近代中国“知耻而后勇”的大事？因为让清王朝勇敢迈出这一步，那真是千难万难。

一、可怕的愚昧

让晚清王朝在国外建个使馆，派个大使，真有这么难？那就要说说清王朝自开国后，一桩比挨打还可怕的毛病：极度愚昧的自大。

从“康乾盛世”年间起，清王朝的君臣们，就视外国人为“蛮夷”，自大心理严重爆棚。以至于那个闭关锁国年代里，大清百姓学外语就要坐牢，英国使团刚进入大清，就给扣了个“贡使”的帽子。清朝的地方官员，更视与外国人接触为耻辱。比如道光年间时，英国商务监督律奈皮尔向清朝两广总督送信，结果两广总督傲慢拒绝，各级官员纷纷躲猫猫，可怜送信的英国人阿斯特被晒在广州街头三小时，差点晕倒当场，闹出外交大笑话。

待到两次鸦片战争后，自我感觉良好的大清朝，已被打得丧权辱国，那是不是该长点心了？也确实“长心”，那些保守固执的晚清高官们，以前看外国人如“蛮夷”，这下更看人家如妖怪，特别是轰轰烈烈的洋务运动，在他们看来更是刮妖风：洋务运动早期引进的铁路火车，全被当成妖物，竟都给拆毁了扔进海里。负责培养翻译人才的同文馆？那更被当成了妖洞，就连大清朝水灾瘟疫这类糟心事，都被守旧官员总结为“同文馆坏了大清风水”。这深入骨髓的愚昧，洋枪洋炮都打不醒。

见点洋玩意都会如此，更何况派驻使节这类大事？虽说在两次鸦片战争后的好些不平等条约里，都写明了清王朝有权向国外派驻大使建使馆，但放在这些愚昧的晚清高官眼里，这事儿就是奇耻大辱。比如 1877 年 1 月，这位担当出使大任的郭嵩焘大人，还没出发就被骂作汉奸，连昔日要好的官场朋友们，有人对他翻脸狠踩，有人见他就躲得远，还有人送对联嘲讽：“未能事人，焉能事鬼，何必去父母之邦。”

如此愚昧，后果也是想想都坑。以“自强”为目标的洋务运动，就像被捆了锁链，办点啥事都是铺天骂声。西方国家看清朝，也更像看怪物一般，每年各种嘲讽不停。直接严重的后果是：正是因为大清朝连公使都不派，对国际外交当然也一抹黑，碰上外交争端，只能白白被人当傻瓜耍，本就丧权辱国的不平等条约，又被人接连狠宰好几刀。倘若这愚昧风气持续下去，近代中国从“半殖民地”变“殖民地”，也是指日可待。

万幸的是，并非所有的晚清官员，都是这么愚昧。比如，这位顶着骂声来到英国的郭嵩焘。

郭嵩焘，湘军的创建人之一，早年仗义营救左宗棠的铁汉，更是洋务运动的重要干将。亲历过鸦片战争的他，深知西方列强的先进之处，从此多年如一日为“洋务”奔波，为了造船建厂等洋务大事，早把满朝守旧派得罪光。1876 年，英国人借着“马嘉理事件”，嚣张要求清政府派使节去英国“道歉”，这么一口大黑锅，也就顺理成章由郭嵩焘扛。兴奋不已的守旧派们，这下各种口诛笔伐，追着慨然赴英国的郭嵩焘狠打。

但扛着滚滚骂名的郭嵩焘，却早下定了决心：清王朝连驻外使节都不会派的愚昧历史，暂要从此结束。

二、硬骨头大使

凭着高超的外交手腕，郭嵩焘圆满完成了“致歉”任务，接着亲自选址伦敦坡兰坊四十五号，建起了近代中国第一座中国大使馆，同时也听到了英国人的嘲讽声，“中国人送来一个可怜的老头”，“不过是送给英国一个靶子而已”。

但很快，他们就领教到了郭嵩焘的厉害。

虽说出任驻英大使时，郭嵩焘已是年近六旬的老人，自然是从来不懂英语。但凭着惊人的毅力，他竟练出了一口流利的英语，不但日常交谈很轻松，而且还能用犀利的英文辩论言辞，跟英国官员面对面硬杠，每次妙语连珠，都叫对手直冒冷汗。

如果这几样，还都是近代外交官的常规素质。那么面对号称“日不落帝国”的英国，郭嵩焘接着告诉他们另一个真理：大清国弱，却也有外交。

尤其让整个西方刮目相看的，就是“太古洋行事件”：1876 年 5 月，英国太古洋行船舶无视中国法律，嚣张挤占镇江江面，导致江水断流江岸被冲塌。总理衙门愤怒向英国政府交涉，但英国人却是一贯傲慢态度，别管清政府如何抗议，就是置之不理。就任驻英国大使后，郭嵩焘接过这烫手山芋，接着请来英国知名律师，将英国相关法律研究个透彻。接着致书英国外交大臣，把英方谬论驳得淋漓尽致，顺便发动媒体攻势，几招就叫英国外交部灰头土脸，不得不主动责令太古洋行——乖乖给我移船。

在晚清外交史上，看似“小事”的“太古洋行事件”，却是晚清一场重要的外交胜利，不只是维护了尊严，更给年轻的近代外交人，树立了智慧的典范——如何成功利用国际外交规则，最大限度地维护国家利益。

以这智慧的手段，就任后的郭嵩焘，也不停打出漂亮仗：英国商船撞沉江西盐船的“盐船赔偿案”，在英国政府要赖不认账的困局下，郭嵩焘以扎实的证据施压英国外交部，逼着英国政府乖乖赔钱。加拿大华工遭到横征暴敛？英国船只华工被拖欠工资？也是郭嵩焘强硬站出来，为这些流落海外的华工们撑腰出头。甚至，当郭嵩焘的挚友左宗棠抬棺出征，发起收复新疆战役时，也是郭嵩焘坚决交涉，阻止英国对叛军的支援。

在这个大清朝落后挨打的年月里，郭嵩焘就这样，如一匹黑马般，每次都站在外交的最前线，为近代中国据理力争。

就在这呕心沥血的年月里，郭嵩焘还忙里偷闲，把他在海外的见闻，写成《使西纪程》一书。这本记录西方国家风貌的心血之作，自然惹得保守官僚们破口大骂，甚至还有人提议，要派太监去英国传旨，把郭嵩焘直接“斩立决”。但那一代晚清的年轻人们，却从中看到了全新的世界。许多近代史上建功立业的英雄，少年时都深受此书的影响。

更不要说两年里，郭嵩焘不停牵线搭桥，襄助清王朝造船、机械等行业，积极引进外国技术。那个落后挨打的年月，他几乎拼尽晚年全力，为近代中国，打开一扇看世界的窗户。

三、黯然落幕

但多次硬怼欧洲列强的郭嵩焘，担任驻英大使仅仅两年，就中了身边黑枪：他的副使刘锡鸿，本身就是个死硬的顽固派。郭嵩焘为国家利益奔波时，此人却在整郭嵩焘的黑材料。1877 年，刘锡鸿悍然给清政府上奏，列举了郭嵩焘“十大罪状”，虽说全是谣言与吹毛求疵的小事，却惹得守旧派们再次兴奋，纷纷跟风狠骂，骂到 1879 年，终于叫心力交瘁的郭嵩焘，黯然辞职回国。

虽说就连此时执掌大清国政的慈禧太后也承认“郭嵩焘是个好人，其出使之后所办之事不少”。但为国奔忙数年的郭嵩焘，回国后遭到的，却更是心寒齿冷的一幕：他返回湖南老家时，长沙等地的街头上，都出现了辱骂郭嵩焘是“汉奸”的标语。就连湘阴家乡的乡亲们，都围着他破口大骂。此后他在家乡，一直过着深居简出的生活，直到 1891 年去世，享年 73 岁。

泱泱大清，竟容不下一个郭嵩焘？

只看这一场遭遇，就知那落后挨打的近代中国，曾经落后到怎样绝望的程度。而在那个绝望年代，承担骂名却不曾放弃的郭嵩焘们，无论沧海桑田，依然是不容忘记的真英雄。

清朝自造铁甲舰“平远号”，实力究竟如何？

在跌跌撞撞的晚清洋务运动历史上，清朝自造铁甲舰“平远号”的诞生，确实是件别致的大事。

洋务运动里，大清朝海军建设的方略，基本就是花钱去欧美“买买买”，曾经亚洲第一的北洋水师，那几艘雄视东亚的主力战舰，基本都是买来的。却也有一艘低调的“替补”战舰，属于清朝军工人员百分百的原创心血——平远号。

为什么清王朝会建造这样一艘军舰，确切说，就是被一场惨败“刺激”的：中法战争里的马尾海战。

其实，自从洋务运动开始后，建造近代国产战舰的呼声也日渐高涨。洋务运动的风云人物左宗棠，对此更是力挺。应运而生的福建船政局，到十九世纪七十年代，福建船政局已经有了四座船台三千工人的生产规模，能独立生产铁木合构船，号称“亚洲第一船厂”。没想到一场中法马尾海战，分分钟就被打花。面对法国舰队的重炮轰击，福建水师 11 艘战舰（主要是马尾船厂建造），不到三十分钟，就全数被打沉了底。

如此耻辱一幕，也叫中法战争后，新任的福建船政局总理大臣裴荫森，咬牙下定了决心：造“铁木合构船”还不够，必须要造代表当时世界最高水平的铁甲舰。满怀着决心的裴荫森，火速为清政府上了《试造新式兵船疏》，字字句句，都是中国近代铁甲舰生产，激动人心的发展蓝图。

谁知这宏伟理想，送到北京后，就招来了满朝骂声。在朝中那些短视的大臣眼里，大清朝既然有白银，西方国家又肯卖，缺铁甲舰就去买好了，何须再自己造浪费钱？北洋水师的缔造者李鸿章更是气得眼喷火：造铁甲舰就要花钱，用钱就要从北洋水师的经费里刮，这岂不是动自己家底？

于是各种骂声汹涌扑来，差点就把裴荫森淹没。幸亏另一位重臣左宗棠力挺，总算劝得慈禧改了主意：那就先造一艘试试？这抱着“试试看”态度上马的战舰，就是大清朝第一艘自造铁甲舰：平远号（起初叫龙威号）。

虽说获得了造船许可，但对于当时的裴荫森和那一代军工人员来说，造一艘铁甲舰，条件简直痴人说梦：清王朝的拨款，几乎都是从北洋水师经费里“抠”来的，只能勉强造一艘，一分钱都不能乱花。技术图纸呢？也只有一张法国小型铁甲舰的图纸供参考。

但就是这要啥没啥的窘境下，裴荫森带着魏瀚、郑清廉、李寿田等福建船政局出身的军工人员，硬是历经三年艰难攻关，终于在 1889 年 9 月 28 日，成功令这艘铁甲舰试航。

而在当时清朝文武官员眼中，这艘完全中国人自己设计生产的铁甲舰，风貌也是一新：长 59.99 米，宽 12.19 米，排水量 2150 吨，以两台三胀往复式蒸汽机为动力，主机功率 2400 匹马力，航速 10.5 节，全舰环绕水线带全钢装甲，装备轻重各种类型火炮，其中 260 毫米的克虏伯前主炮，威力更是巨大。

这艘战舰亮相试航的一刻，更见证了一个意义重大的事实：饱受西方坚船利炮欺凌的近代中国，已经可以自己制造铁甲舰了。

但就在这“意义重大”的一刻后，对这艘战舰乃至裴荫森本人的攻击，却是甚嚣尘上。特别是早就憋了好几年气的李鸿章，更是立刻给战舰狂打差评，连呼这艘战舰劳民伤财，战斗力却半点不靠谱。

关键时刻，北洋水师丁汝昌登上了这艘战舰，连连称赞其靠谱的战斗力，终于叫李鸿章改变了主意——1889 年 12 月，这艘中国自己研发的铁甲舰“龙威号”，正式编入北洋水师服役，更名为“平远号”。

但“创造历史”的大清朝，并未从此启动本土铁甲舰建造。清王朝的海军建设，也就从此裹足不前。身在北洋水师的“平远号”，地位也十分边缘化，特别是甲午战争爆发，黄海大战开战前，“平远号”也只是担任外围警戒任务。

直到 1894 年 9 月 17 日，中日大东沟海战打到白热化时，北洋水师苦苦支撑时，素来低调的“平远号”，终于大显英雄本色：冒着日军密集炮火，“平远号”冲向日军旗舰“松岛号”，精准的射击，命中了“松岛号”的炮塔，引发“松岛号”舰船大爆炸，连“松岛号”的鱼雷发射电路，也被“平远号”打断。直到日军多艘战舰围攻，杀得舰体着火的“平远号”，才撤出战斗。

虽然在当代好些北洋水师题材影视剧里，“平远号”这一番卓越表现，都被编剧们大笔一挥，安到了北洋水师其他几艘主力舰身上。但“平远号”这惊出日本舰队一身冷汗的战斗力，不但见证了北洋水师官兵的战斗精神，更见证了一个事实：那些设计建造平远号的近代中国军工人员，没有辜负国家的期许。

可是，顽强的“平远号”，也未能挽救北洋水师的败运。一直靠购买军舰装备维护的北洋水师，终在战斗里尝够了军工技术匮乏、战舰“打沉一艘少一艘”的苦果。随着甲午战争的落幕，“平远号”也屈辱被俘，编入了日本舰队，并在1904年9月18日，日俄战争的海战上被俄军击沉，悲情沉没于大连海域。

而当年力主建造铁甲舰的裴荫森，已在1890年时凄然辞职，并在1895年含恨去世。他那曾经满怀理想的造船计划，也随着“平远号”的被俘，最终成为绝唱。

从试航时的受尽争议，到最终怆然的结局。“平远号”的战场生涯，短短十五年的风雨，却证明了一个至今值得警醒的历史真谛：核心技术，国之重器！

晚清军队抬棺出征，光复新疆

晚清王朝一大槽点，就是军队里废柴扎堆。尤其是对外战争，更常见一触即溃。每次打完败仗后就负责签字卖国的李鸿章，更是最后签到了吐血。甚至签完《辛丑条约》时就“痰咳不止，饮食不进”。说到底，还是国弱被人欺。

难道晚清的军队，真的都弱到了这个地步？至少一支曾被李鸿章嘲讽的军队，却是绝对的另类：纵是千难万难，他们却慨然出征，以摧枯拉朽的气势，打出令西方列强叹服的国威军威——1875 年，大清朝“钦差大臣督办新疆军务”左宗棠率领的“西征军”。

说起这支军队的辉煌，就得先说一桩晚清耻辱痛事：新疆沦陷。

一、孤军筹边

第一次鸦片战争结束后，充军伊犁的大英雄林则徐，就曾语出惊人：“终为中国患者，其俄罗斯乎。”

1865 年，这句清政府当了耳旁风的忧思，却终于应验为一场西北浩劫：沙皇俄国扶持的浩罕汗国军阀阿古柏悍然入侵，然后挂起“哲德沙尔汗国”招牌，堂而皇之做起了英俄两大强国的傀儡。趁火打劫的沙俄霸占了伊犁，英国也拿到新疆种种商业特权，仗着两家“大佬”撑腰的阿古柏，更对新疆各族百姓疯狂掠夺屠戮，富饶的新疆大地，顿成人间地狱。

一百六十万平方公里的新疆大地沦陷在即，大清西北国防危在旦夕。清王朝内部也是吵成一团，“放弃新疆”的呼声一浪高过一浪。典型洋务派名臣李鸿章那句“况新疆不复，于肢体元气无伤”。说是为了省钱抓海防，骨子里的担忧，群臣们却是心知肚明：新疆大地已经沦陷，进兵就是劳师袭远，费钱费人不说，对手更是英国沙俄两强撑腰的阿古柏，麾下五万装备精良的嗜血匪军，大清军队可有胜算？

就在满朝一片喊衰声中，一位老臣的愤怒吼声，却终于震醒了蒙圈的清政府："若新疆不固防不胜防，即直北关山亦将无晏眠之日。"想巴望着放弃新疆保平安的人醒醒吧。新疆一旦丢了，沙俄列强得寸进尺，陕西、山西、河北全成前线。中国西北国防就将土崩瓦解！

发出这愤怒吼声的，正是陕甘总督，近代民族英雄左宗棠。

发完怒的左宗棠，更以一句肺腑之言，叫大清朝彻底下了决心："年已六十有五，日暮途长，妄引边荒艰巨为己任！"我六十五岁的这一把老骨头，都扔给这一仗了！

就这样，顶着"钦差大臣督办新疆军务"的左宗棠，开始了这场艰巨的任务。西征军组建起来了，但之前他怼掉满朝甚嚣尘上的"弃疆论"，让他得罪了官场一大批人。连军饷都一度被拖欠了上千万两。最困难的时候，厉兵秣马的西征军，一度窘到了盐菜根都吃不上的地步，饷银更被拖欠了两千多万两。沮丧时的左宗棠，一度还发出了哀叹：仰鼻息于外人，其不竞也，其无耻也！着实吃够羞辱。

同样困难的，还有这支临时拼凑的西征军，初成军的时候，部队简直乌合之众云集。瞪圆眼睛的左宗棠也下了狠手，一大批宗室皇族背景的军将全数裁撤，大批新鲜血液补充进来。以刘锦棠湘军二十五营为骨干，包括董福祥、金顺等虎将率领的汉满蒙回精锐。肩负使命的大军，面目焕然一新。

这位六十五岁的老人，几乎是用发狠的方式解决一切困难：饷银拖欠？就拉下脸与李鸿章等重臣争饷银，甚至不惜向外国财团举债，军备训练？更是咬牙往狠了抓，枪炮都是最先进的装备。他带领的这支西征军，几乎是以孤军奋战的方式，做好了所有准备。然后以震撼的景象出征：1876年4月7日，六十五岁的左宗棠慷慨抬棺向前，率领这支士气高涨的大军，踏上光复国土的血战之路。

二、摧枯拉朽

比起这决死一战的气魄，慨然出征的左宗棠，更没少了被冷嘲热讽。典型就是左宗棠的“老朋友”李鸿章，先前左宗棠筹措军饷时，他就不停捣鬼，甚至直接写信授意各省巡抚给左宗棠断饷。西征大军慨然进发后，他更是天天唱衰，满嘴“左军殊难制胜”的吐槽，几乎是支棱着耳朵等败报。

“吐槽”到 1876 年 8 月，西征军的霸道第一拳，就把阿古柏锤了个满脸血——乌鲁木齐战役。

当时驻守乌鲁木齐的阿古柏匪军，满以为清军会走戈壁滩大路，磨刀霍霍要给清军来个迎头痛击，谁知西征军刘锦棠将军不走寻常路，亲自带兵沿着黄田小道摸上来，三下五除二拿下乌鲁木齐门户古牧地，第二天又乘胜追击，轻松攻克乌鲁木齐坚城。接着满族勇将金顺也继续发力，浴血攻克玛纳斯，将死守该城的顽敌全数歼灭。仅仅三个月时间，就如快打旋风一般，横扫北疆大地。

这一通高素质的作战表现，让骄狂的阿古柏慌了神，连忙去求英俄主子帮忙，英国却不淡定了：阿古柏一旦完蛋，英国在新疆的特权咋办？英国驻华公使威妥玛耍花招，假装“调停”新疆战争，巧舌如簧劝清王朝“停战”，连总理衙门都动了心，却又被前线左宗棠冷冷怼回去：“无须英人代为过虑也。”收复新疆是中国内政，你英国人瞎嚷嚷什么！

威妥玛这下气坏了：自从鸦片战争后，我就没见过这么敢跟我说话的清朝官员。不甘心的威妥玛，后来又威胁清朝驻英国公使郭嵩焘，吓得郭嵩焘也苦劝左宗棠：得罪了英国人可不行，要不您先停个战？气得左宗棠劈头又是一顿骂：“英人欲利用建置小国，以遂其侵占我边陲固有之地，誓不可许！”还想赖着不走？做梦！

被啪啪打脸的英国人，这下没了词。节节败退的阿古柏干脆咬紧了牙：不就是打吗？我就依托达坂城、托克逊、吐鲁番三城死守，有胆量你就来！而这三座坚城，就是三只锋利犄角，顶住西征军南进之路。

1877 年 4 月 14 日，依然还是西征军悍将刘锦棠，亲率三十一营西征军精锐抵达达坂城。先不慌不忙挖壕围困，第五天时深夜突然炮火轰鸣。清军在达坂城城东架起的德国重炮骤然开火，睡梦中的匪军顿时陷入一片火海，仓皇窜逃的阿古柏匪军，更被天罗地网的清军轻松截杀。几乎以毫发无损的代价，清军就将强兵坚城的达坂城一举拿下。

如此漂亮一击，更是告诉包括英俄列强在内的匪军们，这是一支装备与战术登峰造极的中国军队。胆碎的阿古柏匪军，这下“犄角”也不要了，托克逊与吐鲁番的匪军全都不战自溃。绝望里的阿古柏，更在1877年5月22日服毒自杀，结束了他荼毒新疆十二年的罪恶历史。

曾经凶残一时的阿古柏匪军呢？更是如鸟兽散，但是天罗地网的西征军，又哪里给他们逃跑的机会。受尽荼毒的新疆各族百姓更行动起来，纷纷迎接高歌猛进的西征大军。1881年1月2日，在和阗百姓载歌载舞的热闹里，西征军董福祥部开进和阗。新疆大部地区，已经顺利收复！

三、千秋伟业

阿古柏完蛋了，一直上蹿下跳的英国，也没了脾气。但盘踞伊犁的沙皇俄国，却还赖着不走。眼睛喷火的左宗棠，又抬着棺材率军直杀伊犁。“不惜一战”的怒吼，更是响彻北疆。俄军上下蒙圈了：这是那个最怕打仗的清政府？撤！《中俄伊犁改订条约》顺利签订，沙俄归还了侵占伊犁的部分地区。这是自《南京条约》以来，清政府第一次以热血勇敢的战斗，捍卫国家尊严，令西方列强乖乖低头！

也同样是在这场伟业后，左宗棠的爱将刘锦棠将军出任新疆巡抚，这支威武之师也从此扎根边疆，继续履行护国使命。接下来的晚清历史上，狼狈战败不断，丧权辱国不少，却多亏他们沉默的坚守，撑住中华的西北半壁！

而比起左宗棠过世后，晚清王朝武备废弛的状况，“老对头”李鸿章颤巍巍签下一桩桩不平等条约的惨境，西征军曾经高歌猛进的辉煌，却更见证一个永不过时的真谛：所有的尊严，都是强大的军队浴血换来的！

晚清军事工业史的重大突破

1888年，是晚清军事工业史上一个值得铭记的年份：大清金陵机器局，成功仿制出一款新型枪械。这款枪械可以自动射击装弹甚至自动退弹壳，每分钟可以发射六百发子弹，堪称无限火力输出。它的“原版”枪械，正是有着“自动武器之父”美称的马克沁机关枪。而1888年，看上去正落后挨打的清王朝，已成功掌握了这高端技术。

这个技术意味着什么？比比欧美列强就知道：马克沁机关枪诞生于1884年的美国，而作为“日不落帝国”的英国，也只是从1891年起，才将马克沁机关枪作为制式装备。而清王朝，却在1888年，早早踩在了世界尖端枪械科技的门槛上。

所以说，那些网络上流传的，所谓“李鸿章对马克沁机关枪不屑一顾”之类的论调，面对成功取得突破的金陵机器局，基本都可以歇歇了。

而这样的突破，放在清末的晚清军工业，也不过是“常规表现”。何止是马克沁机关枪？1890年时，江南机器局又亮了一把肌肉，成功仿制出了“曼利夏连发枪”。从此这种可以手动装填连续射击的步枪，成了清军的又一利器。而同时代的日本呢？一直到甲午战争前的1893年，日本才开发出了类似的村田式连发枪，且只能装备少量部队。大部分的日军，只能装备单发枪，单看手里的家伙，就比清军差了一截。

比枪械更叫人满满自豪的，更有大清的火炮。

两次鸦片战争，清王朝吃够了火炮的大亏，丧权辱国之后，也是十分记吃、记打，从此一直不遗余力地对世界先进火炮进行仿制与研发。1878年时，江南制造局就成功仿制出阿姆斯特朗炮，火力水平比肩欧洲著名的克虏伯火炮。比起同时期日本的火炮来，单是射程，就领先将近一倍。

而到了甲午战争的前夜，清王朝的火炮技术，更是年年大踏步前进。1887 年，江南制造局成功造出 203 毫米口径 180 磅后膛全钢火炮。先前只有欧美强国才拥有的独家技术，大清的军工人员成功破冰。比起同时代的日本火炮，又是足足领先近十年。高水准的大清军工人员，当时更享有国际声誉："技艺不下于任何欧洲工厂的工人"。

可以说，在标榜"自强"的晚清洋务运动时代，大清的军工人员，率先为近代中国吹响了自强的号角。甚至理论上说，在甲午战争爆发后，哪怕不讲任何战略战术技巧，就和日军拼硬核实力。清军手里的重机枪连发枪后膛火炮这类硬家伙，样样碾压日军一大截，就是摆开了狠砸，也管保把日军砸进海里喂鱼。

可真实的情况呢？却是手里有硬家伙的清军，被人家一路追着打，从朝鲜半岛一路打进了辽东。手里的先进武器，那无数晚清军工人员呕心沥血的杰作，动辄就在战场上扔了一地，然后被日军欢天喜地地捡回去，反而给人家的军工产业，白白做了嫁衣裳。

为什么会这样？

甲午战争期间，上海《申报》的报道，就揭开了其中的冰山一角：清军日常的训练，几乎就是放羊，所谓操练检阅，平日基本没影。各级的军官们，天天就是花天酒地。直到上司前来视察，这才"藤牌短刀，无殊儿戏"。就是摆个花架子。

即使是到了你死我活的战场上，军官们放不下的，依旧是自己的幸福生活。比如甲午战争里著名的平壤血战前，三十几个营的参战清军，除了少数部队外，大多数部队都是"聚于平壤，置酒征歌"。吹吹打打的十分热闹，然后在日军的玩命死攻下，迅速如鸟兽散。

这样的军队，丁点的战斗意志都没有，又能打得了什么样的仗。再好的武器到了手里，也与烧火棍没有两样。

而且，就算是部队战斗意志十足，清军在战场上的战斗素质，也常到了让人着急的地步。甲午战争期间，日军的随军记者，就不止一次形容过，只要日军亮起刺刀，清军的反应，往往就扔下枪械，撒腿朝后方逃窜。

如果说日本人的形容，还有"丑化"之嫌。俄国外交官马万戈更形容说，清军行军时，连扛枪都没有基本的军姿。而且很多士兵都是两杆枪，除了一杆打仗的步枪，还有一根鸦片烟枪。所以，“若按欧洲人的标准，清朝军队没有一个算是合格的士兵”。

而到了清军抗击八国联军的战役里，清军的表现，更印证了马万戈的嘲讽：每次遇到敌人，清军都是乱打一气，乒乒乓乓打起来，却打不着几个敌人。明明弹药储备充足，可打得再热闹，也拼不死几个洋兵。反而人家只要冲到近前，立刻撒丫子跑路。

而且更可耻的是，这装备精良的清军，打洋人没胆，欺负老百姓却胆肥。前线打得大败，八国联军迫近北京，各路清军却抢先一步，先把北京城烧杀抢掠一顿。以至于“官兵较土匪尤烈也”。当然也有比较“良心”的清军：当时有一支俄军部队，翻到了北京的城头上，却发现虎神营的清军，倒是没去打劫，却全凑在营房里打牌，轻松就被人抓了个正着。

这样的大清，就算再轰轰烈烈的洋务运动，再先进的武器，终究，也是带不动啊。

陆

晚清百姓生活大揭秘

晚清中国为什么要坚决禁毒？

1862年，上海青浦。

冲天的枪炮声轰鸣不息，空气中弥漫着刺鼻的硫黄味。凛冽的寒风吹来，路旁尚未熄灭的战火在风中左右摇曳，似乎向人们诉说着太平军与华尔洋枪队刚刚结束的那场激烈战斗。

华尔在战斗中身中五枪，副司令福瑞斯特被太平军活捉，洋枪队死伤三分之一，不得不狼狈败退。

吃了亏的洋大人，回家后越想越觉得窝囊。洋枪队首领华尔实在咽不下这口气，气呼呼地去找李鸿章闹，誓要李鸿章给洋枪队一个交代。

为了安抚洋枪队，李鸿章一咬牙一跺脚，吩咐手下说："赎人！花多少钱都要把被俘虏的洋大人们赎回来。"

中堂大人一句话，就此拉开了赎回战俘的序幕。谁知，清军将领奉命去找太平军谈赎金时，才发现太平军的要价实在高得吓人。

但洋大人终究要赎回的，李鸿章无奈之下，只得向太平军交纳了一百万发弹药、数百枪械以及十箱上好鸦片，这才换回了福瑞斯特。

说来奇怪，太平军勒索赎金也就罢了，怎么还找李鸿章要了鸦片呢？难道太平军也都成了瘾君子，个个吞云吐雾，有了鸦片连"大黄鱼"也不要了吗？

一、另类货币

常年战斗的太平军，当然不可能个个都是瘾君子。他们之所以在赎金中索要鸦片，是因为在晚清的经济体系中，鸦片就是具有一定货币功能的硬通货。

第一次鸦片战争失败后，大量鸦片涌入中国。一时间，民间刮起一阵“鸦片热”的风潮。不论商贾富豪还是升斗小民，争相抢购鸦片，中华大地瞬间陷入鸦片泛滥的汪洋大海中。

不过，人们抢购鸦片，并非仅仅是为了口腹之欲，而是因为鸦片的金融属性，带给人们无限便捷的支付体验。

一些常年在外奔波的商旅不会忘记，鸦片到来前，他们往往要携带沉重的银箱，行走在荒山野岭之间。由于行李过于显眼，这些商旅常常成为盗匪眼中的肥羊，落得个丧生荒野，尸骨不得还乡的下场。

不过，随着鸦片的到来，困扰商旅多年的支付问题迎刃而解。远行的人们只需要携带少许鸦片，就能拿着鸦片当钱花，轻轻松松做买卖。

更重要的是，鸦片轻巧易携带，放在行李中一点都看不出来。这无形中避免了人们在旅途中因财富暴露被劫道的风险，堪称远行之人的绝佳选择。

靠着这一优势，鸦片迅速得到人们的青睐，以至于一些赴京赶考的读书人，也用鸦片支付一路的食宿费。

无与伦比的便利体验，让臭名昭著的鸦片摇身一变，成了人们离不开的另类货币。

清政府起先还试图禁绝鸦片，后来发现鸦片越禁越多，干脆装死躺平，心里盘算着堵不如疏。与其下大力气禁烟，不如靠着鸦片收税，也好补贴下捉襟见肘的国库。

二、财政支柱

说干就干。清政府很快打着“以征代禁”的旗号，面向全国征收鸦片税。

一开始，鸦片税主要是以货物通关时收取“鸦片厘金”的形式存在，但随着鸦片税带给清王朝愈来愈多的财政收入，尝到了甜头的清政府干脆批准鸦片销售合法化，还将鸦片税的种类发展出了洋药厘金、土药厘金、土药税、土膏统捐、土药统税、罂粟亩税、鸦片牌照捐、鸦片凭照捐、鸦片灯捐等等名目。

如此一来，鸦片带给清王朝的税收疯狂增长。等到光绪三十四年时，清政府全年财政中收入的 27992 万两银子中，便有 3302 万两是鸦片税收贡献的，所占比重达到 11.8%。

高额税收刺激下，清政府再也不愿禁烟，反而琢磨着如何提高鸦片收入，以便维持政府财源。

原先，清政府虽然征收鸦片税，但鸦片主要依靠进口，大头都让洋人赚去了。

不满捞钱捞少了的清政府，灵机一动干脆放开鸦片种植，准备自己当老板，用“国产鸦片”抢走洋人的利润。

说来鸦片自产自销后，效果还真是立竿见影。十九世纪七十年代时，鸦片进口几乎每年维持在 6 万担以上，其中 1879 年更是高达 83051 担。

但国产鸦片进入市场后，立刻凭借低价的优势疯狂蚕食市场份额，短短数年间销量便增长十倍，直接导致进口鸦片数量锐减，为清政府节约下不少银两，以致留下了“土药”打败“洋药”的传说。

三、烟毒泛滥

国产鸦片异军突起，落在生产上便是清末惊人的鸦片种植规模。仅仅四川一省，在 1901 年到 1906 年的短短五年间，鸦片产量就从 15 万担增长到 23.8 万担，呈现出一片“繁英硕果，累然千里”的瘆人景象。

但这仅仅只是一个开始。由于鸦片利润丰厚，川中百姓纷纷将耕地改种鸦片。待到 1906 年，鸦片种植面积高达 756.9 万亩，约占全省耕地面积的 16.4%。

此后，鸦片种植规模进一步扩大。全川“百四十余州县，除边厅数处，几无一地不植鸦片者”。其中涪陵县更是“山上田中，荒山僻野，几为鸦片所蔽”。

鸦片侵占川中良田之际，国内其他省市也尽数跪倒在鸦片的巨额利润下。山西、江苏、甘肃、云南纷纷步四川之后，成为鸦片的重要产区。有些省市鸦片的种植面积，更是高达耕地面积半数之巨。

鸦片种植大行其道，人们吸食鸦片的规模也是与日俱增。在四川，城市居民中吸食鸦片的男女比例分别为 50% 和 20%，农村男女吸食鸦片者在人群中的比率则为 15% 和 5%。

如此大规模的吸食者，放在四川一隅，便是“男女相率吸食”，以至于川东一带的集市里除了桐油外，遍地都是鸦片摊。而放眼全国来看，就是中国人在鸦片的祸害下，个个瘦骨嶙峋，几乎成了“东亚病夫”。

疯狂的鸦片贸易，就这么一边侵占着大量耕田，一边摧残着人们的精神和肉体，甚至让许多人完全失去劳动力，终于催生出了席卷天下的丁戊奇荒。

整整一千万人在这场灾难中失去生命，受灾人口更是高达两亿之巨。之所以饥荒如此严重，很大一部分原因在于人们将良田遍植鸦片，以致农作物产量大幅下降。

比如此次饥荒中受灾严重的山西，种植鸦片规模就有60万亩，而且用的全是土膏肥美的好田，而山西全省的耕地，也不过530万亩而已。

鸦片种植面积几乎占了全省耕地的九分之一，难怪山西巡抚曾国荃曾痛心地说:“此次晋省荒歉，虽曰天灾，实由人事。自境内广种罂粟以来，民间蓄积渐耗，几无半岁之种，猝遇凶荒，遂至可无措乎。”

红红火火的鸦片生意，用一颗颗裹着财税糖衣的炮弹，将晚清社会摧残得千疮百孔,也让清王朝在完全病态的环境中,一步一步走向生命的尽头。小小的鸦片，一点一滴恶化着整个国家的生态，带来的则是近代中国在落后挨打里苦苦挣扎的血泪史。

正因如此，新中国成立后，党和政府才会以空前的力度禁绝鸦片。时至今日，中国依然保持对毒品犯罪零容忍，有毒必肃，种毒必究。只因那个时代用创痛告诉人们，任何对毒品的纵容，都是对国家民族的犯罪。禁毒，是中华民族以近代血泪，换来的痛彻心扉的教训，亦将是永远不变的底线。

晚清五句“神回复”，笑过就知道大清要凉

一、今日天气果好

说起这类让人忍俊不禁的“神回复”，不妨先拿个外国人开场：英国外交官威妥玛。

威妥玛，近代西方汉学家，自1842年来到中国后，就以英国外交官的身份，亲历了“鸦片战争”“洋务运动”等诸多大事件，足足在晚清官场“染缸”里泡了四十三年，顺手在日记里一笔一笔，记下了晚清官场一个雷人毛病——不说话。

比如晚清的官员们，越重大场合越不敢说话，特别是与自己交涉时，大多数人都大眼瞪小眼，齐齐拿眼瞄王爷，王爷不吭气，谁都不吱声。

尤其叫他印象深刻的，就是一次去总理衙门办事，为了缓解“集体不说话”的尴尬气氛，威妥玛主动打趣说“今日天气甚好”，不料话出口后就集体冷场，现场的官员们谁也不敢应声，直到一位沈姓官员接了句“今日天气果好”，其他官员这才松了口气，连忙应声道“今日天气果好”，一片“今日天气果好”声，才算让气氛热闹起来。

如此“神回复”带起的“热烈氛围”，也正如光绪年间《月月小说·序》里那声形容：大清官员们“一言发于上，者者之声轰然应于下”。简直是集体做应声虫。说话都“应声”，做事当然更仰人鼻息，民生疾苦？先把上司哄高兴再说。

二、因为无事可办

是不是所有的晚清官员，平日都是应声虫？当然也有例外，比如秦树声。

秦树声，光绪十二年（1886）进士，满腹学识且写得一手好字，公认晚清官场上少见的人才，官也升得快，光绪末年时就是工部郎中，还得到外放知府的肥缺，并依例觐见慈禧太后。就是在这走过场的“觐见”里，慈禧顺嘴问了句：“你在郎中任上，平时常去衙门上班吗？”这话，别的“应声虫”也就一句“常去”糊弄过去，不料秦树声老实人，直通通来了句：“不常去。”

这下慈禧纳闷了，你堂堂一个郎中，怎么连班都不去上？接着秦树声又来了句神回复：因为无事可办！慈禧一听就受不了，工部这么重要的衙门，你堂堂郎中都没事做？那你的领导呢？秦树声干脆“神”到底，又一声回复气坏慈禧：都不常到，都无事可办。

可别小看这几句，这几句话揭开的，就是当时大清官场的遮羞布：号称国家柱石的六部衙门，常年闲官扎堆，稍有品级的官员，遇事都是甩手掌柜。于是大清上下人浮于事，一群白吃国家俸禄的应声虫，把国事折腾到一团糟。秦树声这样“白吃饭”还敢认的，都是良心人物。

可说了实话的秦树声呢？惹慈禧发了脾气不说，上司同僚也给得罪个遍，原本的肥缺泡了汤，反而遭人背后捅刀，打发到云南曲靖去受苦。好不容易有个老实人，还给这么淘汰掉。大清的“逆淘汰”官场生态，可见一斑。

三、里边总是听得见

也别怪晚清官员爱甩锅，其实真摊上事，那都是一肚子苦水。不信就问张怀芝。

庚子之乱起，慈禧太后大手一挥，向西方十一国大咧咧宣战。口号震天响，却急坏了天津总兵张怀芝。他在这场大战里接受重任，率领重兵攻打外国使馆。可这重要任务，一旦“圆满完成”，外国使馆打个稀巴烂，事后必然会被论罪算账，可你要不打？那就是抗旨不遵，当场就要被算账，简直天降一口大锅，把自己扣进无解死局。

扛着大锅的张怀芝，情绪还算稳定，连忙去问个明白人——慈禧太后的宠臣，军机大臣荣禄。老奸巨猾的荣禄打了半天哈哈，终于在张怀芝涕泪交流的软磨硬泡下，“哈哈”出一句神回复：横竖炮声一出，里面总是听得见的。

只这一句话，张怀芝立刻恍然大悟，立刻在使馆外面架起大炮，轰隆轰隆只发空炮，使馆汗毛都没伤着，慈禧在宫里听得心花怒放。待到庚子国难结束，北京被八国联军打成稀烂，先前的“主战派”全被慈禧当成替罪羊一顿杀。反而是“放空炮”的张怀芝逃过一劫，继续安享高官厚禄。

老滑头荣禄点拨小滑头张怀芝的“神回复”，也成了晚清官场“经典一幕”：上上下下，都要滑头，这大清，怎能不滑向丧权辱国的深渊？

四、咱这苦地方，还要托大人的福

大清虽号称杜绝了“宦官专权”，但不专权的太监，捞钱照样握紧双拳。

比如号称晚清“鹰派”的左宗棠，一次入宫觐见时，不慎把官帽落宫里，可受命去还帽子的太监，就在左宗棠面前狮子大开口，硬要勒索 3000 两白银。可怜曾抬着棺材出征，怒怼俄英列强的硬汉左宗棠，这次也一点脾气没有，乖乖赔钱了事。

固原提督雷正绾也倒了血霉，本来他获得殊荣，入座陪慈禧听戏三天，却不料被太监们狠宰。听戏时想喝茶水？都得给太监塞钱，不然只能渴着。三天戏听完，雷正绾喝了十八杯茶，咬牙交了一万八千两白银，简直是“天价茶”。

而且千万别以为，太监们只抓着外官们宰。崇伦身为内务府大臣，又是正黄旗出身，按说应该“安全”。谁知一次上朝路上，就有太监突然斜刺里杀出，一盆水把崇伦泼得透湿。这下还怎么上朝？却见太监不慌不忙拿出一件新衣服，外带一句“神回复”：咱这苦地方，还要托大人的福。

被浇得哆嗦的崇伦呢？半句脾气都不敢发，只能乖乖掏钱“租”了太监手里的新衣服，慌慌张穿衣服走人——这大清皇宫，都被太监弄成了“食物链”，走着路都挨宰。

五、感激次骨，较之得高爵穹官

对大清官场的“食物链”，被近代精英奉为“圣人”的曾国藩，感受也刻骨铭心。

同治七年（1868），曾国藩平定了捻军，可前后搭上的三千万两军费，朝廷还没报销。经过一番奔走，曾国藩好不容易与户部的书吏们达成协议，许诺给书吏们八万两白银的好处。谁知就这节骨眼，慈禧却突然大方一把：“著照所请，该部知道。”也就是这笔报销款，走账不用经过户部，朝廷直接买单了。

如此“大方”，也顿时把曾国藩感动得老泪纵横，直接在给儿子曾纪泽的书信里，留下一句泪奔名言：“感激次骨，较之得高爵穹官。”太后给爹报销一笔钱，那真比封个爵位还高兴啊。

不就报销个钱嘛？怎么这见惯了尸山血海的曾国藩，高兴得就像封王拜相？因为这“报销”，就是清朝官场上常见搂钱的套路：前线臣工们用了多少钱，该报多少钱，都是由户部核算，而真正经办的，就是户部那些小书吏们。这些“贱吏”们给你使个坏，一笔钱该核准多少，来来回回磨个洋工？管你是战无不胜的名将，照样三五年报不下来，白白急得抓狂。

所以，曾国藩欣喜若狂的背后，就是多少晚清臣工们，累死累活“报销不成”的辛酸事。

而且高兴过后的曾国藩，脑子也十分清楚，虽说报销办成了，也没犯到户部手里，但答应给户部书吏们的八万两白银好处，却还是爽快照付——这次没撞上他们，难保不会有下次，喂饱了才保险。堂堂曾国藩，对这些小鬼，也得如此小心翼翼。

可这大清朝堂上下，就是这么小鬼乱窜，敲金分肥，“平乱成功”的大清朝，在那个时候，就其实已被这些小鬼，活活折腾成阎王殿。覆灭，自然已不远。

丁戊奇荒，竟造成上千万人死亡？

清朝光绪四年（1878），大清北洋大臣李鸿章与山西巡抚曾国荃，这两位彼时大清的顶梁柱人物，竟是前后脚大倒苦水：先是李鸿章在写给曾国荃的信里，描述了朝廷高官们心急火燎求雨的场面，继而语出惊人——倘若今年再不下雨，那么北方“数省生灵，靡有孑遗，我辈同归于尽，亦命也夫”。咱们就手拉手陪大清一道死吧。而被李鸿章哀叹要“一起死”的曾国荃呢，此时在山西巡抚任上，也是隔空一声长叹：“历观二十一史所载，灾荒无此惨酷。”

1878 年，在许多人眼里，是挨打不断的大清朝，看上去“还不错”的一年：此时清王朝洋务运动正红红火火，各种近代工业源源不断涌现，还常被称为“同光中兴”。这么个“中兴”的好年头里，究竟是什么事情，叫两位大佬发出“同归于尽”“惨酷”之类的哀叹？这正是晚清历史上一桩破坏力空前酷烈的天灾：丁戊奇荒。

丁戊奇荒，即从光绪元年（1875）起，一场波及直隶、山东、陕西、山西、河南、甘肃、四川等地的空前天灾。这场持续四年的灾难，真实的景象，更远远超过了李鸿章、曾国荃们口中的“惨酷”：清朝人对这场灾难的笔记里，全是“饿殍遍地”“日有路毙”“因饥寒而死者不胜屈”之类的描述。在灾区勘察的大臣阎敬铭估算，几个受灾省份，每个省每天饿死者，恐怕就在千人以上。

而放在各个受灾省份里，那更是种种惨不忍睹的画面：山西南部的小麦全部枯死，山西省的树皮草根，在 1877 年就全被吃光了，灾民多达五六百万人。直隶 63 个州县受灾，灾区的儿童瘦到皮包骨头，因为长期吃杂草导致肚子膨胀。逃荒的乞丐塞满了直隶周边官道，场面“倒毙满路”。山东 82 个州县受灾，以至于“哀鸿遍野，满目凄凉”。河南 87 个州县受灾，怀庆以南四百里的野草全部吃光。帮办河南赈务的大臣袁保恒刚进河南，就看到黑压压逃荒的灾民……

紧跟着饥荒到来的，还有恐怖的瘟疫，受灾各省“灾后继以疫疠”，死于瘟疫的百姓多达“十之二三”。许多灾区更成了动乱不断的人间地狱，抢粮动乱此起彼伏。以《光绪东华录》等资料估算，至少有两亿国人卷入了这场灾难，流民人数多达两千万。死于灾荒瘟疫里的百姓，人数也在一千万人以上。冰冷的数字背后，是数不清的人间惨剧。那么，为什么这场灾荒，会造成如此惨重的损失？直接原因就是天灾，从1875年起，晚清王朝就遭受了酷烈的极端天气，东南各省持续水灾，北方各省却干旱无雨，就连西南的四川等省，后来也是“禾苗焚稿”。蝗灾等天灾也紧跟着爆发。汹涌逃难的难民，更令瘟疫加剧传播，于是，就有了煌煌史册里，那些并不遥远，却不忍卒读的记录。

但比这些天灾更严重的，是丁戊奇荒里的人祸。实事求是说，对于这场灾难，当时的晚清政府，也是全力在救。从光绪二年到光绪五年，清王朝平均每年都调拨给灾区17万石漕米，还每年额外调拨50万两白银用于灾区赈济，可把灾情折腾到水深火热的，恰是清王朝自己的苛政。比如“国产鸦片”政策，受灾的陕西山西等省，多年来都被清政府强制推广鸦片种植。山西一个省，就有60万亩土地用于种鸦片，以至于粮食大量减产，面对突发的灾情，官府拿不出足够的救济粮，只能干看百姓饿死。

如此恶性循环，也正如晚清名臣张之洞的一声叹息：“丁戊奇荒，其祸实中于此”。而且，即使灾情如此严重，清政府一边发着救济，一边横征暴敛不停。比如各省的“征粮酿酒”政策，由于关乎朝中官员的“饭银”，所以一度依然强征，大批本该救济灾民的粮食，就这么变成了官员们餐桌上的酒。直到灾情越发严重，清王朝才把这恶政停掉。但修建西太后颐养宫殿等“采办”，清王朝却借口“已有定例”，照样往灾区玩命强征。惨重的灾情，就这样火上浇油。

更堪称人祸的，还有灾区各地官员的表现。为什么一场旱灾，就能让各省损失惨重？恰因各地官员的昏聩行为。比如直隶地区，在大灾爆发以前，当地的五条大河和六十条支河，全因年久失修而报废，以至于“旱则赤地千里”。更让人不齿的，还有那些发国难财的贪官们。大臣阎敬铭视察山西石门灾区时，惊见当地饿殍遍野，幸存者皮包骨，可官府里的赈灾粮堆积如山——原来所谓赈灾粮，早被当地地方官划入自家腰包，就想趁大灾卖高价。

如此景象，在当时北方各地灾区，也只是冰山一角。持续四年的大灾里，各地的贪官们挖空心思，除了操纵地方粮价牟取暴利，甚至还“吃灾卖荒”，借着灾情大肆吞并土地。灵丘县的官吏甚至还和人贩子勾结，把当地妇女儿童卖到他乡，仅是衙门的账簿上，就有十万妇女儿童被拐卖了。凭着这“惨酷”的天灾，好些官员捞够了油水，成功一夜暴富。他们脑满肠肥的背后，就是上亿的灾区百姓，挣扎在死亡线上的惨景。腐败猛于天灾的历史教训，看过“丁戊奇荒”的历史往事，点点滴滴，触目惊心。

富甲两宋的江西后来为何衰落？

在中国古代史上，江西省的地位曾有多重要？可以先简单瞧瞧最近一千年，“江西籍”的中国牛人们，从“唐宋八大家”里的曾巩、欧阳修、王安石，到劈波斩浪的汪大渊，纵横大明朝堂的夏言、严嵩，写下不朽唱词的汤显祖，贡献《天工开物》的宋应星，设计巍峨故宫的“样式雷”雷发达，痛打倭寇的谭纶、邓子龙，甚至再看看唐宋元明清时代，一拨拨江西籍的状元，以及明清“朝士半江西”的盛况，每个姓名背后，都是流光溢彩的历史。

不夸张地说，至少从唐末至鸦片战争前的中国政治与文化史，正是江西历史“串”起来的。而这辉煌历史画卷背后，正是强大经济在支撑。在中国从唐末至明清的经济版图上，江西的地位曾举足轻重，所谓“富甲两宋”的形容，放在江西身上，那不过是“客气话”。

那当年的江西，到底有多富？北宋的一个半世纪里，江西人口增长2.6倍，到北宋崇宁年间时突破450万人。江西的耕地数也突破六千万亩，雄踞宋代全国第一。北宋每年的六百万石漕米，江西就承担了三分之一。作为宋代“战略物资”的茶叶，江西的产量更占了全国三分之二。这何止是富甲天下？简直是支撑大宋经济的“顶梁柱”。

到了明清年间，江西的经济地位依然是重量级。明朝年间，江西人口一度占到中国总人口的百分之十五。“洪武大移民”时代，迁移各地的江西移民，直接助推了明初经济的恢复发展。烟草、甘蔗、油茶等经济作物，也在江西大量种植。手工业制瓷业蓬勃发展，“江右商帮”更享誉天下，江西的商货几百年间畅销天下。“三日不见赣粮船，市上就要闹粮荒”成了通俗民谚。江西的富庶繁华，早已深入人心。

但是，就是这样一个“经济重量级”的省份，随着鸦片战争的一声炮响，经济地位为何却在近代史上悄然没落呢？要讲清这个问题，就要先厘清一个事实：古代史上的江西，为何曾经这么富？除了江西本土丰富的物产和发达的农业外，却还有两个发人深思的重要条件。

首先一条，就是大唐“安史之乱”后，江西得天独厚的经济条件。“安史之乱”后，中国经济重心南移，东南经济与北方的联系空前加强，作为交通枢纽的江西省，地位也就扶摇直上。

另一方面，江西省内三面环山，鄱阳湖却在北部居中，境内饶江、赣江、抚河、修水、信江五大河流纵横，以鄱阳湖为中心形成密集水网。另一方面，京杭大运河的开通，提升了赣江的交通地位。连接岭南的大庾岭路，也变成了宽 8—12 尺的大路。放在中世纪的中国版图里，江西，就好似一条连接南北的大动脉。

许多唐宋牛人的个人经历，更缩影了江西的“大动脉”地位：比如唐代李翱赴任广州时，就是乘船从洛阳出发，走水路沿大运河到达浙江衢州，再经陆路进入江西上饶，经大庾岭路抵达广州。北宋年间大文豪苏轼被贬岭南，从黄州出发乘船过长江后，一路经过江西境内的江州、洪州、吉州等地，最后到达岭南。南宋大诗人陆游去四川奉节上任，从杭州乘船出发，也是要经过江西境内的江州等地，才可顺利到达。

可以说，在那个时代里，别管哪路牛人，只要走长途。江西就是“绕不过去”的地方。

而从唐宋年间起，江西的洪州（南昌）就成了水陆交通中心，从洪州向东从水路到杭州，再经大运河就可到洛阳，向南可抵达大庾岭后抵达广州，公认“川陆一大都会”。江州（九江）则是水运中心，从江州出发的船舶，沿长江向东可到扬州，向西北直达长安，向北直达洛阳，向西可到四川。也正是从宋代起，南方特别是闽南岭南地区的货运，基本都是“自洪州渡江”，如此位置，堪称中国版图上的“黄金地段”。

坐拥如此“黄金要道”，外加江西当地丰富的物产与发达的农业，这时代的江西，真是想不发达都难。但江西在中世纪地位的长盛不衰，更得益于其发达的手工业。确切说，是两个享誉天下的“核心产业”。首先一个，就是造纸业。

说到江西手工业，后人第一反应，常是景德镇的瓷器，但江西的造纸业，意义也同样重要：中国古代的造纸业发展到明代时，江西、四川、浙江、安徽、浙江是公认造纸重镇，其中江西的铅山、永丰、上饶等地，专以生产毛边纸著称。虽然毛边纸价格便宜，但需求量极大，此时明朝发达的图书业，更叫毛边纸成了“刚需”。

江西的造纸业，也因此规模空前：仅仅是明代万历年间江西石塘镇一地，造纸业工人就有两千多人，且形成了“一槽四人”的精细分工。其强大的产量和空前的产业规模，令“天下之所取足”。铅山的地位也在明代快速升级，公认与苏杭、芜湖、景德镇、松江并称“五大手工业中心”。

更值得一说的，就是同为“五大手工业中心”之一的景德镇。明清年间，是中国瓷器汹涌出口全球的时代，景德镇的瓷器产业，也就进入到空前火热阶段。明代的景德镇，除了有五十八座官窑外，还有九百多座民窑。景德镇每天雇佣的工人，总数多达万人，每年生产的瓷器，“成本价”就在180万两白银以上。甚至还出现了“定制款”，即按照外商要求，生产欧洲人的餐具用品，只供出口海外。以荷兰人的感慨说：“这类瓷器在中国是不用的。”

看过这样的强大产量与销量，甚至江西在明清经济版图里“五大手工业中心占其二”的地位。就知这当年有钱的江西，究竟强大在哪。

而也正是这两个原因，让我们清楚看懂近代江西衰败的直接因素：首先就是交通地位的变化。鸦片战争后，中国的国门被轰开，京杭大运河的地位急剧下降，江西也受到了极大影响。南中国的水路运输，基本改为经上海转运各地，虽然江西境内的九江，依然是近代交通枢纽。但九江的物资转运，近代时多是连接湘鄂蜀各省，反而与江西“割裂”了。铁路建设也跟进较慢，昔日的物流优势，早就荡然无存。

“黄金地段”的身份不再，对于近代江西经济，显然是重要打击。

更沉痛的打击，却是江西传统手工业的衰败：特别是第二次鸦片战争后，九江成了通商口岸，纷至沓来的“洋商”，也把大量的“洋货”拿来倾销，直接冲垮了江西本土的手工业。

比如曾享誉天下的“铅山造纸业”，在清末“洋纸盛行”的风潮下，每年“售价不满十万”。同是造纸重镇的石城“歇业者十居八九”。曾卖火全世界的景德镇瓷器，面对“洋瓷”也“出口大减”。至于“夏布”“茶叶”等行业，或是“纷纷亏蚀收歇”,或是“所入不过十分之一”。到了十九世纪末,江西省的“采茶业”“布业”“航运业”“造纸业”都是“难免天演淘汰之悲”。“废业者逾半”成了常见现象。

至于江西丰厚的物产，更成了外国势力的“提款机”：大量的鸦片凭借“特权”输入江西，到清朝灭亡那年，每年进入江西的鸦片就有 14 万斤。江西本土的钨矿、煤矿、粮食等矿产原材料和农产品，更被各类“外商”“洋行”压价收购，再制成工业品在江西倾销。仅 1887 年这一年，由于英国“洋行”的压价和垄断，江西茶农就损失了百万两白银，几乎任人宰割。

昔日享誉天下的产业，都已风光不再，晚清年间的江西经济，可想而知有多困难。

而比起这两条经济因素来，同样重要的原因，更有晚清王朝的失败治理。特别是鸦片战争后的半个多世纪里，江西的铁路公路等建设十分缓慢，相反多年以来，江西还要承担大量的厘金负担。晚清 1880 年之前，江西境内“厘卡”遍布，省内货物流通，“厘金”往往要收到 30% 以上。虽然后来也“裁减”，但直到十九世纪末，江西每年要被征收 200 万两白银以上的“厘金”，几乎年年被盘剥殆尽。

面对“千年未有之变局”,对外受冲击,对内受盘剥,曾经“为天下最”的江西省,自然也就在近代风光不再。这样一段历史，已是过往，今天正发展前行的江西省，未来一定更好。

但这样一个过程，何尝不是近代中国落后挨打，在困顿中苦苦挣扎的缩影？多少的反思教训，多少关于发展与自强的真谛，尽在其中。

大清不争气，要怪这群“胥吏”？

晚清落后挨打的历史，即使一百多年后再读，依然可以读出深深的无助。

自从1840年开始，就是隔些年就被列强轮流打，然后是一张张不平等条约，土地白银割肉一般往外送。那就不能争口气？洋务运动也曾红红火火，洋枪洋炮北洋水师，看上去也威风无比，可就是战斗打响就现眼，常见稀里哗啦。管他仁人志士们如何呕心沥血，就是一尿到底，直到在辛亥革命的隆隆炮响里，彻底葬送。

为什么会这样尿到底？对这个虐心话题，曾亲历洋务运动，为了大清国家尊严，在异国累死累活打拼的清末外交家郭嵩焘，却发出过“雷人”评价：大清闹到这熊样，就怪有一种“贱人”太多。什么样的“贱人”威力这么大？听听郭嵩焘原话：“明与宰相太监共天下，本朝（大清）则与胥吏共天下。”在他看来，大清被搞得这么坏，就怪这群“贱人”——“共天下”的胥吏们。

一、空前膨胀的大清胥吏

在中国古代官僚政治史上，“胥吏”是个历史悠久的角色：历代的衙门都要有官，但只靠官，哪里能办得成所有事？所以也要有“吏”。特别是办理文书等公务的小吏，就是《辞海》里定义的“胥吏”。这些人没品没级，平日在衙门里跑腿办事，放在历代封建统治者眼里，地位也是“贱”得很，不但官场上上不了台面，有时惹恼了官员，说杀就能杀。比如著名的“水滴石穿”成语，就来自宋代官员张乖崖惩治不法小吏，为一文钱砍小吏头的事。

放在明初朱元璋疯狂反贪的年代里，只要“胥吏”们有不法行为，老百姓可以头顶一部《大诰》，敲锣打鼓把不法胥吏捆了送京城治罪，乍一看去，相当的没地位。但就是这些看上去没地位的“贱人”，历代的能量都不小：毕竟长期浸泡在官场，衙门里根子扎得牢，又没有仕途上升通道，当然就专注于蝇营狗苟。特别是那些熟悉条文与官场规则的老吏们，更常见覆雨翻云捞好处，连主管官员都无可奈何。比如在明末，胥吏出身的汪文言，就曾玩转大明官场，智商手腕碾压一众“精英”。明末遗老顾炎武总结明朝亡国教训时，更把胥吏腐败作为致命一条：“上之人明知其为天下之大害而不能去也。”不过，痛心明朝灭亡的顾炎武，还是被时代限制了想象：取代明朝的大清王朝，在“胥吏腐败”这条上，简直是青出于蓝。

甚至不夸张说，汉唐宋元明几大王朝的胥吏们，那些吃拿卡要的精明伎俩，放在大清胥吏面前，几乎成了小儿科。清朝的胥吏有多牛？首先得看看数量：由于大清高度集权，各级衙门的大小事务，都讲究以“例”治国，也就是各类政务都要参照“前例”。所以丁点大的小事，办起来都要翻遍各类卷宗，案牍工作量十分艰巨，对“胥吏”的需求也就旺盛。外加大清八股取士，科举考出来的官员，除了考试在行，实际工作一搞就抓瞎，更离不了胥吏搭把手。所以虽说大清对胥吏有严格编制要求，可开国后没多久，“编制”就成了空文。

以雍正年间反贪强人田文镜的哀叹，他的巡抚衙门，规定的胥吏“编制”是20人，但用着用着，就膨胀到200人，这还算是“节俭”的。大清京城各级衙门，理论上只该有胥吏1184人，但实际上，京城哪怕一个小衙门，胥吏数量就动辄几百人。地方的各级州县，稍微大点的州县，胥吏也得上千人。

发展到晚清光绪年间，大清胥吏的总数，竟追近200万大关。如此人多力量大，而且又不领国家工资，当然要瞪红了眼搞钱。外加人数众多，勾搭连环就容易，从此大清越腐败，他们就越有空子钻。早在清朝“康乾盛世”年间，“低贱”的胥吏么，就不停展现出强大能量，闹出不少“奇案”。

比如雍正年间，山阳县过路乡民王大狗，路遇该县唐坤等三名胥吏，竟当场就被诬陷为杀人凶手，然后被押在唐坤家拷打六天六夜，咬牙交了六千钱才放出来，回家后就气绝身亡。山阳县知县汪风英得知后，更捏造情节，帮助唐坤们脱罪。彼时重臣田文镜更感叹：大清的知县，十有八九都会被胥吏拉下水，没当几年官，就成了胥吏手里的傀儡。清代吏治最清明的雍正年间，竟都有这类“神操作”。而从乾隆年间起，这类神操作，更都成了常规操作。

乾隆年间就有“官拥虚声”的说法，成书于乾隆年间的《红楼梦》里，贾政贾雨村等“官老爷”被胥吏轻松摆布的剧情，就已是当时写照。乾隆时代南征北战，给大清攒足“十大武功”的福康安，竟都被户部书吏勒索万两白银。饶是福康安暴跳如雷，连呼“汝敢索我贿焉”，可小书吏不慌不忙，一顿巧舌如簧，竟说得福康安汗流浃背，乖乖掏钱了事。如此“胥吏遮天”的雷场景，大清的吏治还能好？

二、把晚清往沟里带

待到鸦片战争轰开中国国门，晚清王朝坠入落后挨打的节奏里，折腾了二百年的胥吏们，也是瞅准了新商机，蝇营狗苟的花样，更是五花八门。就以此中“老手”，京城衙门里的胥吏们来说，清末持续不断的战乱，居然都成了他们的提款机。如太平天国战争和捻军战争，前方的将士们流血拼命，后方的“报账”更成了学问，战场上花出去的钱，抚恤将士的钱，购买军备粮草的钱，样样都是户部的胥吏们过手。人家只要使个坏，一笔钱三五年批不下来，前线将士饿到皮包骨头都白搭。

所以从太平天国战争起，晚清的各位“名流”们，也都摸到了门道，每次只要“报账”，都要先和户部胥吏们谈好价钱，堂堂封疆大吏，都要乖乖弯下腰送好处，否则卡你脖子没商量。其中的窝囊气，曾国藩、李鸿章、左宗棠等“中兴名臣”，各个没少受。

而且千万别以为，这种操作只是战争年代独有。放在和平年间，朝廷修个堤坝赈个灾，只要花公款，户部的胥吏们，都要雁过拔毛。比如 1886 年，清政府治理山东黄河水利工程，拨款 100 万两，仅户部胥吏史恩涛一人，就拿走了一万两，其他上千户部胥吏拿走多少？审来审去都是糊涂账。户部的胥吏，当时就是出名的“肥工作”，其富庶程度，号称“可埒王侯”。当然，这其中的财，可不只是户部一家发。比如吏部的胥吏，就连每年各级衙门的补官选官，都操纵在手。一个官位该谁当？胥吏们直接和候补官员谈价钱，谁出钱最多就给谁。一番上下操作，基本能乖乖如愿。

兵部的胥吏们，也发着类似的财，相关武官的选定，武将成绩的考核，说是官员说了算，基本就是胥吏勾搭连环。所以，说起晚清历史上，诸如“洋务运动”等轰轰烈烈的事业，很多评价有争议，没争议的却一条：形形色色的小胥吏们，真是从中发足了财。京城的官员有油水，地方上的胥吏更不差。

曾历任封疆的曾国藩，就对各地胥吏的“发财”妙招刻骨铭心：一件案子发生后，交接经办的各种手续，各级胥吏们都从中作梗，只要你给够钱，再重要的证物说丢就丢，重要的证人说改口就改口。官司打得越久，各级胥吏越逮着原告被告玩命敲诈，不弄“苦主”个倾家荡产绝不罢休。

打个官司如此，不打官司呢？1883年，御史谭承祖更愤怒揭露了民间胥吏的恶行：最起码的征税，胥吏们都会肆意操纵，乡民们交上的税赋，往往是国家赋税的数倍。多出的部分，除了官员拿一份，其他都被胥吏们瓜分。稍微有点钱的乡民，更往往被胥吏们当“猎物”，往往都是连哄带吓，威逼他们多出钱，直到“必得重贿可免”。

这，就是甲午战争前，号称“同光中兴”的晚清年间，大清王朝真实的吏治。正如曾国藩的哀叹：疮痍赤子，其何以堪。这样的大清，就算造出最先进的装备，组建世界第一的舰队，又如何能挡得住烂透的瓤子，逃得过灭亡的厄运？郭嵩焘“胥吏共天下”的调侃，分明勾勒了一幅历史画卷，写照了庞大的大清王朝，被蛀空的全景。

光绪皇帝为何对自己老师恨之入骨？

咸丰六年（1856），帝师翁心存第三子翁同龢高中状元，至此翁家三子都顺利进入仕途，成就了一出书香门第的佳话。翁同龢中状元后不久，便被授予陕甘乡试副考官的职务。

此后翁同龢一连担任科举考官数十年，门生故吏遍布天下，还曾子承父业担任同治、光绪两位帝王的老师，成为文人士子争相推崇的“清流”领袖。

翁家也因此进入极盛时期，当时的人评价翁家父子是“两朝宰相，再世帝师，三子公卿，四世翰院”，妥妥的高门望族。然而，开局如此顺利的翁同龢，却并没有为自己取得圆满的结局。

据史料记载，翁同龢去世后，作为学生的光绪帝一反常态没有给予翁同龢任何谥号，这是怎么回事呢？

一、翁李结怨

说起翁同龢的传奇一生，就不得不提到他的兄长翁同书。

咸丰十年（1860），时任安徽巡抚的翁同书遇到太平天国之乱。翁同书无力抵抗，弃城逃跑，结果不仅丢失了城池，还让叛军趁机发展壮大了。

曾国藩知道后，决定弹劾翁同书，他委托李鸿章为他写了份弹劾的奏折。

“臣职分所在，例应纠参，不敢因翁同书之门第鼎盛，瞻顾迁就。”

要说李鸿章真是妙笔生花，一句话就堵死了咸丰的回旋余地。

这份奏折送上去后，翁同书很快被充军发配，父亲翁心存听说后，气得一病不起，不久后含恨离世。

好好的一个家，转眼便父死兄徙，家破人亡。翁同龢把这笔账算在了李鸿章身上，此后他一生都在寻找机会对付李鸿章。

二、甲午海战

机会还真让翁同龢找到了。

1894 年，日本陈兵朝鲜，中日之战一触即发。

翁同龢觉得，中日一旦展开海战，就必然会用到北洋水师，而北洋水师是李鸿章一手组建的，如果北洋水师战败，那么李鸿章也就仕途黯淡了。

如果北洋水师战胜，那自己一力主战当然有功，怎么看都是一笔合算的买卖。

一念及此，翁同龢瞬间被报复李鸿章的想法冲昏了头，再不考虑国家利益，成为一名坚决主战的“愤青”。

于是，当光绪皇帝问起与日本是战是和时，翁同龢一马当先，极力要求光绪皇帝一战。

然而，翁同龢虽然主战，却不肯给予北洋水师丝毫帮助。当时翁同龢主管户部，他不仅屡屡驳回李鸿章为北洋水师申请经费的要求，还指责北洋水师花钱太多了。

事实上，由于没有经费，北洋水师已经多年没有购置过新的舰艇了，甚至连原有舰艇老化出问题也无钱维护。

听说中日可能开战后，作为顾问的德国的工程师曾建议李鸿章购买德国生产的大开花弹，以便将来在战场上使用，可翁同龢一句“钱都给太后修园子去了”，既浇灭了李鸿章的希望，又顺手坑了一把慈禧。

不仅如此，北洋水师向英国人定制的新舰艇，也因为翁同龢不肯给钱而无力购买。此事被日本知道后，日本立刻倾举国之力买下了这艘舰艇，命名为“吉野”号。

看似强大的北洋水师，就这么在翁同龢的百般刁难下，一步一步走下了亚洲最强海军的神坛。

翁同龢不知中日双方的实力，李鸿章却明白。因此，熟知北洋水师虚实的李鸿章不愿对日开战，他建议先外交调停，一来避免其他国家乘虚而入，二来也可有个宽松的环境为太后准备六十大寿。

哪知这番言论却遭到翁同龢的疯狂反对。翁同龢责问李鸿章为何花了朝廷那么多钱却在关键时刻避而不出，还当着光绪皇帝的面，直斥李鸿章这些年拿的钱都用去组建“李家军”了。

在翁同龢高举爱国大旗的呐喊下，光绪皇帝终于决定对日作战，甲午中日海战就此打响。

战争开始后，翁同龢仍不忘继续为难北洋水师，比如丁汝昌曾在开战前紧急向翁同龢申请添船换炮，可翁同龢一面假意答应，一面故意拖延，直到战争结束依旧没有实施。

最终，甲午海战以清廷战败惨烈收场，北洋水师全军覆没，李鸿章一生心血尽毁。

甲午战败后，李鸿章不得不出面和谈，受尽天下人唾骂，而翁同龢此时却站在道德制高点上，以“清流”领袖的身份高傲地说：“割地赔款有损国家尊严，恐怕会失去天下人心呀，我觉得北洋水师应该为国再战一次。”

李鸿章深知，再次开战无非是多些牺牲罢了，根本改变不了战败的结局，可翁同龢的这番表态却赢得一片掌声，没日没夜苦心和谈的李鸿章反而落得个“卖国贼”的坏名声。

三、割让青岛

国家虽然败了，但翁同龢打压李鸿章的目的却达到了。甲午之战后不久，李鸿章就被免去了直隶总督兼北洋大臣的职务。

不过，翁同龢也因此失去了光绪皇帝的信任，可谓是两败俱伤。

但甲午之战带来的负面影响还在持续，各国列强在清政府战败后展开了瓜分中华的阴谋。1897 年，德国强占下胶州湾，一时天下震惊。

清政府急忙派李鸿章去谈判，这次李鸿章学精了，拉上翁同龢一起去谈判，免得自己再成为一众清流攻击的靶子。

可惜翁同龢虽是清流领袖口才过人，在实务上却有欠缺，一通谈判下来，自诩清流的翁同龢也不得不签下《胶澳租界条约》。

这份条约中同意将青岛“租借”德国 99 年，光绪皇帝听说此事后，更是深怨翁同龢误国。

四、狂妄无礼

光绪的不满，翁同龢并非全然不知，可翁同龢仗着自己是帝师，依然以长辈自居，压根没把光绪的情绪放在眼里。

据《荷香馆琐言》记载，光绪曾向军机大臣廖寿恒说，翁同龢和自己在一起时，曾自顾自地大声唱歌，毫无人臣之礼。甚至把光绪、慈禧称为孤儿寡母。

而之后，翁同龢在戊戌变法时对康有为前后不一的评价，更是彻底得罪了光绪皇帝。

当初，正是翁同龢极力向光绪皇帝推荐康有为，说康有为的才华胜他十倍，光绪出于对老师的尊重这才接见了康有为，而后才有了戊戌变法。

哪知等到变法开始后，有次光绪让翁同龢去找康有为拿文件，翁同龢却说“康有为这个人居心叵测，我和他没有来往”。

这样截然相反的评价彻底激怒了光绪，光绪忍不住问：“你既然知道他居心叵测，为什么之前不说？”翁同龢回答：“我也是刚刚才知道的。”

然而，这句苍白的回答并没有挽回翁同龢在光绪心中的形象，很快光绪皇帝便下旨让翁同龢退休回家去了。

五、身后无谥

翁同龢退休后不久，便病逝于家中。考虑到他曾是朝中重臣，庆亲王专门去请示光绪皇帝翁同龢的丧葬典礼规格。

但一问起翁同龢的恤典，光绪皇帝就勃然大怒，他恨恨地列举了翁同龢在甲午海战中的过失以及割让青岛的黑历史，最后没有给翁同龢任何谥号。

翁同龢或许想不到，一辈子以清流自居的自己竟然会这般落魄收场，徒留下“司农常熟世间荒”的传说在历史的风云中飘扬。

被日本侵占的属国，令中国一直受害到今天

一、一个东亚岛国的灭亡

3月25日，只看19世纪，是许多国家的大日子：1821年这一天，希腊独立战争呼啸打响，这个欧洲文明古国从此挣脱奥斯曼帝国的桎梏，朝着民族解放的目标猛冲。1895年的这一天，三千年文明史的非洲古国埃塞俄比亚，向凶悍的意大利侵略者勇敢亮剑。把这个“新兴强国”揍到赔款道歉，活活打成全世界的笑柄。多少民族轰轰烈烈的奋战，就在这时打响！

但是，1879年3月25日，对于拥有四百五十年历史的琉球王国来说，却是一个平静地接受耻辱的时刻。随着日本太政大臣松田道之冷冷踏上琉球国都那霸，五百六十名全副武装的日本军警，如恶狼一般，迅速控制了琉球群岛全境。琉球国王尚泰以及文武百官们，都已全数被日军控制，就像案板上的弱肉，可怜巴巴等着日本强盗的宰割。

拥有四个多世纪辉煌历史文明，且长期作为明清两朝中国附属国的琉球王国，就这样在大清朝的眼皮底下，即将迎来悲情亡国的命运。

但对于此时的大清朝来说，这件事的后果，还真不只是丢点脸面的问题。琉球王国的沦陷，不单意味着3600平方公里土地和28万人口，从此成了日本人的囊中之物。更意味着日本获得了一块堪称“万国津梁”的东亚海洋战略宝地。他们侵略的铁爪，从此更像一把精准的钳子，卡在中国的脖领子上。

真有这么严重？就得说说琉球王国与中国的渊源。

二、中国的铁杆小弟

琉球王国，位于中国台湾和日本群岛之间的1000公里海岸线上，只看地图就知道，这是整个东亚海岸线上，最为黄金的枢纽要道，且更有丰富的渔业和种植资源，单是金枪鱼等水产，几百年来就享誉世界，今天还给日本出口赚大钱。谁拿下它，就等于捡到了宝。

待到大明王朝一统天下，中国国家强大了，尤其是航海业发达了，来自宝地琉球的小伙伴，也终于拜中国做大哥了。先是朱元璋年间，琉球群岛上的三个国家“山南”“山北”“中山”，都接受了明朝的册封。后来中山国统一了三国，被永乐皇帝赐了“琉球”国名，到了宣德年间，琉球国王又被宣德皇帝赐姓为“尚”，从此更是忠心耿耿，做起了中国小弟。

也正是在这做中国小弟的年月里，早已对中华文明仰慕已久的琉球人，更是甩开膀子向中国学习。隔年来进贡的他们，也得到了中国慷慨帮助，不但每次入贡都得到大笔厚赐，甚至在洪武年间，明朝还特意将福建三十六姓船工百姓移居琉球，从此和中国的关系，更是血浓于水，套民间话说，打断骨头连着筋。

如此血浓于水，琉球也获得丰厚回报，发展常年是加速度，其官员清一色使用汉语汉字，城市建筑风格也是满眼中国风。造船技术更享誉东亚。又凭着这块丰厚宝地，经济当然高速发展，常年商旅往来贸易繁荣，也就有了美称“万国津梁”，富庶繁荣天下闻名。

而且值得称赞的是，生活红火的琉球王国，态度上也从不忘本，别管中国怎么改朝换代，始终是忠诚加感激，需要帮忙时更有力出力。比如明朝防御倭寇时，琉球就常积极帮忙，就算打不过倭寇，也总给明朝通风报信，明朝多次痛击倭寇的战役，都有琉球的功劳，堪称中国东南沿海桥头堡。就这样和和美美，与中国大哥保持着和谐往来。

但和谐日子过得久了，也容易招来狼，明末的时候，狼终于来了——日本！

日本这个国家，常年就是属狼的，没实力的时候，谁富裕就冲谁流口水，稍微有点实力，就开始龇牙叫唤，自我感觉实力够了，更是立刻扑上来。明末的时候，即明朝万历三十七年，垂涎琉球已久的日本军阀岛津氏，就悍然发动进攻，还抓走了琉球尚宁王。但当时的日本德川幕府，还是知道自家斤两，后来赶紧命令岛津氏放人。算是小折腾一下。

可待到清朝末年，确切说从日本明治维新起，野心勃勃的日本，魔爪再次扑来了。

三、日本的障眼法

这时的日本，正在进行富国强兵的明治维新运动，维新事业红红火火，军事实力突飞猛进，望着富庶且孱弱的琉球，又是不知不觉咽口水了。关键是琉球的宗主国大清朝，早已不是当年那说打就打的天朝风光，自己都被西方列强宰不停。如此好机会，不宰琉球还等什么？

于是，从清朝同治十一年起，日本人的爪子就疯狂招呼了，直接给琉球国王尚泰下诏书，封尚泰为藩主，简单粗暴先把琉球绑过来，同时冲着琉球的背后大哥清朝嗷嗷叫，借着琉球渔民在台湾遇袭的由头，一边叫着要清朝赔钱，一边大咧咧登陆台湾岛，气焰十分嚣张！

值得表扬的是，清政府这次的反应，还算及时强硬，毕竟虽说被西方列强欺负过，但暂时还没被日本欺负过，主持清政府外交的李鸿章，这次格外精神，一边调集军队在台湾登陆，一边坚决交涉，1874 年签了《中日北京专条》，给日本五十万两白银叫他滚！

在李鸿章看来，这次花点小钱，把日本人灰溜溜打发走，可以说无比合算。但他万万想不到，他在这条约里一个疏忽，给后来的大事挖了坑:《中日北京专条》里承认日本出兵是“保民义举”，这等于承认日本占领琉球。这下一中招，日本快速行动，之后的两年里不停对琉球渗透，手越抓越紧。但是琉球人并不甘心，几乎是日思夜盼，盼着清政府相救！

1877 年 4 月，三名双眼红肿的琉球使者，历经千难万险，终于冲破日本重重障碍，在闽浙总督衙门见到了总督何璟。清朝的官员们，见到了震惊景象，这几个衣衫褴褛的琉球人，就像孩子见了父母一样哇哇大哭，边哭边送上琉球国王的求援信。震惊的清王朝这才知道这个已经持续了六年的阴谋：日本吞并琉球！

大清朝这才醒过神来，除了优待三位琉球使者，更赶紧启动外交程序。处心积虑的日本，这下碰上个强悍对手——清朝驻日大使何如璋。这位晚清外交干将，李鸿章极为赏识的外交人才，这次也名不虚传，到任后明白了来龙去脉，立刻火速出手。谈判桌上十分强硬，还拿出了叫日本气得抓狂的措辞："今若欺凌琉球，擅改旧章，将何以对我国？"

琉球是大清的属国，你欺负一个试试？

而且这位何大使，还真不是光说不练，为了保住琉球，特意给清政府呈送上中下三策：下策是外交谈判，中策就是给琉球表态，谁动琉球就动兵！上策最狠，直接把战舰派琉球去，看日本滚不滚！

何大使这是疯了？身为外交干才，别人不清楚日本实力，何如璋可是门清，这时的日本，别看维新红红火火，军事实力还弱得掉渣，海军不过四千多人，十五艘破船，而且还不停闹内乱，也就欺负欺负琉球朝鲜！敢惹大清？正好揍他个满脸花！

四、一念之差误中华

而且在何如璋看来，这时为琉球教训日本，是非常有必要的。以他给清王朝的原话说：日人既灭琉球，练之为兵，驱之为寇，转恐边患无已时。今天不能阻止日本灭琉球，以后就是大祸患！事后证明，他真说对了！

可如此真知灼见，此时真正主持外交的李鸿章，却根本不这么想。在李鸿章看来，所谓藩属关系，早就是浮云。区区一个琉球小国，就算让日本拿到又如何？他不来朝贡，大清还能省点钱！所以就算放弃琉球，那也是"非惟不暇，亦且无谓"。大清不乐意为琉球搭理日本，没什么大不了的！

李鸿章这个态度，刚刚重见曙光的琉球救国运动，算是彻底没救了，清朝不出兵，只能外交上空喊抗议，救琉球也就成了扯皮。就在这扯皮之中，日本胆子越来越肥，对琉球王国步步紧逼，1879 年 3 月 25 日这天，更是彻底动手，大大咧咧登陆琉球国，把琉球国王尚泰劫持到东京。昔日的中国藩属国琉球，更被改了新名：日本冲绳县！

一个中国四百多年的藩属国，占据战略要地的重要国家，就这样在清王朝的漠视下，落到了日本之手！直到今天！

也就是在琉球亡国的次年，当年历经千辛万苦来到清朝求救的琉球使者林世功，以最决绝的方式，表达了一个亡国孤臣的归宿：他愤然自尽在清王朝总理衙门前，留下一份《以死乞师》的遗书，其字字句句，都是催人泪下。但是多少眼泪，依然没有叫醒清政府！

没叫醒的后果，也就十分严重，甲午战争后，清王朝惨败于日本，琉球更完全成了日本的自留地，在二十世纪惨烈的二战战场上，琉球群岛更成了绞肉机一般的存在，为日本的不义战争付出沉重代价。而直到今天，看地图就明白，已是驻日美军基地的琉球群岛，正好似中国东南沿海一把铁锁。它的存在足以告诉我们，一念战略短视，会付出怎样沉重的代价！

柒

细看中国近代史的伤口

晚清的军队，怎么连白刃战都不会打了？

咱们都知道，晚清败仗打得多。但大多数影视剧拍大清打败仗，一般都是固定套路。

先是清军貌似英勇地冲锋，在一阵猛烈的洋枪洋炮后，硝烟弥漫尸横遍野，最后再给一两个被打得满脸是血的清军士兵特写：饱含倔强或者不甘心的眼神，可惜最终有心杀敌，无力回天。总而言之吧，一个比较主流的观点是 1840 年以后，清军之所以接二连三地惨败，完全是武器装备不行，冷兵器实在和洋枪洋炮没法打。要是真打白刃战清军还是可以的。就像当年梁家辉、刘晓庆主演的《火烧圆明园》，里面大清军队勇敢冲向英法联军，冒着炮火和英法联军肉搏，从镜头里那些细节处理来看，那真是不吃亏。

据说，20 世纪 80 年代，就真有血气方刚的中学生，看完电影后激动地写热血影评，撂下话说：你们英法联军不就仗着船坚炮利吗？有本事咱们白刃战刺刀见红。而影片里还有一幕是僧王跟巴夏礼玩摔跤，把英国人直接摔进水池子了，这一幕更是加深了这个印象。那么问题来了，倘若真给晚清的兵勇们在战场上拼刺刀的机会，他们真的可以吗？哥萨克、廓尔喀兵，都曾给清军白刃战刷数据。理论上说，大清军队的白刃战，是应该不差。

毕竟大清就是靠白刃战起家的嘛，明末时，后金军队就有“满万不可战”的美名，以少胜多血拼明军，那是常见的事儿。比如像明朝名将熊廷弼，就这样描述过八旗兵（清军）的肉搏战能力：奴兵战法，死兵在前，锐兵在后。死兵披重甲，骑双马冲前，虽死而后乃复前，莫敢退亡，则锐兵从后杀之，待其冲动我阵……简直就是既敢打，又会打！等到大清入了关，成功一统天下后，这“白刃战”能力，其实依旧不差。比如著名的中俄雅克萨之战，虽然清军在攻坚时吃了点亏，陷入围城战，但围点打援时遭遇的白刃战却一点也不含糊。

当时，从黑龙江上游来了一队哥萨克，企图冲入城内。由林兴珠率领的清军藤牌兵负责堵截，增援之敌被消灭大半，剩下的俄军望风而逃，而林兴珠的藤牌军竟然不损一人。你看，面对凶悍的哥萨克，清军的白刃战真的是碾压，直接零伤亡把对手打跪，也算是给“战斗民族”好好上了一课。当然，肯定有历史爱好者要质问，林兴珠的藤牌兵，那可是郑成功一手组建的，后来虽降了清军，但不好代表清军的战力吧！所以要补充说明下，郑成功为何要组建这支部队。当年在宁德护国岭一带，郑成功率军和清朝八旗梅勒章京（副将）阿格商打了一场遭遇战，双方刺刀见红决一死战。

最终阿格商阵亡，但当时的清军的白刃战战斗力给郑正功留下了深刻印象，因为在人数明显占优势的情况下，郑军却吃了大亏。因此郑成功回去后，痛定思痛，一怒之下组建了藤牌军。可见，当年郑成功的藤牌兵是以清军为肉搏战的假想敌，两军战力基本在同一水平线上。

而且在康乾盛世时，清军还有擅长肉搏战的索伦兵。每有紧急情况，都会调用索伦兵出场。特别是乾隆皇帝派军远征尼泊尔，甚至不远万里从黑龙江调了一千索伦兵出征。几乎重要战役都是索伦兵打头阵，面对同样擅长肉搏战的廓尔喀兵，揍得他们嗷嗷南逃。一场战役打下来，竟然能斩贼六百，俘敌二百，索伦兵总共才一千人，能刷到这样的数据，足见其战斗力之强。所以理论上说，清军不该怕白刃战，也完全能打好白刃战。

但残酷的事实是，鸦片战争一声炮响，清兵的白刃战，从此就不灵了。宁可要饭跑路也不愿上阵，这还是彪悍的蒙古马队吗？鸦片战争的时候，清军的白刃战水平到底咋样？可以看看早期的大角、沙角炮台争夺战。

1841 年 1 月 7 日，英军进攻大角、沙角炮台，两个炮台地势险要，连英军后来也承认 :“这是一个很坚强也很可怕的阵地，若是由欧洲军队把守，攻击时要牺牲我们很多性命。”然而英军在沙角登陆后，却未遇到一点阻力。英军冲向清军军营，守卫营门的士兵首先逃跑，有一百多清军见逃跑无望，立刻跪地投降。而战死的清兵不是在搏斗中牺牲的，而是在逃跑时被射杀的。在大角炮台，英军的炮火将炮台的外墙打穿了一个洞，结果清兵“几百几百地从我们的炮弹打穿的洞中逃走”，这是不是就是传说中的“抱头鼠窜”！

最让人无语的是，后来英国军官宾汉评价此战时称："中国军队在这里比后来再这条江中的任何战役都要坚持得好些。"这样的抵抗，还算好的，那以后的战斗是不是连人影都看不到了？之前关于鸦片战争，我们印象最深刻的就是老将关天培，在虎门大战中最终为国捐躯。

但倘若看看老将军手底下那群兵油子，真让人为杀身成仁的老将军哀叹人间不值得。在1841年的2月，关将军点兵入守镇远炮台，结果兵丁哗变不肯去，嚷嚷洋人船多，根本守不住，要撂挑子走人。老将军好言相劝，他们便开始叫嚷要安家费，称这样才有必死的决心。老将军没办法，把自己的衣服都典卖了凑齐了钱，每个兵丁发两块银圆，这些人才勉强进了炮台。随后关天培让人锁牢大门，不准放出一个人，结果到了夜里，就有相当一部分翻墙逃跑了。如此贪财怕死，怎么可能指望他们在战场去拼命。

退一万步说，要说打不过英军，似乎也情有可原，毕竟当时英军拥有世界最先进的装备和理念。但真正印证清军战斗力的，其实是对阵太平军。金田起义初期的太平军，那是实实在在的农民军。装备和战斗力都是业余水平，可看金田起义后不久的独鳌山之战，简直让人笑掉大牙。清军四千人进逼独鳌山，形成合围之势。石达开率两千多人乘夜佯攻后退，引诱清军主力远离营盘。然后派七位勇士冲击，没想到竟让"整个威宁营之兵全行弃营，哄然从山顶溃下"，清军主帅副都统乌兰泰感叹："一千官兵不敌七贼，实出情理之外。"

七个太平军战士一冲锋，上千清军就稀里哗啦全都跑光了，这仗真是没法打。而待到太平军渡过长江，开始那场悲壮的北伐时，所遇到的八旗军和蒙古马队，真是把祖宗的脸全都丢光了。按说太平军武器也不咋的，弓马骑射更不是特长。毕竟都是些步战为主的"老广西"，骑射都是后天练的，清军坐拥中原各方面的资源，再调上精锐骑兵一围，还不手到擒来？

果然，精锐骑兵都调上了，这一次围攻太平军北伐部队，以八旗马队为核心部队，清廷可以说动了老本了。此时八旗马队包括吉林马队、黑龙江马队和蒙古马队。吉林和黑龙江马队加起来有六千人，曾是江北大营的主力，而在和太平军的肉搏中，一触即溃，甚至有"不及逃跑，下马跪受贼刃者"。蒙古马队素以彪悍著称，但和太平军北伐部队民马杂凑成的骑兵部队对战时，竟然也是逃跑居多。甚至天津知县谢子澄率军进攻时，蒙古马队在后压阵，没想到谢子澄被太平军士兵用长矛刺死时，数百蒙古马队竟然在后观望不前，太平军一个反冲锋，轰然溃散。

其中有的蒙古逃兵，竟然躲到天津城里，当起了沿街乞丐。读到这些真是唏嘘啊！乾隆年间还骁勇善战的黑龙江马队，如今简直是丢人现眼。曾经强悍的蒙古骑兵，如今宁可要饭跑路，也不愿在阵前殊死一搏。怯战到如此地步，战斗力如此低下，你指望鸦片战争能打出好结果吗？“清军个头很高，但完全不使用白刃战！”第一次鸦片战争里的广州战役，四天时间英军阵亡 9 人，受伤 68 人。相对于战役的规模，这样的伤亡数字完全可以忽略不计。

但可笑的是，这居然是鸦片战争镇江战役前，英军伤亡最大的一次。而镇江之战，清军“破纪录”的成绩是：以几乎全军覆没的代价，击毙了 39 个英军。千万不要觉得这个数字微弱，这可是鸦片战争里虎门、定海、镇海、吴淞等战役英军死亡人数的总和。此时清军“刺刀见红”的水平，也是足可以想象了。那么鸦片战争里的清军，为什么白刃战不灵了呢？

除了我们熟悉的武器代差、腐败等原因外，看看清军当时的训练有多废弛就全知道了。1859 年，庆瑞新任闽浙总督，新官上任三把火，他决定要好好整饬一下部队，特地从省标八营中挑出了一千人，每日两操，亲加督练，为此咸丰皇帝还大为赞赏，认为他一改兵勇懒散之风，颇有成效。但实际效果到底如何呢？福建布政使张集馨受邀观操，看完了之后直摇头：一千人的部队，真正实际操练的不过三四百人，因为其他人都去扛旗、吹号、敲锣打鼓了。操练的人中台枪不过十余杆，鸟枪不足百杆，其他人拿点短棍铁叉，藤牌数面，喧嚷跳跃，不要说有什么实战作用，就是单单从军容操演来看，实在没怎么苦练，简直跟儿戏一样。这还是新官上任后，已经烧了三把火逼出来练过几天的。那些完全废弛的部队，恐怕连最基本的一日一操都做不到，这样的军队，当然是什么仗也打不了。

当然两次鸦片战争后，知耻的清王朝开始了轰轰烈烈的洋务运动，清军也是鸟枪换炮，装备直线升级。那么这样的部队，该知耻而后勇了吧？那就看看甲午战争，我们说甲午战争，常说北洋水师的悲壮，其实比起陆战来，北洋水师打得那叫一个可圈可点，惊天地泣鬼神！而大清的陆军呢？看看日军随军记者的记录，简直臊得真想找个地缝钻进去得了！“清军从不考虑利用地形，和使用跪射和卧射，一律使用战射”，这还好，也就是训练不到位，战术水平低。“他们浪费弹药，对少数侦察兵，也使用 120mm 重炮”，大清国有钱，可劲造就是了。“清军个头很高，但完全不使用白刃战，每到白刃战，他们都把子弹上膛的步枪丢弃一旁一哄而散，一溜烟地逃跑”，还非得加个“个子高”的评价，这才是“高级黑”，讽刺清军中看不中用？如果说甲午战争的丑态，还有日本人故意抹黑的嫌疑，那么到1900年的庚子国难，清军那是保家卫国主场作战，大家看得很清楚。当时的清军，也是配备了先进枪炮，弹药也十分充足。以战斗精神说，庚子国难时的清军，精神还是不错的，最终洋人的总结中也客观评价："华人此次临战极为勇敢，但是发枪时不专注一人，故多虚发之弹。"总而言之开枪打不准，火器时代的白刃战照样不会打？因为此时再拼刺刀，和冷兵器时代已然不同，不光要求你有勇气，还需要你对火器的熟练度。而前文已经说了，清军训练废弛已成为常态。装备换了，兵源换了，“训练不精”的传统，那是真没换。当然，清末官场的腐败确实直接影响军队战斗精神的形成，从乾隆之后，所实行的纳捐制度，不可避免地产生了诸多腐败现象。许多将领在捐出的一官半职后，不是勤加操练部队，而是想方设法克扣军饷中饱私囊。

很长一段时间，清末被派到前线的兵勇，每天每人兵饷仅老米斤余，钱三十文，果腹尚不能够，怎么能指望他们真心为这个王朝拼命？总而言之，晚清军队带给我们的印象，绝不是什么知耻后勇，而是一贯的文恬武嬉。连白刃战都打不好的清王朝，自然陷入落后挨打的境地，直到在辛亥革命的炮声中完全覆灭。

甲午战争中国有没有可能赢？

一、满朝沸腾的“开门红”

甲午战争里，中日双方正式宣战，是在1894年8月1日，但之前的几天里，清军与日军已在朝鲜牙山大打出手。最终由于主帅叶志超遁逃，清军不支退去，结结实实遭了个“开门黑”。谁知这么个糟心消息，送到大清朝堂上，竟变成了激动人心的“开门红”。

原来这打仗不给力的叶志超，写战报却十分给力。送回到国内的战报，竟是“倭兵（日军）三千死一千余”的辉煌大捷。被日军追得气喘的叶志超，边跑边给老上级李鸿章海吹，说自己正带兵向着日军控制下的汉城高歌猛进，离汉城已不到八十里，眼看就要把日本人揍出朝鲜去。如此给力的捷报，自然叫清王朝上下顿时打了鸡血，8月1日就高调发布《宣战诏》，宣称要把日军“迎头痛击，悉数歼除”，俨然一副赶尽杀绝的架势。

但大清满朝文武哪里想到，在他们兴冲冲高呼宣战四天后，初战告捷的日军，就在汉城乐颠颠庆祝，汉城凯旋门的鼓乐齐鸣里，日军把缴获的清军枪炮物资摆了一片，给汉城官民还有各国记者来了场大展览，还竖起写有“清兵战败之证”的大旗。这毫无争议的实锤，火速占据各国报纸头条，给清王朝来了个打脸啪啪。刚开打，大清朝就现了个眼。

这样一支欺瞒成习惯，如此大事都敢海吹的清军，又有多少赢面？

二、逃跑主帅送大礼

甲午战争，首先是在朝鲜开打陆战，但最先撑不下去的，反而是开战一个多月里，摁着清军打的日军。

打到是年 9 月上旬时，虽说清军一路败退，日军正全力总攻平壤。但日军的粮食弹药，却也濒临极限。当时红着眼朝平壤猛冲的各路日军，就连军官们每天也只能喝两碗稀粥，士兵们到了“苦粮乏”的地步，比起节节败退却物资充足的清军，简直是天上地下。以日本学者藤村道声的哀叹说：如果当时清军能在平壤坚守两天，强弩之末的日军，只有溃退一条路。

而在 9 月 15 日拂晓，平壤城防战打响后，虽说清军主帅叶志超㞞包，但战将左宝贵挺身而出，扛起防御重任，以其血战殉国玄武门的壮烈一幕，激得清军拼死力战。近九个小时的血战里，日军虽然攻克玄武门，却还是没啃动平壤内城，粮食弹药接近告罄。平壤地区的大雨，更把露天作战的日军浇得透心凉，眼看就是无功而返的节奏。

但关键时刻，清军主帅叶志超，却被这惨烈战斗吓软了腿，竟不顾众将反对，做出弃守平壤的决定。更可耻的是，他还主动给日军写信告饶，求日军放撤退的清军一马。本来筋疲力尽的日军，这下来了精神，立刻在清军逃跑的各条要道打埋伏。是日晚上八点起，平壤瓢泼的大雨中，毫无防备的撤退清军，就这样遭到日军突然虐杀。各个要道上“清兵人马尸体，累累如山”。这些之前还死战不退的清军将士，就这样被叶志超的瞎指挥坑死。

另外还有日军兵不血刃拿下的平壤城里，五十六万发子弹和六百公斤金银，以及堆积如山的粮食，全给人困马乏的日军大补血。叶志超，就这样以他的贪生怕死，给日军送了大礼。

更荒唐的是，撒腿跑路的叶志超，吹牛风格还是不变，竟又编造了自己血战平壤的光辉事迹。真骗得清王朝下旨表彰他“深入异地，苦战连日”。直到事情穿帮后才被办罪。可这么一个吹牛怕死的坑货，竟能坐在主帅位置，坑死多少忠勇将士。如此清军，怎能不败？

三、吓坏日军的“中弹受损图”

甲午中日黄海大战，北洋水师与日本联合舰队，展开了一场震撼十九世纪末的厮杀。之后被后世中国文人黑惨的，当属北洋水师。但把日本吓得满头冷汗的，更是北洋水师。

黄海大战结束后，标榜“一艘战舰都没沉”的日本舰队，把各艘军舰的受伤情况，绘成醒目的“中弹受损图”，然后看到震撼一幕：日本所有军舰，中弹位置都在“舰尾”“中部烟囱”和“水线以下”三个位置。这是当时铁甲舰上最为致命，战斗里却极为难打的三个位置。可航速吨位火力严重吃亏的北洋水师士兵们，却凭着高素质的射击水平，精准狠打日本舰队要害。他们在这场战斗里的命中率水平，不但远远甩开日本舰队，甚至堪称当时全球顶级。

如果当时北洋水师打出的炮弹，能够多几枚靠谱的开花弹，“一艘没沉”的日本舰队，恐怕将迎来一艘艘沉没的厄运。

可是，即使这样又如何？为何北洋水师会缺乏弹药，正因1891年起，清王朝昏聩的官员们，提出了暂停海军建设的主张，以至于甲午战争爆发前的三年里，这支舰队一直在坐吃山空。这才有了“亚洲第一”的北洋舰队，火炮比日本舰队少七十多门，总吨位比人家轻八千多吨的咄咄怪事。只可惜了，那些在敌强我弱劣势下，浴血死战北洋水师将士们。

四、清朝输得更惨的“另一仗”

比起海陆战场的节节败退来，清王朝输得更体无完肤的，就是“媒体公关”。

当时的清王朝，对“国际舆论”堪称一脸蒙圈，可日本却高度重视，甲午战争开打前，就在英国美国的各大知名报社玩命撒钱，还重金聘请了美国知名记者豪斯等人，给日本这场侵略战争玩命呐喊，竟说这是“文明日本拯救朝鲜，惩罚野蛮中国的正义战争”。以日本外交官青木周藏的说法，当时每一篇鼓吹日本的文章，都可以得到日本政府至少六百英镑的稿费酬劳。放在当时西方，简直是天价稿费，十足的下血本。

凭着这不惜血本的“舆论战”，甲午战争开打后，西方各国主流媒体，几乎清一色地给日本摇旗呐喊。尤其是《泰晤士报》，更是收钱办事，哪怕日本炮击英国船“高升号”的丑剧爆发后，拿足好处的《泰晤士报》，立刻请了两位英国知名专家来，巧舌如簧给日本海军“洗地”，竟说日本炮击英国船，属于正义行为，责任全在“野蛮的中国”。

甚至在旅顺沦陷，凶残的“旅顺大屠杀”发生后，整个旅顺城两万多无辜百姓遇害。如此残忍暴行曝光后，在日本的金钱攻势下，《世界报》等西方知名媒体，也是纷纷替日本“辟谣”。竟把这场凶残暴行,“甩锅”成“清王朝残暴统治引起”，死难的无辜百姓，更被造假成“清军士兵”。

日本侵略者颠倒黑白的伎俩，一百年来总是驾轻就熟。而所谓“自由公正”的西方媒体，就是这么一群玩意。

可是，整个的舆论战里，战场上焦头烂额的清王朝，反应却非常迟钝，从头到尾都没有发出自己的声音。这没有硝烟的战争，都打到如此乱七八糟。整个甲午战争从头到尾，更由此可见，应对是何等的被动昏聩。

即使抛开双方的实力对比说，这也是一场清王朝从战备到战略，处处低能无知的战争。其中的差距，绝非先进武器可弥补——半睡半醒的晚清，遇到这样一只瞪红眼睛的恶狼，结局已注定，教训，至今警醒。

为什么甲午战争之后，掀起了“留学日本热”？

在近代中日关系错综复杂的历史上，爆发于 19 世纪末的“留学日本热”，堪称是对中国近代史影响深远的一幕。

一场甲午战争，战败的大清先挨揍再割地赔款，理论上说，中日两国算是结了血仇。但奇特的是，结下血仇的两国，教育交流随即就火热起来。确切说，是大清的莘莘学子一拨拨削尖了脑袋往日本跑。1896 年，清政府向日本派出了第一批公派留学生，留学日本的热潮这下成了开闸的洪水。从 1896 年至 1911 年，仅清政府向日本公派的留学生就有近万人，自费生更是公派生的两倍以上，甚至还有“步履维艰的缠足女子，老人和小孩……有全家全族同来留学的情景”。

为什么如此狂热？首先就是甲午战争的刺激，一场甲午战争，清王朝三十年“洋务运动”的成果，海战陆战全被打回了原型。后起之秀日本那迅速崛起的景象，自然深深震撼了清王朝的年轻一代。外加挨揍后的大清，练兵自强更成了当务之急，之前学西方学了这么多年，越学越没长进，还总觉得文化国情不同。身边国情相似的日本取得了成功，这也自然叫多少晚清志士深受鼓舞，漂洋过海也要来学一学。

同样重要的原因，还有性价比：比起价格昂贵的“留学欧美”来，“留学日本”的费用只有四分之一到六分之一，而且学时还短，比如在“速成班”里一年到两年就能毕业。外加中日文字文化相近，学习交流的门槛也低了很多。特别是对于晚清官吏们来说，如果能以“官身”去日本走一趟，学成回来后更是仕途大好。种种便利，正如晚清名臣张之洞所说“路近省费，风俗相近，文字易通”。

而在这股持续数年的“留学日本热”里，最为热门的专业，当属军事专业。由于甲午战争里被打得太惨，所以很多为国家命运心急如焚的晚清年轻人，都急切想知道日军为何这么强，赴日时就果断选择了军事专业。甚至还有很多原本选择其他专业的晚清留学生，来到日本后受到震撼，也坚决换专业学军事。以《云南光复诸人事略》的形容说“非武功不足以立国，且足以立身”。仅1908年这一年，在日本学军事的中国留学生，就有上千人之多。且遍布日本海军陆军各个专业院校，日本军校里，几乎到处中国人。

那么问题来了，和清王朝结下血仇的日本，就真的愿意张开怀抱，连最机密的军事院校，都让中国留学生敞开了学？其实，日本对待中国留学生的态度，背后有着精细的算盘。

首先，晚清“留学日本”能形成热潮，还有一个重要原因，就是日本政府当时的推动鼓励：甲午战争之后，日本许多政要就先后访华，竭力鼓动清王朝派学生留学日本，1898年时，日本驻华大使矢野文雄也宣布，日本将负担二百名清朝公派留学生的学费。1902年起，为鼓励中国留学生赴日，日本又推出了“速成班”，也就是只要你肯花钱来，别管公费自费，保证让你“速成”毕业。就连那些半点底子没有的赴日官员们，日本的学校还开设“特设班”，保证叫他们快速“镀金”。

甚至就连最敏感的军事教育，日本也够“放得开”。虽说日本也严格限制中国留学生学习军事，其户山、炮工、陆军大学等专业院校都对中国留学生紧闭大门。但经过清政府的交涉，他们最终还是同意清政府派专业军官进入这些院校学习。至于普通留学生？从1903年起，日本建立了专门接受中国留学生的“振武学校”，学生在这里受过训练后，先分配到日军各个联队做“士官候补生”，期满后进入士官学校学习，随后进入专业军事院校深造。

如此“放开”的培养，目的也很明显。那位宣布对中国留学生免单的日本驻华大使矢野文雄就曾说：“如果将在日本受感化的中国新人才散布于古老帝国，是为日本树立日本势力于东亚大陆的最佳策略。”也就是说，日本的政策就是在培养亲日力量，给未来的对华侵略铺路。以这个意义说，他们有些目的确实达到了。

比如晚清至民国时期的军事发展，就打上了太多“日本烙印”，大批从日本回来的留学生，成了近代中国的军事骨干，晚清民国时代的军队训练装备乃至军官培养，都一度严重依赖日本。比如保定陆军速成学堂等学校，都大量聘用日本教官。一位毕业于云南讲武堂的新中国元帅，也曾回忆起那时中国的教育特点，“学校的制度和作风是仿效日本士官学校”。换句话说，借助留学教育，晚清至 1937 年的几十年里，日本一直对中国军界进行着渗透。

同样让我们看到日本目的的，还有这些留学生里的败类们，仅看这些军事专业的留学生，在民国时代里，就出现了王揖唐、臧式毅、黄自强、张岚峰、王永泉、李慧济等臭名昭著的汉奸们，他们或是在沦陷区出任伪职为虎作伥，或是干脆直接当带路党，还有人投靠汪伪政权“曲线救国”。这里面的每一位，都是日本留学教育的“成果”，至今也被钉在历史的耻辱柱上。

不过，别看日本如愿收获了这么多败类，但以他们“日本树立日本势力于东亚大陆的最佳策略”的目的来说，他们还是打错了算盘。

《剑桥中国晚清史》评价说：“在二十世纪的最初十年中，中国留学生前往日本进行留学的活动可能是世界上最大规模的学生出洋行动。”其带来的影响，当然不是几个败类，而是对近代中国变革的推动。单是在孙中山领导的同盟会成立的两三年内，在日本学习军事的中国留学生，有三分之一都加入其中，李烈钧、许崇智、蔡锷、阎锡山等民国风云人物，都是其中一员。满怀报国心留学，却看透清王朝腐朽的他们，毅然选择了另一条九死一生的路，终于促成了辛亥革命的成功，为中国近代史翻开了新一页。

而且，尽管这些“留学生”们，后来出了不少臭名昭著的叛徒，但是面对 1931 年起那场关乎中华民族生死存亡的战争，大多数人都做出了正确抉择，有人哪怕已垂垂老矣，却是大节不亏，有人虽说屡战屡败，却也屡败屡战。特别是在国民党军队里，“日本海归”也是无比重要的力量。惨烈的抗日战场上，多少“中日老同学”就是这样钢刀对刺刀，展开一场场浴血搏杀……

一个多世纪后的今天，重新回看那场晚清年间起的“留学日本潮”，我们除了有警钟长鸣的感叹，却更有深深的敬意：一百多年前，那些满怀热血漂洋过海的年轻人，也许在“毕业”后走上了不同道路。但他们中的大多数人，都未曾忘记少年时代的理想。他们也许立场观念不同，却以一生见证：七尺之躯，不曾负国。

《辛丑条约》没还完的债后来怎样了？

晚清各类丧权辱国的赔款里，1901 年落墨的“《辛丑条约》赔款”，即后人常叹息的“庚子赔款”，堪称“杀伤力巨大”。三十九年的“赔款期”里，中国要累计赔偿战胜国（“八国联军”加比利时、西班牙、荷兰、瑞典、挪威）连本带利共九亿八千万两白银，加上各省的“地方性”赔款，整个赔款总额高达十亿两白银以上。中国的“常关”“盐税”也被抵押了出去——不但挨宰，“钱袋子”还被人家给捏着了。

而在清王朝的最后十年里，列强对“庚子赔款”的执行，也十分“认真”。比如大清除了要“按合同赔钱”外，从 1905 年起，还要按照国际市场的汇率变化，每年额外支付给列强三百万两银子的“磅亏”，几乎是被人花样宰割。被宰习惯的大清呢？也是红着眼横征暴敛，激得大江南北沸反盈天，终于覆灭在辛亥革命的烈火里。说是被“革命”，也可以说是赔钱“赔死”的。

那么问题来了，“庚子赔款”执行了才十年，大清就“赔死”了，剩下的钱怎么办？说到这事儿，不少“读史到深情”的“票友”们，常大谈特谈列强“退还庚子赔款”的典故，捎带感恩下几个西方国家的“仁慈”“公正”。但这些晚清年间“要钱很积极”的列强们，就能这么痛快吐出到嘴的肉？不妨，先可以瞧瞧一个传说中“退还庚子赔款”很积极的国家——美国！

总额超过十亿的“庚子赔款”里，美国分到了其中的近百分之八。但晚清外交家梁诚，很快发现了条约里的漏洞——美国拿到的赔款，远远高于其声称的“损失”。外加“庚子赔款”执行了没几年，美国就因为“排华”等丑事，激起了中国境内空前的“抵制美货”运动，其最看重的对华贸易出口，也是连年损失惨重。于是在梁诚等人的交涉下，曾经要钱很积极的美国也改了画风，从 1909 年 1 月 1

日前，把从美国拿到的“庚子赔款”里抽出11955286.12美元，分三十年“退款”给中国。

而且千万别以为，这钱是直接退到当时清政府手里，而是由美国监督，命令清政府将这笔钱用于“留学生赴美留学”和建立“留美肄业馆”(未来的清华大学)。这个“退款用途”，确实为近代中国培养了大批优秀人才。但其最初的算盘，却正如当时美国教育家明恩溥所说，“美国将最终赢得一大批既熟悉美国又与美国精神相一致的友伴”。1908年同盟会机关报《民报》更犀利概括其中本质——“鼓铸汉奸之长策”。

值得一提的是，就是在晚清年间，美国启动“退款”，表达“对华友好”的同时，美国又对清政府施加压力，严禁清政府将“退款”用于国防建设。又和日本签订了臭名昭著的《罗脱——高平协定》，承认了日本对中国东北大地的侵略扩张，直接为多年后东三省的苦难埋下了伏笔。这全程操作，哪有半点“友好”？

不过不管怎么说，这一通“退款”，也却是迫使美国退出了部分“到嘴的肉”，梁诚等近代外交家们，也算是拼尽全力打了场外交胜仗。而且美国这“退款”操作，也给好些列强打了个样儿：1923年12月，英国也启动了“退款”，1925年至1933年，法国、比利时、荷兰、意大利等国，也相继了民国政府达成了“退款”协议。扛着“庚子赔款”负担的民国政府，算是可以少赔几个钱。

但事实上，虽说都在“退款”，但这钱，还真少赔不了多少。比如“退款”之前的法国，就常年在趁火打劫。1922年还伙同意大利和比利时，一道闹出了“金法郎案”闹剧，即坚持要当时的民国政府以“金法郎”支付“庚子赔款”，以“找补”回自家的汇率损失——明明是自己吃了亏，却叫中国还帮他们买单。但对这强盗逻辑，民国政府口头上抗议了几声，却还是咬牙认了——只此一样，就多赔了六千万银圆。

另外，就算列强“退款”了，但也都跟着美国有样学样，嘴里说“退款”，自家的算盘却打得精。英法俄意等国同样要求民国政府把钱花在文化教育方面，看上去是好事，但文化教育的内容，都是要培养自家势力，甚至相关器械设备的采购，也都要由列强指定，绕来绕去，还是花在自家身上。

当然，除了这些“多赔”，也确实有“少赔”的：第一次世界大战后，中国也成了“战胜国”，顺水推舟取消了对德国和奥匈帝国（当时已不存在）的“庚子赔款”。俄国“十月革命”后，苏俄与北洋政府经过几次谈判，终于在 1924 年达成协议：苏俄政府放弃“俄国部分之庚子赔款”。这几笔钱，确实是省下来了。

但即使这样，从 1901 年到二战爆发，中国累计赔出去的“庚子赔款”，总数也在六亿六千八百万两白银以上，折合银圆更在十亿元以上。看似“少赔了三四亿两”白银，但那主要是德奥俄列强相继“放弃”“终止”赔款的缘故。赔给英美法等“退款国家”的款项，核算下来还多了九百万两。退款？不过是换个花样继续宰你。

而在这耻辱的“庚子赔款支付”过程里，最让人一声叹息的，却是“对日支付赔款”。

一场庚子国难，日军在京津地区烧杀抢掠，累计劫掠白银三百六十七万两，然后在“庚子赔款”里，他们又连本带利分走了七千九百五十四万两白银，堪称发足了横财。接下来的四十年里，日本人更对“庚子赔款”盯得紧，比如清政府支付给列强的“三百万两镑亏”，日本一国每年就要拿走五十多万两。列强给中国“退款”时，日本也“跟风退款”，却又把退款用于“中日文化交流”，打着“交流”幌子在中国进行特务活动，加速侵华脚步。

对日本的如此操作，当时的民国政府是啥态度？其实，无论是北洋政府还是国民政府，在支付“对日庚子赔款”这事儿上，都是非常“乖”。哪怕九一八事变爆发，十四年抗战大幕拉开，日本侵略者的铁蹄踏遍东北、华北，国民政府依然乖乖支付庚子赔款，叫日本“收着中国的赔款打中国人”。1937 年“七七事变”，全面抗战爆发，“太原会战”“淞沪会战”各个战场打到惨烈，当时的国民政府，依然在“忠实”支付“庚子赔款”。

一直到了 1939 年 1 月，抗日战争逐渐进入到相持阶段，国民政府这才宣布停止对日本支付庚子赔款，“一边收中国钱一边杀中国人”的耻辱闹剧才算停止，“庚子赔款”的国耻，至此也算是画上句号。但句号的背后，却是一个落后挨打的时代里，一个国家弱国无外交的悲情叹息。

在中国人早已站起来的今天，回看 20 世纪初那笔叫“庚子赔款”的钱，多少警钟长鸣，依然振聋发聩。

八国联军攻入紫禁城，为何后宫嫔妃安然无恙？

在1900年，那一场“中国人带着首都被攻占的耻辱进入二十世纪”的“庚子国难”里，留守紫禁城的大清后宫嫔妃的遭遇，却真是场不折不扣的“生命奇迹”。

要知道，随着1900年8月16日，八国联军攻陷北京，整个“庚子国难”也就掀开了最黑暗的一页。昔日威严的紫禁城变成了八国联军的“自留地”，就连那些高高在上的王公大臣们，也都纷纷倒了血霉。

比如曾笃信“美国、英国、葡萄牙、西班牙不存在”，鼓吹“刀枪不入神功无敌”的“主战派大臣”徐桐，北京城破后悲戚戚自尽，其妻妾女儿十几人全被八国联军赶到屋子里凌辱后杀害。怡亲王溥静被八国联军抓去做苦力，受尽鞭打羞辱后自尽。同治皇帝的“老岳父”崇绮全家妻女遭尽羞辱，儿子“自缢以死”。大学士倭仁90岁的老妻，更被八国联军勒令“赤身烧饭”。同样被抓去做苦力的尚书启秀逃跑不成，竟被日军处决……

根据北京市政协文史和学习委员会的不完全统计，八国联军蹂躏北京期间，北京城里遇害的大臣及其家属，数量近一千八百人。其中相当多的，都是先前位高权重的王公大臣们。

更让当时北京老百姓辣眼睛的，还有许多曾以“气节”著称的“良臣”，在这场灾难里的滑稽表现：比如礼部尚书怀塔布，这位慈禧太后家的实在亲戚，曾“怒斥维新派”的“大清直臣”，“庚子国难”里也被八国联军抓了差，被罚和肃亲王善耆等人一起拉车挑粪。别人干这活干得悲戚戚，他却边干活边卖乖，拉车的时候被洋兵拿着鞭子狠抽，却依然满脸堆笑，连呼“老爷别打”。类似场景，把大清“重臣”们的面目露了个干干净净。

而比起这些“朝廷精英”们来，“庚子国难”里看上去更没抵抗力的一群人，当属滞留在紫禁城的后宫嫔妃们。由于北京城破前，慈禧太后跑路跑得十分不厚道，只带着千把号人撒腿开溜，把后宫的嫔妃们全扔下了。当时留在后宫里的嫔妃，多是咸丰帝和同治帝生前的嫔妃，等于是一群手无缚鸡之力的寡妇，虽然有咸丰帝的贵妃瑜妃“做主宫中诸事”，但到底还是案板上的弱肉，只能任由八国联军蹂躏。

但奇特的一幕，偏偏发生了，以陆士谔《清朝秘史》里记载，在紫禁城里耀武扬威的八国联军，不但没动这些女人们一根手指头，更好像突然“转了性”。八国联军总司令瓦德西特意恭恭敬敬面见瑜妃，然后下令严格保护她们的安全。日常的吃穿饮食，也是全力供应。人间地狱般的“庚子国难”里，这些长期受尽后宫冷落的女人，反而成了最安全的一群人。

如此“温馨”一幕，也从此被诸多海外学者大书特书，用以称赞八国联军的“人道”“文明”“博爱”。可早在这场战争开打前，美国政府给其他“列强”的照会，就点明了这其中的如意算盘：“保持中国领土与行政的原貌，保障各友邦受条约和国际法保障的一切权利。”这意思也很明白：既要把清政府打一顿，又不能打死了，否则找谁要钱去？

本着这样的目的，这些被慈禧“扔”在后宫里的女人，别管多么国色天香，八国联军也是万万碰不得。这些女人平日受冷落，这时却是大清最后的脸面，一旦出了差池，清王朝就连最后的脸都丢没了，跟列强之间也就成了不死不休的死仇。八国联军别看眼前占了便宜，可这一仗若成了“死仇”，那就陷入中国的泥潭里去了。

于是，虽然也是八国联军案板上的肉，但这些女人，更是八国联军讹诈清政府的重要筹码，不但不能动，还得好好优待，顺便可以体现一把西方列强的“文明”。

不过，在其他的事情上，八国联军的表现，可就毫无“文明”可言了。从紫禁城到北京普通民居，统统被八国联军抢了个遍，虽然八国联军的军队互相“约定”，不能“擅自进入皇宫”。但面对紫禁城堆积如山的财宝，“约定”也就成了空文。

比如慈禧太后寝宫里的珍宝，甚至上厕所的“精美银壶”，都被“联军”分了个精光。武英殿皇家秘书处的典籍被焚烧一空，南海、北海和中海被抢得“只剩下一座座空荡荡的宫殿”。颐和园的珍贵器物也被抢光，户部几百万存银，被抢得“只剩一块银砖”。各处官府仓库被抢掠的白银，总数在六千万两以上……

普通的北京老百姓，更是惨遭劫掠。北京的居民家里无论穷富，几乎天天都有“洋兵”来翻箱倒柜，值钱的东西抢掠一空。甚至“翻箱倒柜，无处不搜”，奸淫掳掠的事情，成了每天时时刻刻都会发生的惨剧。抢得盆满钵满的外国士兵们，还在北京城里摆开集市，把抢来的东西公开售卖。连八国联军自己的资料都在哀叹：“北京已成为强盗的世界。”

更堪称血腥一笔的，是八国联军在北京城里疯狂的杀戮。如前面所说，官员遇害都有上千人，普通百姓的遭遇更可以想：各国士兵最常做的，就是把无辜百姓驱赶到死胡同里，然后架起机枪扫射，很多英国士兵“最喜欢观看屠杀中国人的场面”。日本军队还在北京城公开设立刑场，屠杀普通民众，甚至还在行刑时做“射击实验”，看看自己的枪弹“能穿透几个中国人”。各国士兵还展开杀人竞赛，“以杀人的数目来炫耀于人”。以《时事志略》的粗略估算：仅北京城一地，死于这场国难的同胞就在十万人以上。

值得一提的，还有这场“国难”里，个别“同胞”的表现：当八国联军的士兵们到处抢掠时，北京当地的“教民”们也见缝插针，给“洋兵”们当起了带路党。法国传教士樊国良就组成了“抢劫团队”，带着当地“教民”们挨家挨户打劫，然后一起敲金分肥。单他这一个“团队”抢走的财物，就有一百万两白银以上。更有许多地痞流氓卖身投靠，打着“洋大人”的旗子到处奸淫掳掠，成了让北京老百姓咬牙切齿的“二毛子”。

可笑的是，后来很多“海外学者”还拿这些“中国同胞”说事，把这些丑陋场景，说成“中国老百姓欢迎八国联军”。对照一百多年前的灾难，这类论调，不是无知，就是无德。

单看这些事情，西方列强的“文明”“人道”，到底在哪？看过这一幕就可知，接下来某位老太后那句“量中华之物力，结与国之欢心”是以怎样的厚脸皮说出来的！

再对比下庚子国难里，北京官民的悲惨命运，又瞧瞧同时远在西安的“老太后”，天天养尊处优，所过之处动辄搜刮数十万两白银的“好日子”，甚至回京时满载三千辆车子财物，吹吹打打的丑态。就知这深得列强“欢心”的大清，已是长不了。“落后就要挨打”的真谛，哪怕再过一百年，依然警钟长鸣。

如果北洋水师让左宗棠管理，甲午战争能打赢吗？

说起那场北洋水师全军覆没，清政府再次战败认㞞的甲午战争，掌舵北洋水师且主持整个战事的“中堂大人”李鸿章，至今还扛着不少口诛笔伐。而另一位“错过”甲午战争的“晚清鹰派”左宗棠，却是惹来不少怀念与期待。

作为一位亲手创办福建船政局等“洋务运动品牌”，且以抬棺出征的方式怒怼沙俄，漂亮收复西北百万平方公里国土的老英雄。左宗棠堪称是晚清“挨打成习惯”的憋屈史上，一位少有的给力人物。因此面对甲午战争的惨败，以及《马关条约》狠狠的一刀。好些人也生出热烈憧憬：假如左宗棠老爷子的身子骨再硬朗一些，能撑到甲午战争时，且可以掌舵“亚洲第一”的北洋水师且主持战事，那么这场“中日大战”，结局会不会改写？

但很残酷的事实是，哪怕这一切假设都成真，1894 年出现在甲午战争战场的不是“李中堂”，却是“老鹰派”左宗棠。甲午战争的结果，乃至《马关条约》的内容，也不会有多少太大的改变。当然，这绝不是因为左宗棠能力不够。

首先一个原因是，无论是李鸿章还是左宗棠，放在甲午战争前夜，都无法解决当时北洋水师的困难。

左宗棠之所以会被好些人“寄予厚望”，很重要的原因，就是他与李鸿章在海防建设上的分歧。比起李鸿章铁了心“买船”的执念来，左宗棠一直坚持“船炮以自制为便”，竭力发展中国自己的造船军火工业，还促成了中国第一艘近代国产战舰“平远号”的诞生。这种高度重视民族工业的理念，也被后世大书特书。但放在甲午战场上，这一点“先进理念”，是打不赢战争的。

因为，在当时晚清政府眼里，海军不过是“看家护院”的工具，所谓“海权意识”“海防安全”，满朝文武都没几个懂。能有几艘先进战舰装点一下门面，守住“我大清”的海上门户，那就心满意足了。更何况大清花钱的地方多，花在海军身上，貌似就是往海里扔。所以1891年时，大清朝就颁布了《外购军火禁令》，别管“买船”还是“造船”，清王朝从此统统不买单，顶着“亚洲第一”名号的北洋水师，这才落到“多年未添一船一炮”的窘境。

如此境遇，就算执掌北洋水师的是左宗棠，也绝不会比李鸿章好多少。

而且，在大清朝的权贵们看来，北洋水师何止能看家护院？更是油水满满的肥肉。只要手“摸”得着的，都要想方设法搂一把。比如北洋水师烧的燃煤，就被开平矿务局总办张翼擅自换成了劣质煤。那被克扣的优质煤？自然被张翼倒卖了中饱私囊，诸多王公大臣都从中敲金分肥。烧着“烂煤”的北洋水师，就好像吃着劣质食物的士兵一样，战斗力可想而知。

而这类“被宰割”的破事，放在甲午战前的北洋水师身上，几乎成了常事。那么如果换成左宗棠掌舵北洋水师，情况会好吗？《清朝野史大观》等史料记载，当年立下收复西北大功的左宗棠，自己入宫朝见时，都被清宫里的小太监勒索，硬是敲去了三千两银子。同在这个染缸一般的晚清王朝里，他，又能有多少办法？

甚至，虽说甲午战败后，北洋水师被泼了诸如“腐败”“战斗力低下”等各种脏水。但英国《布雷赛海军年鉴》却告诉我们：“黄海大战”等甲午战争重要海战上，北洋水师的命中率超过百分之二，是日本舰队的两倍多。日本在甲午战后绘制的《战舰受损图》，更给北洋水师正了名：日本在黄海大战里的12艘战舰，中弹主要在“舰尾”“锅炉”“水线下”等要害位置，公认近代世界海战战场上的“教科书级的射击”。

如此强大的命中率，也足以证明一个事实：尽管面临千难万难，但在训练水平战斗素质等层面，李鸿章掌舵的北洋水师，已经做到了最好。换成左宗棠？最好也只能做成这样。至于战况战果？亦不会有太大改变。

而第二个原因是：就算左宗棠掌舵下的北洋水师，能够创造奇迹打赢日本舰队，也无法改变甲午战争的战果。因为真正决定甲午战争局势走向的，不是海战，却是陆战！

在甲午陆战战场上，以李鸿章淮军嫡系为主的清军，几乎是一溃千里。那如果换成左宗棠“掌舵”呢？事实上，晚清王朝之前装备最好，战斗意志最坚决的陆军，就是当年左宗棠麾下那支横扫西北，怼得沙俄“改合同”的“西征军”。

但甲午战前，西征军的精锐都驻扎在西北要地，轻易动不得。内地的湘军呢？早已经过了几次裁撤，以至于士兵们“未经战阵，枪不知用”，装备也是“屡修屡坏”。上前线？显然不靠谱。

相比之下，甲午战前清王朝能用得上的，最靠谱的陆军，依然还是李鸿章的嫡系淮军，就算是左宗棠掌舵，也得先倚重这支军队。而且和许多“历史票友”想象不同的是，比起“多年未添一炮一船”的北洋水师来，当时以淮军为代表的清军陆军精锐，可谓武装到牙齿——清王朝当时国产的后膛火炮，以及单兵步枪和仿制马克沁步枪，样样领先日本。特别是作为“大杀器”的后膛炮，工艺更甩开日本9年以上。

理论上说，甲午战争对于清军陆军来说，该是个“简单事”：碰上日军就摆开枪炮猛轰就行。可为何又被打得丢盔卸甲，分分钟就丢掉朝鲜半岛呢？

当时日军的战地记录，就还原了清军的“优异表现”：清军在作战时最常干的事儿，就是“俄乱发巨炮”，哪怕只看到点敌人影子，就一顿乱开炮壮胆。步兵开火时也是“浪费弹药”。看上去动静震天，其实打不着几个日军。等着吓一跳的日军凑近了，把刺刀往眼前一亮，清军就立刻“把子弹上了膛的步枪丢下一哄而散”，连“拼一把”的胆子都没有。

所以也就不难理解，为什么除了马玉昆、左宝贵等少数英雄部队外，大部分清军都是这么一触即溃。因为这支清军，就是一支空握先进武器，却毫无战斗意志的部队。战斗素质？对于他们来说，这是个奢侈事。

甚至，如此“打不准”的景象，不止在甲午战场，到了六年后的“庚子国难”上更生动：同样手握先进枪炮的清王朝“武卫军”等部队，战斗意志倒是强了些，还被八国联军评价说“华人此次作战极为勇敢”。但打起来依然是“发枪时不专注一人，多为虚发之弹”，就连开炮也“故虽众而轰死人少”。自然也就全线崩溃，把京津要地丢了个精光。

这样连“瞄准”“拼刺刀”都外行的兵，就算换成左宗棠，就算左老英雄依然热血满腔，战果，依然也是可想而知。

总起来说，甲午战争的悲剧，何止是一个李鸿章，乃至一支北洋水师的悲剧？又何止是换掉一个人，就能改变得了的？

毕竟，当左宗棠上演“抬棺出征”壮举时，此时的清王朝，依然是“同光中兴”的年代，至少是“不太烂”的时候。待到甲午战争时，这大清朝却已烂透，就算有十个左宗棠，也别想力挽狂澜了。比“左宗棠李鸿章谁行谁上”更有意义的，是那段耻辱历史背后，多少让人叹息，却历历在目的生动教训。

如果慈禧死磕八国联军，结果会怎样？

在晚清落后挨打的71年里，1900年的“庚子国难”，公认是被“揍得极惨”的一次。以一位伟人的话说：“中国是带着首都被敌人攻占的耻辱进入到20世纪的。”而晚清“实际统治者”慈禧太后扔下北京城撒腿跑路的一幕，更是这场耻辱国难里无比“扎眼”的景象。不过这事儿，真要先给慈禧说句“公道话”：她确实是“坚持”到北京沦陷前夜，才撒丫子逃跑的。

当时八国联军进攻北京的时间，是1900年8月14日。而在两天前的8月12日，清军的将领们还在奏折里玩命海吹，大书特书自己“大破八国联军”的“光辉战功”，真哄得慈禧心花怒放，还下旨嘉奖了好几位“功臣”，没想到才两天不到，就被八国联军活活打到了眼前。

也正是因为“打脸”太突然，所以当时慈禧的跑路，也跑得十分匆忙：就是一群小太监，护送着包括慈禧在内的千把号人，急火火离开了北京。甚至一向养尊处优的慈禧，这次连生活日用品都没带。跑路的最初几天，连换洗的衣服都没有，饿了只能吃点小米粥，可以说受够了“洋罪”。

如此“洋罪”，自然也叫多少后人叹息：都到这地步了，慈禧干吗一定要跑呢？就不能横下一条心，在北京城和八国联军拼一场？其实，这事儿不是不拼，而是真拼不过。

就以北京沦陷前后的景象来说，当时保卫北京的清军，阵容也是十分“庞大”：当八国联军攻打北京时，北京城里包括“武卫军”“甘军”“虎神营”等各支武装力量，加起来有十万人之多。而八国联军的总兵力，当时不过一万五千来人，而且还各有各的算盘。可就这么点儿兵力的八国联军，北京城外一顿猛攻，“十万清军”就乱了套，不但京城土崩瓦解，这些本该“保卫大清”的军队，还“溃兵如潮，沿路抢劫，都城大乱”，活活现眼。

仗打到如此地步，难道是大清的装备太弱？还真不是。比如当时参加战斗的武卫军，就配备有当时世界最先进的“克虏伯 75 厘米野炮”以及“毛瑟连发步兵枪”“毛瑟骑兵枪”。尤其和甲午战争时代不同的是，清王朝当时已经高度重视“装备统一”问题，这些精锐部队的装备，都是统一采购，再不是甲午战争时“乱七八糟”的模样，弹药也十分充足，单是在天津，就储备了近四百万发子弹和近十万发炮弹。此外，为了打好这一仗，清王朝还不惜血本，向南北各省大量摊派，储备了大量粮草，建立起了四通八达的运输网。可以说，“庚子国难”前的清军，是要钱有钱要装备有装备，打这一仗的态度，那是相当认真。可如此“认真”的准备，却打成了一片狼藉。

就以清王朝储备无比充足的弹药来说，天津沦陷后，储备在天津各个军火库的弹药，都成了八国联军的战利品。仅天津东沽、西沽等地，八国联军就缴获了几百门克虏伯火炮与三万多支枪械。足够八国联军每人装备两件。至于各个府库的弹药，也全被人家搬运一空。就连清王朝之前苦心建立的运输线，特别是河北地区的水运河道，最后也全都“方便”了八国联军。可以说，清军这么多无比认真的“战备”，最后全都给八国联军“神助攻”。

那难道说清军作战不认真？恰恰相反，在八国联军侵华的全过程里，八国联军的随军记者甚至士兵，也多次记录下清军的战斗精神。比如在保卫天津的战斗里，清军就在大沽炮台、紫竹林等地浴血阻击八国联军，甚至让对手发出了“有些地方竟被打得千疮百孔”的惊叹。

那既然“作战认真”“装备先进”“准备充分”，为什么这场大战，最后却打成了如此耻辱模样？首先值得一说的，就是“装备先进”的清军，那战场外的表现：在北京城里的大肆抢掠，对于他们来说只是“小儿科”。八国联军还没攻破北京城时，“甘军”“武卫军”等“大清精锐”不但已疯狂抢劫，还把抢来的珠宝在北京城里公然售卖。甚至许多军队带的鸦片烟土，都是“堆积如盐包”，这样的“精锐”，又能打得了什么仗？

而且，就算是这些军队真想“拼一把”，能力却也有限。八国联军常吐槽的一件事，就是清军低下的战斗素质：开枪时“故多发虚弹”，开炮时“中而轰死人少”。至于白刃战能力？那更是几乎没有，面对刺刀常见的就是撒腿就跑。这种既无准头又无搏命精神的军队，又怎能守得住北京？

也正因如此，跑路的慈禧，也招来不少同情声：摊上这样的军队，不跑路难道还要等死？可这事儿，却还要看另一个事实：槽点满满的大清军队，真的是一点仗也不能打吗？其实，在整个“庚子国难”里，我们可以看到的，还有另一个怪现象：虽然在慈禧的指挥下，十万大清军队把北平、天津丢了个精光，但待到慈禧匆匆跑路前后，如断线风筝般的清军，反而打出了不少漂亮仗：比如塘沽之战，清军李安堂部就拼死抵抗，重创了傲慢的俄军，还击伤俄军主帅尼尔皮茨。后来还是在李鸿章的“劝说”下，李安堂才含恨撤退，撤退前他还引入海水，冲毁了八国联军的物资，给八国联军留了个教训。1900 年 10 月 29 日，清军还在紫荆广昌一线，浴血阻击了八国联军。

虽然经过激烈的战斗，清军不得不撤退到平型关一线，却也给了八国联军不小的伤亡，让法军、德军先后撤退。娘子关的战斗，也让法德军队吃了不少亏。这些战斗，虽然也多以清军战败告终，但比起之前慈禧指挥下的天津、北京战役，打得真是可圈可点。以这个意义说，清军毛病虽多，但并非完全不能打。之所以暴露出那么多毛病，说到底并非中国近代的兵不行，却是慈禧不行，“大清”不行。

但不管怎样说，单从军事角度看，“庚子国难”依然是场不折不扣的耻辱。看过这样的溃败，再对比半世纪后，朝鲜战场上那支肩负“保家卫国”使命，在冰天雪地里硬杠“联合国军”的中国军队，那支让某位“二战名帅”发出“谁想跟中国陆军打仗，一定有病”惊呼的中国军队。相信就一定能理解 1949 年天安门城楼上，那一声穿越时空的呐喊。

中国人民，从此站起来了！

袁世凯如果抵抗八国联军，有多大胜算？

在那场八国联军肆虐京畿要地，晚清王朝一败涂地的“庚子国难”里，手握“小站新军”精锐的袁世凯，当时正是山东巡抚，不偏不倚“躲”过了这场国耻之战。

在接下来的历史上，袁世凯麾下这支由“小站新军”发展出来的北洋军，成了近代中国政坛上重要的军政力量。其精英荟萃的人员以及强大的装备水准，更让多少历史票友津津乐道，也因此生出一个“幸福的猜想”：倘若当年八国联军侵华，与之作战的是袁世凯的“小站新军”，大清还会被人摁在地上摩擦吗？起码能不能打几个胜仗呢？

很负责任地说，倘若“庚子国难”里，袁世凯真扛起了这个保家卫国的重任，这场战争的结局，依然会要多耻辱有多耻辱。甚至“小站新军”，这笔支撑袁世凯接下来纵横捭阖的政治本钱，很可能会赔得一干二净。唯独会改变的，就是袁世凯的“政治生命”。

为什么会这么说，首先就看一个基本问题：军事装备问题。

袁世凯的“小站新军”，以及接下来“孵化”出的北洋军，常被各类历史剧大书特书的，就是其武装到牙齿的装备水平。八国联军在京津横冲直撞时，当时9300人规模的“小站新军”，不但享受“士兵每月四两五钱”的高工资，枪炮水准也登峰造极：步骑兵一律使用奥匈帝国的曼利夏枪械，炮兵全数配备德国克虏伯火炮，且和昔日装备杂七杂八的淮军不同，“小站新军”不惜血本，装备弹药一律标准化供应，俨然一支用钱砸出来劲旅，装备直追欧洲精锐等级。但如此叫好些后人咋舌的装备水平，比比庚子国难战场上的参战清军，其实不算啥。抗击八国联军的战斗里，清王朝不但动用了绝对优势的兵员，更展现出了焕然一新的装备水平。所谓“装备标准化”，不只是“小站新军”一家的事儿，参战的“武卫左军”“武卫前军”“武卫中军”等大清精锐，也都是清一色标准的德奥枪炮。“小站新军”有的硬家伙他们有，“小站新军”没有的克虏伯重炮与新式机关炮，他们也同样有，火力水平占绝对优势。

为了保证给八国联军一个生动难忘的教训，清王朝还一改从前“缺弹药”的画风，各地机器局开足马力，为清军准备好了充足弹药。单是天津机器局，每年就能生产七百万发子弹和八万发炮弹。战事开打前，天津各大仓库，都是弹药堆积如山，哪怕清军火力全开，不间断猛轰，也管保弹药敞开供应。可以说，无论是装备水平还是弹药储备，“小站新军”比起这几支前线清军，非但不是优势，相反劣势不少。可就是那几支“绝对优势”的清军，自从八国联军大沽口登陆起，就是一路大败亏输，从天津一直败到北京，手里的“标准化先进装备”？那更是跑一路扔一路，全被八国联军捡了现成。仅在天津一地，八国联军就“白捡”了清军三万支枪械与数百门火炮。换成“小站新军”，这仗就能打得更好？当然，好些后人看好“小站新军”，也不止因为装备，更因为“小站新军”（北洋军）那强得多的战斗素质。那到底有没有胜算？这更要看第二个问题：战斗力问题。

庚子国难里，多支“清军精锐”为何败到惨不忍睹，直接原因就是战斗力素质太差，别看手里拿的都是世界顶级装备，可当时的清军，开枪放炮都打不准，战场上乱开一气，乍一看炮火轰鸣很好看，其实却打不死几个敌人。反而是人家挺起刺刀一顿冲锋，“清军精锐”就立刻鸟兽散，常见“洋兵自后追击之，横尸枕藉，洋兵未伤一人”。摊上这样的兵，手里有多硬的家伙，照样都是给人送菜。同样是“用钱砸出来”的部队，比起其官鱼龙混杂的“大清精锐”来，“小站新军”的人员素质，确实要好得多：袁世凯的选兵标准极其严格，以其《募兵告示》的标准，每个士兵都是“力限平托一百斤”的“憨厚肌肉男”。军官们更是海归扎堆，段祺瑞等高层骨干，都是有留学经历的高才生，基层的将官们，也都接受过严格的军事教育。纪律操练更十分严格，晚清大臣徐致靖曾形容说“行若奔涛，立如植木”，面貌焕然一新。而在实战里，袁世凯麾下这支面貌一新的部队，漂亮仗也不少打。特别是辛亥革命炮声震撼天下时，火速赶到武汉三镇的北洋军，迅速开启了对革命军的吊打模式：两天就拿下汉口，九天就拿下汉阳。一度高涨的革命形势，几天就岌岌可危。也正是这碾压般的硬实力，才令袁世凯斜刺里杀出，顺风顺水坐上大总统宝座。但这“硬实力”，到底有多硬？接下来的另一场战斗，就检验出了其真实成色：白朗起义。

1911 年春，河南农民白朗愤然起义，折腾到袁世凯就任“大总统”后，这支农民军已发展到数万规模，号称战斗力强大的北洋军，却是屡战屡败。恼怒的袁世凯决定狮虎搏兔，由北洋军头号战将段祺瑞领衔，率领北洋军精锐大举南下，还邀请西方各国代表观战，誓要一举扫平白朗。没想到乒乒乓乓打一场，“民国精英”段祺瑞一败涂地，北洋军也被打得抱头鼠窜——本想露个脸，反而现了眼。而在白朗农民军横扫豫川陕数省的三年里，北洋军也是丑态百出：不但士兵战斗力低下，一碰硬仗就闪得快，而且战场上打不赢，吹牛倒“进步”快，一边挨打一边“报捷”，白朗在北洋军的电报里，被写“死”了几十次，每次都打脸。就连主帅段祺瑞，也是敞开了吹，硬说几万人的白朗军有一百多万。晚清军队常见的毛病，北洋军一样都没少。所谓“战斗素质强大”？也只是几个“菜鸡”互相比。

这样的“小站精锐”，如果投放到庚子国难战场上，结局将会怎样？相信也可以想。毕竟，别看军队名目不同，可到底都是晚清酱缸出来的，谁能比谁差多少？晚清民国之交，旧中国的积贫积弱，仅看看几支军队的可笑表现，就知可笑背后，曾是怎样的绝望与耻辱。在那个耻辱年代里站出来，扛起中国自强重任的英雄们，又是以怎样不放弃的精神，艰难前行。

鲁迅嘲笑的“小丑”，却保住百万公里国土

鲁迅先生有一篇杂文中提到，晚清的一位江苏巡抚，为显示“革命必有破坏”，让人拿着竹竿，捅掉了巡抚衙门屋顶上的三片瓦片，这位清朝的贰臣由此就华丽丽地转身成为民国的开国元勋。鲁迅先生戏谑的笔触让这位巡抚披上了一丝“小丑”的色彩，在鲁迅看来，他的革命只用竹竿“温柔”地“挑了几片瓦”，不够轰轰烈烈惊天动地。

现在看来，鲁迅先生的观点有一定的时代局限性，在巡抚衙门挑去几片瓦以示革命，保护了文物不说，还使多少百姓免于涂炭？如若扒扒这位江苏巡抚的历史，就会发现称其为英雄一点也不为过，这位江苏巡抚名叫程德全。

1860 年，正是大清朝内忧外患，咸丰皇帝焦头烂额疲于应付之际，程德全出生在四川云阳（今重庆云阳），父亲是个穷秀才。18 岁那年，程德全完婚后，外出教书赚点生活费。几年后，母亲去世，弟妹也稍长，为了摆脱穷困的生活，程德全把家托付给妻子，一个人外出寻找机会。他一路北上，来到北京寄住在四川会馆，入国子监学习，打算走科举之路，先考个举人，再取个进士……

理想很美好，却没想到，连续两次乡试，程德全都名落孙山，本来就穷困潦倒又老是落第，免不了受人嘲讽。不过，如此困窘的程德全，一直抱着读书不宜死读，应经世致用的想法，敏感地注意到了当时东北的紧张态势。备考之余，他格外关注、研究起东北问题。

一个偶然的机会，程德全结识了一位旗人，两人相谈甚欢。这位旗人惊奇地发现，眼前的这个落榜生，没有出过关却对东北问题了如指掌，而且有独到的看法，不禁暗自欣赏，随后将程德全推荐给黑龙江副都统做幕僚。原来，这位旗人不是别人，正是寿山将军。

程德全总算找到了工作。在东北做幕僚表现出色，生活也稍有改观。1899 年，寿山担任黑龙江副都统，特意请程德全来当幕僚。1900 年，寿山升任黑龙江将军，程德全也被委以重任，任黑龙江银圆局总董兼将军文案。刚正经八百地当上官，过上几天安稳日子，程德全就被时代的浪潮裹挟着，站到了风口浪尖。

1900 年对于中国来说，无疑是多事之秋。山东爆发了义和团运动，外面列强又以义和团为口实，组织八国联军侵入中国。一直在北边对中国虎视眈眈的俄国，这下子像打了鸡血般躁动起来，一边积极参加联军行动，一边磨刀霍霍向东北大举进兵，对居住在海兰泡与江东六十四屯的中国居民进行了血腥的大屠杀。俄军所到之处，烧杀淫掠无恶不作。

面对残暴的俄军，寿山率军顽强抵抗，无奈敌强我弱，节节败退之后，退守在齐齐哈尔城内。身在前线的程德全看到将士死伤严重，已经无法组织起有效的抵抗，为避免更多的伤亡，向寿山建议请和。恰巧此时，卷着铺盖逃了一圈的慈禧重回北京，决定向八国联军议和，诏令寿山与沙俄议和。于是，议和一事，落在了程德全的肩上。

这一天，程德全只身前往俄营，提出让俄军承诺不攻城、不杀无辜、不掠财物，以保一方百姓，狡诈的沙俄无论如何都不同意，议和陷入僵局。当程德全第三次进入俄营时，拔刀架在自己脖子上，以死相逼，要俄军同意以上几项事项。俄军迫于程德全的气势，终于同意。

俄军来到齐齐哈尔城下时意欲炮攻，程德全见状，挺身而出用身体挡住炮口，恳求俄军停止攻城，并甘愿留在俄军充当人质，以确保俄军和平入城而不伤及百姓。可是及至进入齐齐哈尔，俄军还是背信弃义，在城中大肆掳掠。寿山将军悲愤不已，将后事托付给程德全后自尽而亡。

为了达到长久控制东北的目的，俄军想让程德全出任黑龙江将军。然而程德全十分清楚，这可不是沙俄的“好意”，如果点头同意，自己就成了他们操纵的傀儡，国土和百姓就成了别人的掌中之物。他以违背国家体制为由严词拒绝，为了让沙俄死心，命都不要了，纵身一跃投江自尽。被救起后，程德全抱着最后的希望给沙皇写了一封信，要求俄军撤军，信中还列出不伤害生灵、不夺人财产等九项恳求。

沙俄对这个软硬不吃的程德全没有一点办法，便将他挟持回沙俄，以图再作打算。谁知半路上，程德全经不住严寒病倒了，被无可奈何的沙俄释放，这才得以脱离虎口，回到齐齐哈尔。以一人之躯同俄军周旋，却保住百万平方公里国土，程德全赢得朝野一致赞誉。

1903 年，慈禧召见程德全，对他的工作很满意，破格提拔其为黑龙江副都统——八旗的高级军职授予了一个文官。随后又在 1905 年，任命其为黑龙江将军。黑龙江将军是清代黑龙江地区的一把手，这个大清“龙兴之地”的最高官员向来都是由清朝宗室或旗人担任，而由汉人出任，程德全是有清一朝唯一一位。

凭着实干，程德全从一个科举落榜生当上封疆大吏，敢于和沙俄斗智斗勇的他可不是脑筋陈腐的官僚。所以当革命之火有燎原之势时，程德全就意识到大清朝走到了末路，于是，已调任江苏巡抚的他改变策略，以保护地方经济与人民生活安定为目标，转而与革命党人合作，唯一的条件是:“务必秋毫无犯，勿扰百姓。”程德全剪发辫脱官袍，亲自用竹竿挑去几片瓦以示革命，促成了江苏的独立，成为第一个反清的前清大吏，重要的是没有流一滴血。

由一名清朝的封疆大吏，“闹革命”而成为民国的开国元勋，程德全也许算不上“忠君爱国”的典范，但不论与沙俄抗争还是与革命党人合作，为官期间都以生灵为念，他绝对可以称得上是一个合格的父母官，那个时代的英雄。

二次革命后，对于政局深感无能为力，程德全便脱离政坛，吃斋诵佛，1926 年在常州剃头出家，4 年后悄然去世，被安葬在苏州寒山寺内。

一个奇葩少爷，把生命献给中国近代军工业

1840年鸦片战争一声炮响，中国近代史，从此就是长期黑暗，列强一轮轮杀过来，各种丧权辱国条约一拨拨签，动乱战争更一轮轮闹。清政府落后挨打乃至被彻底打跪的场面，后世站起来的国人每每回忆，都常羞耻到不忍直视！

然而，就是这个耻辱年代里，清朝道光二十五年，即1845年3月7日，今天江苏省无锡市会西村出生的一个孩子，却以奇特的倔强，直面中国黑暗，更毫不犹豫地冲入其中，埋头硬闯一辈子。虽说他名声不显，比起同时代诸多政治风流人物，似乎黯然得多，然而他以生命为代价的求索，仿佛一抹闪电，给那个前路彷徨的中国，生生照亮一条新路。

如此神奇人物，正是晚清科学家，中国近代军工业的奠基人：徐建寅。

晚清这个黑暗年头里，仁人志士从不缺，从革命家到改革家，各行各业都英杰荟萃，唯独看上去比较小众的，却当属科学人才。套清末名臣张之洞的感慨说：大清的年轻人，高谈阔论的好找，找个会技术的，难哪！可徐建寅，不但是这“小众”一类，更是晚清科学人才中，堪称翘楚的精英人物！为啥偏他“小众”，看他家就知道。

在徐建寅出生的时候，这个无锡老徐家，在当地乡民眼里，印象就是两个字：奇葩！

一、奇葩爹教奇葩儿

徐建寅的家庭条件，在当地还属于比较好的，除了有点田地外，还长期做贩运生意，业界小有名气。但老爹徐寿，却是奇特得长期有名！早年也是个读书人，

可读了没多久，就对八股学问没了兴趣，相反对诸如工匠营造之类的学问，那些当时读书人不屑一顾的杂学，却是相当狂热，甚至还拉了好友华蘅芳，长期砸钱研究。

待到鸦片战争打完了，大清朝也丧权辱国了，这位徐老爹，竟干出了更出格的事，跑去上海找当地的英国学者学习，而且还疯狂学起了欧洲人擅长的化学知识，满嘴化学名词，这放在那个见了火车都当怪兽的晚清年间，简直是离经叛道。当地乡民说起他，都像见了妖怪似的。确实也树起了“妖形象”：近代中国第一批懂西方科学的学者。

摊上如此“妖”爹，从小就深受影响的徐建寅，很快就证明了一句励志话：长江后浪推前浪。

在学习科学这件“妖”事上，小小年纪的徐建寅，早出落得比他爹还妖，十来岁的年纪时，好些老爹都闹不明白的科学学问，他却是脑子一转就弄明白了。这样的妖父子，也幸亏赶对了时候，一肚子西方学问的老爹徐寿，被正埋头办洋务的曾国藩看中，曾国藩万没想到，封闭严重的大清，竟然还有徐家父子这样狂热爱科学的奇人，立刻大手一拽，把爷俩拽进了自己的心血产业，亦是中国近代工业的摇篮——安庆军械所！

当然，那个时候的徐建寅，也只有十六岁年纪，在曾国藩眼里，就是个跟着他爹屁股后面打下手的小跟班。但不到一年时间，十七岁的徐建寅，却把大家都惊了。当时徐寿慨然领命，要建造中国第一艘蒸汽船。可这事说来容易，办起来却抓瞎，包括徐寿在内，几位号称通晓西学的专家，也不过是在大清矬子里拔将军，水平就是二把刀。资料更是稀缺，手里就几本外国报纸里的船样子，简直就是摸着石头过河。项目一上马，就是连连栽跟头！

就在大家集体抓狂的时候，却是一直沉默寡言的徐建寅说话了：别着急，有我！

二、靠谱的技术强人

这个年少的孩子，第一次展现出惊人的科学悟性，每到了设计中的关键环节，徐建寅经常脑洞大开，提出匪夷所思的奇思妙想，连老爹听了都摇头，可试着死马当活马医，竟真能漂亮地解决问题。就这样磕磕碰碰，一群中国近代科学先驱们埋头苦干，竟真在 1867 年奇迹般地成功了：中国第一艘自行研发的蒸汽船“黄鹄”号正式下水！

这艘中国水域里第一艘国产蒸汽船，船长十七米，航速只有六节，要放在西方国家，或许不算什么，但只要参考下鸦片战争前，中国落后西方上百年的科学水平，就知道这是多么了不起的突破，几乎是一脚踩住了工业革命尾巴，更是中国本土工业关键第一步。这伟大一页，属于徐家父子。

如果说参加黄鹄号研发的徐建寅，好比江湖中一鸣惊人的武学奇才，那么对他自己而言，这一次经历，真是明白了世界之大。如果说在此之前，他只是对科学有着狂热的兴趣，那么从此之后，他真正把这事，当作了毕生事业！

就是从此以后，徐建寅开始了更刻苦的磨炼，他与英国学者傅兰雅合作，翻译了大量外国科学著作，而他自己，也好似饱读了武学秘籍的习武者一样，科学水平直线上升。中国最早的科学书院“格致书院”，更是他参与创办，许多后来维新变法运动的骨干人物，都是从这所特殊的学校走出来。不过这几件事说起来，还是给父亲打下手。

而从二十九岁起，青出于蓝的徐建寅，开始了属于自己的神奇表演，先在李鸿章的天津机器局小试牛刀，成功制出了硫酸，从此结束了中国近代工业硫酸靠进口的历史，又跑到山东巡抚丁宝桢处，带着一群年轻的技术人员，不靠丁点外国帮助，就建起了山东机器局，这是中国第一家自主建造的机械厂。接着气还没喘匀，又被李鸿章拽走，派去欧洲考察，给新建的北洋水师选军舰，亲手拍板订下了两艘主力舰：定远和镇远。

后来说起北洋水师的甲午战争，唯独被称道的一件事，就是这定远舰和镇远舰的战斗力靠谱！为啥靠谱，靠谱的徐建寅选的。

在那个洋务运动红红火火的年代里，四处奔走的徐建寅，别看官职不高，却是那时代李鸿章张之洞等精英们公认，最靠谱的技术牛人！只要他出手，再难的技术问题，轻松就能拿下！

三、命的殉难

可是靠谱的技术，却总是比不过不靠谱的政治，没有科举功名的徐建寅，长期在清朝官场上，也是靠边站，好些守旧大臣，动辄就拿他学历说事，每次吃苦受累，干出大成就来，却基本被别人领功劳，自己窝囊气受了一大堆。待到戊戌变法被镇压，徐建寅也悲惨倒霉，被“禁锢镝革”，黯然回家闲住！

但历经这场折腾的徐建寅，一直痛思的，却是另一个事：以前一直以为，自己所做的很有意义，可一场甲午战争才明白，自己做的都是边角工作，一个国家，没有核心的制造能力，没有本土的军工技术，无论平日的业绩多么辉煌，上了战场，也是白白挨揍。早在甲午战争结束后，他就写了《兵学新书》，这本书有多重要？后来抗战战场上诸多吊打日军的中国将领，基本都学过。

而他晚年更重要的，却是后一件事：1900 年，在洋务派领军人物张之洞邀请下，徐建寅再度出山，先筹建了保安火药局，仅用三个月时间，就把这个重要火药产地建起，中国军队，终于可以不再依赖外国火药了！

而这个重大突破，也让张之洞下定了一个决心，他的汉阳无烟药厂，正处在瓶颈阶段，由于八国联军侵华事件，几乎所有的外国技术人员都跑光了。这个烂摊，徐建寅扛了起来，五十七岁的他，目睹了山河破碎的国难后，几乎以近乎疯狂的方式去工作，每一个配药环节，都是亲自上阵。中国自己的无烟炸药，终于在他手里研制成功了。可是 1901 年 3 月 31 日，一次工厂意外事故，厂房轰然爆炸，这位一生为中国近代工业呕心沥血的智者，把生命奉献在中国近代工业的起点上。

而这一幕，对于近代中国的国运，有着怎样影响？几乎是撑起中国近代军工半边天的汉阳军工，终于艰难起来了，它强大的生产能力，几乎支撑了近代中国多次战争，特别是惨烈的十四年抗战。我们在回忆着那个时代，中国的落后挨打时，请不要忘记，还有这样沉默的人，用生命在坚持，把我们苦难的民族，苦苦托到了黎明的时刻！

捌

再探大清王朝的最后岁月

重大国防战略，却因名妓沦为国际笑柄

一、大战略为何变笑话

清朝光绪三十三年，即 1907 年，大清王朝一个重大国防战略，正吸引世界各国的目光：东北建省。作为大清朝“龙兴之地”的东北大地，被分为“辽宁”“吉林”“黑龙江”三省，各种相关事宜，尤其是各级官员的任免到位，都在热热闹闹进行。

但热闹到 6 月 17 日这天，这个如此重大的国防战略，却在西方各国的报纸头条上，招来了铺天盖地的嘲笑。因为正是这一天，一桩歌姬引发的风流案件，终于尘埃落定。但大清朝的处理结果，却叫好些围观人士眼镜跌碎后纷纷吐槽。套美国报纸的话说：一个风流歌姬，揭开了大清朝这个严肃事件的遮羞布。

什么歌姬会有如此强大杀伤力？这个事件，就是 1907 年，一桩惹得清王朝举国关注，且揭开“东北建省战略”贪腐盖子的重大案件：杨翠喜案。所谓揭了大清朝遮羞布的歌姬，就是案件的女主人公：杨翠喜！

区区一个歌姬，怎么会有如此能量？话说这位杨翠喜，可不是个普通歌姬。

杨翠喜，本姓陈，出身通州民家，因生活所迫被卖入梨园。却从十五岁起，就在天津艺界骤然蹿红：她生得相貌虽不漂亮，却是千娇百媚，举手投足都透着媚劲，且情商极高，简单几句温柔问候，就常把对面男人迷得神魂颠倒，因此自从亮相，就引得好些权贵子弟追逐。

当然这一类歌姬，在当时天津也不稀奇，可杨翠喜却有一样独家优势，让其在天津独领风骚：才艺。她艺术天赋奇高，词曲造诣极强，甚至诗词书画也颇为精通。手把手教她才艺的，更是晚清风流才子，亦是后来的革命家李叔同。没错，就是那位留下经典《送别》的弘一大师。

而在这位弘一大师心里，娇媚多才的杨翠喜，更曾是刻骨铭心的存在。他青年时除了对杨翠喜悉心栽培，更曾不惜一切地追求，为她写下的好些感怀诗词，更是句句催泪：帘外隔花荫，朝朝香梦沾。情深义重的情怀，简直扑面而来。

但就是这位在大才子李叔同心中，女神一般的杨翠喜，却会因为大清朝东北建省战略里，一桩核心事件的交易，成为名满大清朝的话题女人。

在东北建省的谋划里，黑龙江巡抚的人选问题，是其中重中之重：黑龙江毗邻沙俄，又兼物产丰饶，巡抚一职人选，理论上说，必须是文武全才的英杰人物。但在手握东北建省人事大权的大清朝实权重臣，庆亲王奕劻眼里，这巡抚人选，还得加一条：敢送大钱的人物。

庆亲王奕劻，这位晚清政坛重臣，亦是清末官场巨贪，捞钱手段也是出名有才，比如卖官鬻爵，都给办得如项目招标般，各级官职明码标价，敢给钱就敢卖。收钱更收得高调，直接派儿子载振四处巡视，现场收钱办事。甚至还落下了绰号——庆记公司。

至于黑龙江巡抚一职？在庆亲王与载振父子眼里，这更要卖个好价。于是当载振打着“考察”名义来到天津后，这场“买官大战”，也就立刻白热化。各路“官迷”争相砸钱，一位低调“官迷”竟然出奇制胜，轻松拿下了黑龙江巡抚的高位——天津南段巡警总局总办段芝贵！

身为奕劻官场好战友，晚清重臣袁世凯的心腹，段芝贵在袁世凯的团队里，虽说带兵打仗的本事平平，可论起逢迎拍马的技术，却堪称首屈一指。多少看上去一脸正派的高官，他简单打几个照面，就能发现对方弱点，然后轻松投其所好拿下。这次陪着载振吃喝了几次，也是立刻挠对了载振的痒痒肉——好色。

而且载振的好色，还属于晚清权贵里，特别特殊的一类：不单是好美色，更要讲情调，这场卖官大战里，也有其他竞争者不惜千金，为他买来美艳女子，可就因艺术品位不够，白白碰了一鼻子灰。却还是段芝贵眼尖手快，火速物色了高品质对象：就是前面说的那位歌姬——杨翠喜。

作为驰名天津的名妓，杨翠喜的价码当然也不低，足花了段芝贵一万二千两白银。不过真不白花，果然自诩格调甚高的载振，瞧见杨翠喜后就跪了，抱住了就不撒手，先在天津一起作乐，而后竟又由段芝贵送到了京城宅子里，从此无比宠爱。黑龙江巡抚任命？自然更好说了，先前只是个小道员的段芝贵，这下连升了三级，得意扬扬去黑龙江上任去了。

大清朝无比重要的国防屏障，牵一发动全身的巡抚要职，竟然就因为一个歌姬的缘故，就这么荒唐拍板了！

可世上没有不透风的墙，这荒唐事也没捂几天，段芝贵前脚刚去黑龙江，1907 年 3 月，《京报》主笔汪康年，就以详尽的笔墨，现场零距离般绘声绘色的描写，把这桩荒唐事活色生香地抖搂出来。这下大清朝举国震惊，御史赵启霖更是愤然上书弹劾段芝贵。震惊晚清朝野的“杨翠喜案”，就此拉开帷幕！

二、丢脸到全世界的处理结果

身为一个官职低微的御史，赵启霖为何吃了豹子胆，敢向位高权重的庆亲王奕劻开火？当然是有靠山撑腰：军机大臣瞿鸿机，邮传部尚书岑春煊。

多年如一日疯狂捞钱的庆亲王奕劻，其实也早惹了众怒，上面这二位，就是其中最怒火中烧的二位。早就恨奕劻恨得牙根痒痒——大清朝都水深火热了，你竟然还想着捞！

于是，当香艳的杨翠喜事件，惹得民间读者愤愤围观时，瞿鸿机与岑春煊，这两位老于世故的晚清重臣，更是狠狠捏住了这个短，甩手就是一通连环击：先是瞿鸿机指使门生赵启霖慷慨上奏，奏折写得热血沸腾，把一把年纪的慈禧太后，都看得气血上涌。接着同是慈禧宠臣的岑春煊，天天跑到慈禧跟前流泪控诉，大骂贪官污吏不是东西，简直把慈禧吵得头炸！

而以民间的反应看，那就不只是头炸了，《京报》销量天天暴增，西方好些国家的报纸，更是连篇累牍。大清朝将如何应对这场揭了盖子的丑闻，成了公众关注的热点。

当然，对于岑春煊、瞿鸿机们来说，动静闹这么大，反腐败不过是个小目标。真正的火力，还是瞄准奕劻们的官位——奕劻的军机首席大臣位置！那是瞿鸿机梦寐以求的，袁世凯的北洋大臣肥缺，也是一群对头们红了眼要抢的。不过争权归争权，事情发展到这地步，却也是晚清一个历史契机：倘若慈禧能够借题发挥，狠杀清王朝的贪腐歪风，大清朝没准还有救。

而接下来事情的发展，也确实如瞿鸿机们盼望的那样，头炸后的慈禧很生气，段芝贵们胡闹的后果也很严重：段芝贵在黑龙江还没待几天，就给撤了巡抚职务。醇亲王载沣和大学士孙家鼎更高调受命，雄赳赳气昂昂去天津调查，号称要一查到底。一场空前反贪风暴，从大清官场骤然刮起。

一时之间，大清朝官场上下，都是集体紧张，但作为贪腐界的老司机，奕劻的反侦察能力早已炉火纯青，早早清理了一切证据，就连作为焦点的杨翠喜，都给偷偷送回天津。查案的载沣与孙家鼐，更是能力平平，忙活半天啥都没查着，只能怏怏回去复命。

而头炸过后的慈禧，瞧着这“查无实据”的处理结果，眼前又是举国议论纷纷的舆情。终于在 1907 年 6 月 17 日这天，向全世界公布了处理结果：所谓奕劻的贪腐丑闻，简直子虚乌有。东北改制战略，一直都是公开透明的。指使赵启霖告状的瞿鸿机？内阁大学士也别干了，回家养老去！一场闹得全世界沸沸扬扬的“杨翠喜案”，就这么稀里糊涂地了结了。

当然，在慈禧看来，这么稀里糊涂摁下去，自有她的道理：毕竟大清朝的形象最重要！但这场糊涂过去，奕劻该捞还是捞，官该卖还是卖，清王朝腐败加速度，终于招来四年后武昌一声炮响，王朝彻底亡掉。

当今天好些朋友，仰慕晚清新政的成就时，不妨就瞧瞧这场糊涂的“杨翠喜案”。腐败问题不根治，多光彩的建设成就，最终只能为一个腐朽的王朝殉葬。贪腐亡国的教训，一个歌姬杨翠喜，就唱出了触目惊心的真相！

晚清两大平等条约，其中一个保护万千海外华人

一提起清末的条约，人们往往想到诸如《南京条约》《马关条约》《辛丑条约》等等黑历史，似乎大清的条约早已成了割地赔款的代名词。

然而，在众多不平等条约的背后，还藏着晚清政府签下的两大平等条约。这两个条约一个保护万千海外华人，另一个造福世界，可谓是影响深远。

一、保护华工

1849 年，南美洲一个叫作秘鲁的小国发生了劳动力短缺危机，秘鲁国会为了补充劳动人口，专门出台了一部《华工法》，将贪婪的目光瞄准了遥远的东方古国。由于清政府禁止华工出国，秘鲁人便勾结奸民，用各种手段将华工骗到澳门等各大通商口岸，然后再走私到秘鲁，这其中以广东地区受害最深。

华工们奔波万里来到秘鲁后，方才惊觉上当。但此时华工们后悔已经迟了，秘鲁人脱下他们亲善的伪装，将这些骗来的华工当作奴隶一样对待。这些华工被迫从事危险的工作，而他们的待遇更是惨不忍睹。据史料记载："秘鲁人待华工，残暴至极，八年工满，一千人不得一人能活。"华工们的苦难秘鲁人并不在意，他们在意的只是如何从中国骗走更多的华工。

据容闳上呈清政府的调查报告估算，仅 1850 年—1870 年间，受骗到秘鲁的华工就高达十万人。哪里有压迫。哪里就有反抗。秘鲁华工不堪忍受这般惨痛的生活，他们辗转给清政府写了一封求救信，饱含着血泪控诉说："恶夷等恃富凌贫，丧良藐理，视合同如故纸，等人命于草芥。衣食工银惟知吝啬，憔悴惫倦莫肯恤怜。常见苛求，恒加打骂，或被枷锁而力作，或忍饥寒而耕锄。"

清政府收到信函后，立刻派李鸿章负责解救华工。恰好此时秘鲁遣使来和清政府商量立约，李鸿章便抓住这个难得的机会与秘鲁使者交涉起华工问题。一开始，秘鲁方面坚决否认有虐待华工的情况，秘鲁使者更是指责李鸿章所说的虐待一事全是谣言。对此，李鸿章表示中秘两国未曾立约，秘鲁华工全是非法招募。他要求秘鲁方面立刻释放所有华工，并声明不再招工。双方各执一词，谁也不肯让步，谈判一度陷入僵局。

最终，在经历了数轮的马拉松谈判后，秘鲁方面终于妥协，双方于 1874 年签订了《中秘会议专条》和《中秘友好通商条约》。《中秘会议专条》规定秘鲁须放回无合同或合同期满且自愿归国的华工，而《中秘友好通商条约》则规定秘鲁方面不能限制海外华工的人身自由，更不能在澳门等口岸强迫或是诱骗华工出国。

除此之外，《中秘友好通商条约》还规定秘鲁各地凡有华民居住处，都需安排一位汉文翻译官，以便随时保护华民的安全。《中秘友好通商条约》的成功签订，让海外华工的权益有了法律保障，同时这也是清政府主动采取和平外交手段，谋求保护本国国民利益的一次重大胜利，影响长足而深远。

二、禁烟大会

如果说秘鲁不过区区小国，谈判胜利也不足夸耀的话，那么万国禁烟大会的条约，就真是大清从列强手里争来的权益了。鸦片战争之后，清王朝在鸦片的泥潭中越陷越深，朝廷财政每年用在鸦片进口上的花费高达三千万两白银，民间更是以吸食鸦片为时尚，眼看中国人的健康就要毁在鸦片手中了。

1906 年，受够了鸦片荼毒之苦的清政府决定禁烟，并就此问题照会英国外交部，正式展开关于禁烟问题的磋商。鸦片贸易是英国重要的顺差来源，英国政府本不愿放弃，但美国政府却深信清政府不买鸦片就会有更多钱买美国货，于是美国方面毫不犹豫地站在了清政府同一阵营中，并为清政府的禁烟行动在国际上造势。

有了美国的神助攻，英国方面很快顶不住国际舆论压力，被迫与清政府签署了禁烟协议。不过，禁烟协议的成功签署并没有改变鸦片泛滥的现实，英国人只把协议停留在口头上，根本没在禁烟行动中付出过丝毫努力。清政府明白，鸦片泛滥成灾，单靠一国之力难以根治。想要彻底禁绝鸦片，唯一的办法就是展开国际合作，共同禁烟。1909 年，清政府以东道主的身份，在上海召开“万国禁烟大会”，邀请了英国、法国、俄国、泰国、伊朗等十三国参会，共商禁烟大计。

会议开始后，英国辩称清政府夸大了走私鸦片的数量，而荷兰更是妄图打着“禁烟”旗号，干涉中国内政。面对咄咄逼人的列强，清廷专员代表唐国安不慌不忙，只见他拿出详细的数据报告，一一列举每年输入的鸦片数量，当场弄得英方代表的灰头土脸。此后，唐国安又做了一场享誉史册的禁毒报告，这场堪称“最有说服力演讲”的禁毒报告，至今仍是许多国家学习的典范。

在唐国安等清廷外交官的努力下，参会各国终于认同中方为禁烟上所做的努力，并一致通过了万国禁烟大会九款决议案。这些决议包括各国都不再将鸦片等毒品输入中国，同时在中国的租界上禁烟。英方主导的“鸦片贸易合法化”闹剧，就此彻底退出历史舞台。

大会闭幕后，华夏大地立刻迎来了轰轰烈烈的禁烟运动，等到 1911 年时，鸦片的产量已经比 1906 年高峰时期下降了 70% 了。更为难能可贵的是，上海“万国禁烟大会”期间，成立了世界上第一个国际禁毒组织——万国禁烟委员会，这标志了禁烟已是全球各国共同的使命。

“万国禁烟大会九款决议案”的顺利诞生，不仅是清政府在外交上了不起的胜利，更推动了全球禁烟运动的发展。决心禁烟的清政府，就以这激动人心的条约，想为子孙后代留下一片“天下无烟”的净土。

清朝灭亡前夜，一部小说唤起国人的自强梦

1910 年，大清王朝风雨飘摇，革命运动此起彼伏，不平等条约一个个砸来，无数仁人志士不得不在无尽的黑暗中，苦苦探索中国未来的路在何方。

很难想象，生活在那一年的仁人志士们，到底是怀着怎样的心情，为中国的未来谋发展。正如革命志士陈天华哀叹的那样：都是那洋人畜圈里的牛羊，锅子里的鱼肉，由他要杀就杀，要煮就煮，不能走动半分。这番苦闷心情，体现在文学作品上，就是满纸愤懑之言。无数人在书籍作品中仰天长问：未来的中国，到底还有没有救？

然而，就在人们焦虑彷徨之际，被称为帝国主义“冒险家乐园”的上海，却有位名叫陆士谔的小说家，用一支如椽大笔，写下一部“荒唐”小说，唤醒一代人的中国梦。

一、“养成系”小说

说起陆士谔，很容易让人想起同时代的大文豪鲁迅先生。和鲁迅先生一样，陆士谔也是医生出身，当初 12 岁的鲁迅跑遍绍兴城为父亲抓药治病时，14 岁的陆士谔便已经坐堂行医，走上了用医术救国人之路了。可惜，医学界的“前辈”陆士谔，却遇上了行医生意不佳的惨淡现实。微薄的收入迫使陆士谔兼职写起了小说，以便靠着稿费补贴生活。

陆士谔跨界走上了文学之路时，鲁迅正怀揣一腔热血远赴日本学医术，等到鲁迅在国人的麻木不仁中觉醒，终于决定弃医从文，以文字唤醒民族精神时，陆士谔早已写出了风靡天下的畅销书《精禽填海记》，成了当时中国炙手可热的新

锐“畅销书作家”。

虽说陆士谔没有鲁迅那样的情怀，走上文学创作之路的初衷只是想要填饱自己肚子，但就是这份“接地气”的想法，让陆士谔进行小说创作时，总是充分尊重读者的喜好，就连作品的语言风格，也以浅显易懂的白话文为主，从而方便大众阅读。

同时，陆士谔还十分注重作品的趣味性与时尚风。晚清时代，许多读者厌恶清政府昏庸无能，陆士谔便撰写了《六路财神》《龙华会之怪现状》《社会秘密史》等一系列抨击官场腐败，暴露社会黑暗的小说，深受读者欢迎。经济学中说，买方市场决定卖方市场，放在小说上也一样。读者的喜好很快催生了大量谴责小说问世，过多的同质化小说又迅速消耗掉读者的新奇感，原本颇受读者喜爱的题材，渐渐引起了不少读者的厌倦。为了满足读者们的新需求，陆士谔又与时俱进，率先在小说中加入了预备立宪、种族革命等热门话题，并以天马行空的想法，写出了《新三国》《新水浒》等一系列脑洞大开的作品，让读者在抨击现实黑暗的同时，又能对未来充满希望。

可以说，陆士谔的小说完全根据读者喜好，按照读者需求量身定制。放在现代，就是颇为时髦的“养成系”小说。新颖又紧贴时代热点的小说风格，让陆士谔的小说广受读者推崇。眼看自己的小说销量不断创新高，陆士谔又想出在小说中植入自我推介的新玩法，不花一毛钱广告费，成功让自己的知名度上了一个新台阶。

二、未来之畅想

成功的商业推销，让不少人觉得陆士谔现实又世故。然而，很少有人知道，陆士谔商人的外表下，还有一颗对国家民族深深期望的心。正是怀揣着强烈的爱国之情，这位畅销书作家，毅然在 1910 年的黑暗岁月中，挥毫写下《新中国》，以梦境游历的方式，畅想未来的美好岁月，并留下一段神预言：不远的未来，我们一定会拥有一个富强文明的“新中国”！

值得一提的是，在小说《新中国》中，陆士谔以宏大的想象力，描绘了未来中国收回治外主权后，独立自主处理本国事务的美好岁月，拳拳爱国之心跃然纸上。在陆士谔的笔下，那时的中国，国家拥有独立主权，国人实现了自治，洋人再也不能颐指气使。而中国人站起来后，国家富强便成为接下来的时代主题。于是陆士谔又在《新中国》中想象了一个繁荣的上海，那里有精美实用的雨街，现代科技神奇的地铁，还有跨着黄浦的铁桥，以及旧貌换新颜的浦东……

不仅如此，《新中国》中，还有着让人欣然神往的教育事业。在陆士谔看来，未来的中国，“各项专科差不多已办得完备了”，“每一所专科院，约有近千名学生”，“欧美日本，都派遣留学生来中国学习”，“就是学问，无论哪一种科学，比了各国，总要胜起两三倍还不止”，“汉文汉语，差不多竟成了世界的公文公语”，中文书籍也行销全球。

教育事业的蓬勃发展，为军事的进步打下了坚实基础。在《新中国》中，中国军队一改甲午海战中的孱弱，“巡洋舰、驱逐舰、战斗舰”全都战斗力惊人，作战部署有序，战略鲜明，各战舰配合默契，在虚构的“海军大操”中奏凯而回。

虽然《新中国》中的种种场景，不过是陆士谔的凭空想象，但必须承认，正是这些美好的幻想，在中国最黑暗的时代，点燃了无数人对中国未来的期望。更必须承认，小说问世后的几十年里，无数中国人，正是沿着这样的梦想努力，为一个美好的新中国抛头颅洒热血。几年前，一部火遍全国的“白话写史”读物里，曾提出这样一个问题：为什么那个落后挨打的近代史上，“全世界的强国（连不强的都来凑热闹）欺负我们，连打带抢带烧带杀，识时务的看法，是亡定了，可为什么我们终究没有亡呢”？那是因为：“总有那么一群不识时务的人，无论时局形势如何，无论对手有多强大，无论希望多么渺茫，坚持，绝不妥协。”

想来，在1910年的无尽黑暗中，“世故”的陆士谔，也曾是千千万万“不识时务”的人中的一员，哪怕希望渺茫，哪怕看不到光明，依然坚持到底，绝不妥协！

清朝“官老爷”的悲惨命运

20世纪90年代，王晶和周星驰合作的电影《九品芝麻官》凭借无厘头的爆笑剧情火遍中国。除了流传的搞笑台词和经典桥段以外，还有一个细节值得关注：“公正廉明匾”从摇摇欲坠、蛛网尘封，到光洁如新、熠熠生辉——这个镜头是对主角包龙星官场生涯的最好写照。

从九品官员包龙星，起初为了区区一两白银，不惜冤枉黄老秋夫妇，落得个“包大人过街——人人喊打”的局面；后来又在三万两白银的“黄金屋”诱惑之下，掉入方唐镜的陷阱，被判死刑；最后，越狱成功的包龙星，经历了千惊万险、千辛万苦，为被误判的秦小莲平反，就这样用自己的血与汗将公正廉明匾“擦”得铿亮反光之后，辞官从商。

这部经典影片的爆笑剧情背后，其实是清王朝庞大的候补官群体的悲惨命运，更是大清政治史中一个让人不得不重视的现实问题。

一、买卖官职这事儿

在古代的中国，朝廷卖官鬻爵是件稀松平常的事，其在秦始皇时就已经出现了，那时候“以爵换粟”，以应对蝗灾和瘟疫；朝廷出卖的只是官爵，也就是“鬻爵”，购买者有爵无权。到了汉恒帝时，才开始卖实职，也就是“卖官”。

清朝是买卖官职最泛滥的朝代，泛滥到什么地步呢？朝廷把官职明码标价，按俸禄和等级依次抬高价格，只要有钱，甚至有和尚买官的。“买官”这事儿在清朝，正儿八经形成了制度——捐纳制度。捐纳制度和科举制度相辅相成，构成了清朝官员的两大来路。捐官名目繁多，比如捐实官、捐出身，还有花钱买监生资格去国子监读书等。

而买官的又是什么样的人呢？大多分为两种，一种是屡试不第的官宦子弟，能力比上不足比下有余，家庭条件中等偏上，捐官来谋求个铁饭碗。另一种是商人，腰缠万贯，但是出身卑微、地位低贱，为了将“富”与“贵”结合，买个官做做，获得尊重和话语权。

二、候补官到底有多苦命

按理说，这官职也是一个萝卜一个坑挖好了的——买官的人那么多，但是官位毕竟有限，所以，买官买的只是一个候补，要真想有实权就得排队等，于是就有了清朝庞大的候补官群体。要想得以补缺，要去投供，也就是向吏部报道，再用抽签决定去哪里候补。候补期间，他们或当差，或署缺，或赋闲，大多生活凄苦。

其实，清朝前期的候补官员并不多。捐纳制度的完善，主要是从康熙开始的。康熙十三年，三藩动乱，噶尔丹反叛，军队南征北战需要大量粮饷。为了解决燃眉之急，康熙想出了一个办法，那就是——所有向国家捐钱的人，他们的孩子可以进入国子监，并且获得官职。在一个崇尚读书、以官为荣的社会，这项政令的影响不言而喻。一句“三年清知府，十万雪花银”背后，是多少为了捐官而倾家荡产的人。

一个想卖，一个愿买，那么衙门里的候补官数量有多庞大，就可想而知了。有人用“官多如鲫”来形容冗官的局面。据统计，晚清候补官员是正式编制的六倍多。甚至有史书记载：在同治末年，江苏道员只缺二三个，候补却有六七十员；府州县通判可外补的也只有十几个，候补却达到一千余人！

候补官虽然也算半个官，但却没有实权，僧多粥少，所以是不给他们发工资的。试想一个敲髓撒膏买到官职的平民，在家徒四壁、捉襟见肘的时候，连工资都没有，如何生存下去？清末县官李超琼在其《日记》中记录了他考中举人后被分发江苏时，所遇惨象：与他需次的足有 46 人，其中有候补了 20 多年却连临时差事都没捞上过一次的，有候补几年贫死他乡的；还有一个叫王竹的老乡，候补了 20 年，骨瘦如柴，最终等来一个县令，却在得到消息后的几天就病死了。此外，还有很多人死于饥饿。

除了生活贫苦以外，他们的政治地位还十分低下。拿香港电影中的包龙星举例，即使他的祖先是包青天，而且他的老爹包不同还曾经是大官、结交了不少人物，包龙星也还是混得惨不忍睹。作为从九品官员，被状师欺负，被七品官欺负，甚至还被正九品官员瞧不起。原因就是他的身份太特殊了：候补官。最终他成功平反冤案，直接原因还是他凭奇迹般的好运气，在一次偶然中结交了皇帝。这才使得这么一个“不入流”的官，扳倒了从一品水师提督和刑部尚书。面对狼群，最好的办法就是争取到老虎的支持。然而，值得回味的是，影片的结尾部分，皇帝驾崩了。这在某种意义上暗示了包龙星终将难逃被权贵报复的厄运。

三、朝廷的定时炸弹

如果单看他们的遭遇，确实是可怜凄惨；包龙星创造奇迹、威风八面的背后，不知是多少候补官的血泪。但是清朝的候补官队伍，不仅自身命途多舛，而且对于政治来说就是一颗毒瘤。

首先，他们的官职毕竟是买来的，做生意就要讲究利润，再不济也要回本吧；所以这些利欲熏心的候补官们，一有机会便捞。而且捐官的成本很高，这就大大增加了“清廉”二字的代价，让清官成为政治的稀缺品。据记载，知县一职的价格是 4600 两白银，而俸禄却只有 60 两。要是不受贿，很多人一辈子都回不了本。所以可以想象，他们等待已久，一旦事权到手便巧取豪夺，贪得无厌，无异于朝廷里的定时炸弹。剧中的包龙星还算有良心的，对真实的候补官和当差群体来说，“能捞则捞，不能捞则日夜想着捞”已经是普遍心理和群体行为了。

更要命的是，关系到近代化的实业是吏治败坏的最集中之处。候补官员无所不用其极，挪用公款，公开受贿，安插亲信，欺上瞒下。嘉庆帝时剿办贼匪，但是兵丁个个衣衫褴褛，如同乞丐，因为每年所发的帑金都用于候补官员结党营私了；如果帑金物尽其用，则会兵精饷足，早能平定动乱。而且官员在监管武器制造时偷工减料，以至于最后填充火炮的火药掺进沙土，这样的例子也并不少见。

暂且不提贪污的习性，再看看他们的能力吧。事实上，像剧中包龙星那样有一些胆识和能力的候补官也是凤毛麟角，大部分候补官只是酒囊饭袋而已。毕竟，有能力的人都通过科考入仕了。多数候补官是碌碌无能的，对近代事业一窍不通，甚至难以胜任传统事务。在晚清，近代性事务多由候补官操持，他们迂腐不化，讲话拿腔作调，前呼后拥，追求享乐。外国来华的商业考察团，曾记录过中国工厂中候补官员充斥的现状：各个部门都有一些“衣服华丽而懒惰的士绅”无所事事地各处偃息，或者钻研经书。他们对管理工作一无所知，但是作为主管管理的亲朋，他们都领薪水。

有晚清官员说，“前代之冗官在闲散，我朝之冗官兼在候补”。作为冗官问题突出的两个时期，晚清的冗官与宋朝的冗官是有本质区别的。体现在哪里呢？宋朝的冗官不是真的“冗”，而更多的是官位确实存在空缺，但是在分配上出现人浮于事的现象。而晚清的冗官却是实实在在的人多赘冗了。

靠卖官鬻爵来“开源”，只是封建社会体制内的权宜之计，又无异于饮鸩止渴。卖出去的是官职，更是官场的廉洁和尊严。捐纳之事的弊端，道光看得很清楚。他曾对大臣张集馨说，捐班“将本求利，其心可知”，“廉之一字，诚有难言”。实际上，道光帝在卖官上格外“大方”。道光年间，京官不说，仅卖地方官所得财政收入就有 3388 万两白银，而且卖官频繁，每年都有记录。在江河日下的晚清，即使认识到位，也难免迫于压力束手无策，回天乏力。然而，晚清社会并没有因为捐官而回光返照，道光三十年萧条时期，“抗租”“抗暴敛”“抗漕”的“民变频发，强盗盘踞，邪教盗匪，在在皆有”。

候补官员群体的可怜背后又有多少可恨之处。作为晚清的一条政治寄生虫，他们不断消耗着大清的元气——这巨大的内耗，让清王朝的吏治由内而外烂透。

绰号“一品夫人”的男人，把大清推向灭亡

天子重英豪，文章教尔曹。万般皆下品，唯有读书高。

——宋·汪洙《神童诗》

自古以来，“学而优则仕”便是无数文人改变命运的康庄大道。君不见，那寒夜下苦读的一星灯火，书卷中笔耕不辍的坚定背影，都只为有朝一日鱼跃龙门，纡朱拖紫，光宗耀祖，就此成为人人羡慕的“官老爷”。然而，到了清代，“官老爷”们的情况却发生了一点变化。虽然为官之人依旧人前风光，但大大小小的衙门里，常常是低调的幕僚在覆雨翻云，指点山河。晚清时期，幕僚界的影响力愈发强大，还诞生了不少牛人。比如打出近代中国国威军威的大英雄左宗棠，早年便做过张亮基与骆秉章的幕僚。

说起来，左宗棠这类幕僚，虽是躲在一众大佬身后挥斥方遒，但终归还是大清王朝的守护者。等到时间进入到20世纪初，挨打成习惯的大清朝已经不可救药，晚清的幕僚行业，便走出了一位“妖孽”，亲手终结了一个王朝。那么，这位终结大清的“妖孽”幕僚，究竟是谁呢？

一、“一品夫人”

当代学者雾满拦江在其著作《民国就是这么生猛》里提道：“如果把来之不易的民国比作一个孩子，那么，北洋首领袁世凯就是孩子的爹，上海惜阴堂堂主赵凤昌，就是孩子的妈。”袁世凯的大名世人皆知，可为何与袁世凯并列为民国缔造者的赵凤昌，名声却似乎不甚响亮呢？其实，赵凤昌的名字之所以让人听着

陌生，是因为他并非站在聚光灯下的高官显贵，而是隐藏在幕后，默默终结大清的“妖孽”幕僚。

要问赵凤昌有多妖，看看他和张之洞的故事就知道了。想当年，赵凤昌也是常州一户富商家的贵公子，只因太平天国战火纷飞，一家人为避战乱迁居江北，家道就此衰落。没了贵公子的光环，赵凤昌不得不去钱庄打杂，换取微薄的收入维持生计。但这段苦难的岁月，倒也让赵凤昌练就了一身为人处世的本领。28岁时，赵凤昌遇到了张之洞，并迅速成为张之洞的亲信幕僚。据《世载堂杂忆》记载，一次，吴郁生来拜访张之洞，张之洞一边剃发，一边和吴郁生聊天，谁料还没等说到正事，张之洞便睡着了。这时，一直在外厢当差的赵凤昌立刻过来，用双手托住张之洞的头，一动不动侍立一旁，直到张之洞睡醒才离开。一番五星级服务惹得吴郁生又是羡慕，又是嫉妒。后来吴郁生逢人就说：“吾一世做京官，从来没有做过督抚。像赵凤昌之服侍张香涛的滋味，可惜我是无缘体会了。”

要说吴郁生还好是白天去拜访张之洞的，若是他晚上去，只怕还能看到更让他嫉妒到发狂的场面。张之洞素来起居无节、号令不时。为了避免张之洞半夜办公找不到人，赵凤昌便整天都守在张之洞身边侍奉，哪怕深夜也不曾离开。后来，有好事者听说了两人倒时差的办公模式，一时突发奇想，在墙壁上写下：“两湖总督张之洞，一品夫人赵凤昌。”结果堂堂男子赵凤昌，就这么得了个“一品夫人”的绰号。

不过，赵凤昌虽然贵为“一品夫人”，却依然躲不开官场倾轧。1893年，张之洞的政敌们发难，弹劾张之洞“辜恩负职”，顺便参劾赵凤昌“声名甚秽”，这便是轰动一时的“张之洞大参案”。朝廷眼见事情越闹越大，不得已出面平息，但光绪帝又不想得罪张之洞或者反对大臣的任何一方。于是，赵凤昌成了平息事件的完美替罪羊。光绪帝一纸诏令，将赵凤昌革职，勒令回籍。可怜赵凤昌，就这么莫名其妙地失业了。

一般来说，幕僚们被赶出衙门，基本就是人生就此打住，后半辈子碌碌无为，可赵凤昌，绝非一般幕僚。失业之后，赵凤昌硬是靠着天时地利人和，创造出了新的奇迹。

二、东南互保

1900 年，义和团运动爆发。当年 6 月，列强军舰进入汉口、南京、吴淞，弄得四处人心惶惶。

恰好之前的替罪羊事件，让张之洞觉得对不起赵凤昌。于是张之洞帮赵凤昌安排了新工作，让赵凤昌常驻上海。此时，身处风暴中心的赵凤昌敏锐地意识到，想要保住和平的局势，只能“各省督抚联合立约”，保护“各省各埠之侨商教士”，让“租界内无一华兵，租界外无一外兵，力杜冲突”。这便是著名的“保护东南”之策。然而，赵凤昌刚刚提出这条计策时，张之洞没有得到皇上圣旨，根本不敢私自签订《东南保护约款》。

赵凤昌深知，当断不断，反受其乱。为了打消张之洞的顾虑，赵凤昌干脆自己写了封电报给张之洞，上面写道：“洋电两宫西幸，有旨饬各督抚力保疆土，援庚申例，令庆邸留京与各国会议云。”但张之洞多年官场浸润，如此大事，岂有不细查的道理。结果，张之洞收到电报后，马上回电问道：“这封电报，是从哪里来的？”一句话问蒙了赵凤昌，好在赵凤昌也不是等闲之辈，他马上找到盛宣怀，让盛宣怀把他发给张之洞的电报，再发给各省督抚一次。

饶是盛宣怀胆大过人，也让赵凤昌的想法吓了一跳。他结结巴巴地说:“这……这是假传圣旨啊，要杀头的！”

赵凤昌笑笑说：“这一点我早就想好了。我们一开始就说了这是洋电，所谓洋电，就是西人之电。我们不过是洋电的搬运工。日后如果追究起来，最多就是乱传谣言，哪算得上假传圣旨呢？”

一番巧舌如簧，瞬间说服了盛宣怀。等到盛宣怀按照赵凤昌的建议发送电报后，赵凤昌马上拿着盛宣怀的电报去跟张之洞说：“张大人，盛宣怀也收到这封洋电了，他都已经通电各省了，还请大人切莫迟疑啊！”张之洞一打听，发现各省督抚果然都收到电报了。于是，张之洞误以为这是朝廷的意思，这才放开手脚，联合东南各省督抚，与各国驻沪领事达成了“东南互保”。

三、辛亥革命

“东南互保”达成后，赵凤昌并没有停下他隐藏在幕后的活动。1911 年，武昌起义爆发。一片共和的呼声中，历史来到了一个十字路口。

同样被历史潮流裹挟到十字路口的赵凤昌，看看道路一边的新生起义力量，又看看另一边腐朽的清王朝，悠悠往事不禁浮现心头。少年时代一颗丹心图报国，中年时代被朝廷无情地当作“替罪羊”……过去了，一切都过去了。赵凤昌灵台突然清明，他仰天长啸，发出了“不保清廷，保将来之中国”的最强音。此后，赵凤昌积极投身于保境安民的活动中。为保护东南百姓不受战火波及，赵凤昌通电张人骏，阻止其发兵援鄂，为武昌的起义，暗暗出了一份力。

支持革命党人的同时，赵凤昌深恐列强会趁火打劫，进一步瓜分中国，为此，他又致电外务部尚书——当年张之洞幕中的密友梁敦彦说:“文明大举，大势已成，计旦夕即定。公切勿回京，宜在外阻外兵来华，并设法借他国阻止日本行动，以保将来中国。”此外，赵凤昌还拿出他的惜阴堂，作为讨论国事的会场。各派人物观点出现分歧时，赵凤昌就游走于幕后，四处协商调和，促使各派达到一致方案，加快了革命的进程。

比如 1912 年 1 月，各派人物在惜阴堂订下了清帝退位后拥袁世凯为大总统的密约，但却对陆军部长的人选有争议，其中南方推举黄兴，北方则推举段祺瑞。

由于陆军部长是内阁要职，双方谁都不肯相让。赵凤昌见状，急忙函电黄兴，劝他以大局为重，改任参谋总长一职。黄兴接到电报后，很快就放弃了对陆军部长的争夺，一场危机，就这么化于无形之中。正是有了赵凤昌的种种幕后努力，各方政治势力才能携起手来，共同创建共和。难怪刘厚生在《张謇传记》中说，赵凤昌堪称是“民国产婆”。

曾有人说，大清灭亡得太突然。其实，若是从赵凤昌的故事来看，那清廷的灭亡倒像是早有预兆。如此人才，却被排挤在晚清权力体系之外，从晚清的支持者变成了终结者。逆淘汰到如此地步，就算没有辛亥一声枪响，这大清，也挺不了几年。

晚清的“黄赌毒”究竟达到怎样的程度?

说起晚清那段落后挨打的糟心历史，比起那被按在地上摩擦的战场表现，以及一张张割地赔款的耻辱条约，同样值得我们深深铭记的，是晚清时代三项创造了“历史新高”的“社会业绩”:黄、赌、毒。不夸张地说，看懂这三个“业绩”，我们也许就能对近代中国落后的缘由，多一层更深的理解。

首先值得一说的，就是比较“香艳”的一桩：黄。晚清年间的“黄”，在许多“近代题材经典影视剧”里，都常是重头戏，不知成就了多少老戏骨的经典桥段。而放在晚清历史上，大清朝也曾“黄”出“国际大新闻”:1905年大清高官们组团去西方考察宪政，这帮“大领导”们踏上异国土地，上岸就猴急着奔妓院，一通鬼混后昏昏然离去，竟把国书都丢在了妓院，结果是“永为笑柄，大辱国格”。但这几位“丢脸丢出国”的“大领导”，恐怕不会觉得有啥:这在我大清很正常嘛。因为，此时的大清“色情业”，已经泛滥成了各级官员们的日常。晚清的色情业，早在二次鸦片战争前就“妓风大炽”，比如“胭脂胡同”等“知名娱乐场所”，就是北京官场红人们的“打卡地”。每天一过中午就是“香车络绎”，特别是那些平日满嘴君君臣臣,见了“洋”字就暴怒的“清流”们,更是在这里玩到“彻夜震耳”。大清再水深火热，都妨碍不了他们的风流快活。

“快活”到20世纪初，清王朝已被活活揍成了“半殖民地半封建社会”，巨额的赔款压得大清喘不过气，一急眼就开发出了新创收方式：许你们这些“忠臣”们成天快活，就不许朝廷刮油了？于是“妓捐”应运而生，也就是给妓院征重税。这奇葩创收，最早在北京试点，而后迅速推广全国各地。而对于大清色情业来说，巨额的妓捐，说是负担，却也是打了强心针。没“妓捐”的时候，“日常工作”还要偷偷摸摸，这下交了捐气也壮了，敞开了“求发展”呗。于是晚清各地的妓院，进入了高速膨胀期。比如赫赫有名的北京“八大胡同”，到了晚清快歇菜的那几年，竟“扩张”成了“十五大胡同”。各地“一线城市”的妓院，也是迅速扩张，最有代表性的，就是留下无数“近代风情”的“大上海”。

从光绪年间起，随着上海的高速繁荣，上海的妓女数量也是以几何级数飙升。上海滩各种级别的妓院里，经营“皮肉生意”的女子极多，仅是在外国人把持的“公共租界”里，清末“明娼”的数量就有近万人，等于是每十个女子里就有一个妓女……而且晚清上海的色情业，何止追求数量？更追求“质量”，出名的“玩法”就是“开花榜”。即由上海滩知名报刊操刀，举办盛大的评选活动，给上海滩的知名妓女选出三六九等，其中位列榜首的就是“花榜”。清朝灭亡后，这荒唐活动也换了新花样，改成了选“花国总统”，每次都是一通光怪陆离的闹剧。不过话说回来，比比糟烂的晚清官场，以及儿戏般的民国政局，这晚清年间兴起的“开花榜”，还真算相对“干净”呢。

而比起这“相对干净”的“色情业”，晚清的“赌”，也是越闹越疯狂。自从清朝中前期起，赌博就日益成为清代的社会毒瘤。道光年间时，浙江巡抚吴文镕就叹息说赌博如“肥田恶草”。半个多世纪后，大清的“田”早已穷到家，赌博这“恶草”，却是继续疯狂蔓延。就以大清版图里的广东省来说，清末滥赌的风气，几乎渗透到了骨子里：以《南海县志》统计，当时广东城乡各地，每个城市的赌场竟有上百家之多，参与者既有普通百姓，更有达官显贵，而控制赌场的“厂主”，却尽是当地官员。多少人就这样沉迷此道，赌到了倾家荡产。而在上海，就连看上去“大门不出”的大家闺秀们，都有了专门的赌博场所“女总会”。

而在苏州，看似“六根清净”的和尚们也卷起袖子，来一场“博彩摊钱逸兴豪”……大清上下，各行各业，尽是一片“赌”声。而这根由，却还是“上梁不正”，特别是晚清最后十来年，要论最沉迷这事儿的，就是大清“实际统治者”慈禧太后，特别是庚子国难后，一路受了不少洋罪的慈禧太后，“回銮”后那赌博的瘾头就像开闸的洪水，每天不摸两把麻将就难受。他最信赖的军机大臣，把国务开成“庆记公司”的奕劻，也摸准了这脾气。每次都叫福晋们带足了钱，想方设法在赌桌上“输”出去，只要输得高兴，官场上的财源自然滚滚来。如此套路，也很快在官场流行，官员们有样学样，故意开设赌局，邀请达官贵人前来参赌，一顿吆五喝六间，就把要送的钱“输”出去。就这样赢的高兴输的满意，多少权钱交易就水到渠成。甚至为此还闹出笑话：一次京城巡警突击行动，却“误抓”了一群正聚赌的官老爷。自知“惹不起”的巡警们，暗示官老爷们写个假名字蒙混过关，不料有个不懂事的官员，非要写真名——结果，写假名的官员个个没事，偏是写真名的被罢官了。这样一来，清朝官场上也有了流行语：“学可以不优，麻雀（麻将）不可不打。”

最后几年的大清朝，官场彻底变成了赌场，天大的丑事，也没有在牌桌上解决不了的。大清朝的国事，也就在这火热的麻将声里，一天赛一天地腐下去，直到辛亥革命里彻底关张。作为“时尚”的麻将，也因此多了个“美名”——亡国奴戏。而与这“赌博潮流”一道“辉映”的，当然就是清末泛滥的鸦片了。

清末烟毒泛滥的惨景，熟悉些晚清史的朋友，都多少知道些。但到底泛滥到什么地步？1877年，晚清外交家郭嵩焘抵达伦敦，参加英国议员阿什百里周游世界后举办的摄影展，在那一排关于全球各国风土人情的照片里，有关中国的照片，却是张“抓拍”的“抽烟照”：照片上一群男男女女横躺一地抽烟，雷人的景象，让郭嵩焘瞬间感到“臣甚愧之”。而郭嵩焘从照片里看到的，只是晚清烟毒泛滥景象的冰山一角。虽然在林则徐虎门销烟之前，大清境内的鸦片就已十分泛滥。

但和十九世纪末的大清比起来，那都不算个事儿：以当时许多外国学者的调查，在清末西南地区，就连男人娶老婆都会被问“你家里有几杆烟枪”。在西北各省，有些地方成年人吸食鸦片的比例竟高达百分之五十。单一个四川省，全省的烟馆竟有五万多家……而最让人无语的，却是晚清鸦片的“国货当自强”精神。积贫积弱的晚清，造别的玩意不给力，偏偏鸦片产业给力。巨额的鸦片利润，刺激了大清权贵们的神经，每年高额的鸦片税，更催生了鸦片种植业的疯狂膨胀——到了十九世纪末，大清境内竟有二十多个省大种鸦片，每年海量的“国产鸦片”，把远道而来的“外国鸦片”杀得落花流水，成功挤占了晚清毒品市场，给中国“民族产业”打了个胜仗。但这“民族产业”的后果，却是饮鸩止渴，一方面是鸦片流毒扩散，另一面大量的良田被用于种植鸦片，粮食产量锐减。在触目惊心的晚清丁戊奇荒里，灾情严重的山西等省，竟有九分之一的土地种上鸦片，终于造成了上亿人受灾，上千万人饿死的惨景。

可以说，泛滥的鸦片，就像恐怖的毒药，蚕食着近代中国的血肉，让全世界看到的，都是一个在滚滚鸦片烟里沉迷，被腐蚀到枯瘦如柴的中国……看过这恐怖的景象，相信也就看懂了，近代中国积贫积弱背后沉重的历史教训。相信更能明白，为什么从1949年至今，中国一直在以强硬的铁拳，对“黄赌毒”采取零容忍的态度。

因为那一幕幕影视剧里关于这一切的“刺激”桥段，其背后不是万种风情的过往，却是一个民族永不能忘却的伤。

晚清“最血腥屠夫”，亲手送大清最后一程

晚清末年，风雨飘摇，外有列强虎视眈眈，内有贪官横行不法，大清王朝在一片内忧外患中渐渐陷入无尽的深渊里。

就在清廷危机四伏之际，大清的官场上却出现了一个“另类”官员，说他另类，是因为他不但不肯随大流贪腐，还反其道而行之专门反腐，以致官场上上下下提起这位血腥“屠夫”，无不脸上变色。那么，这位吓坏全国贪官的官场“屠夫”究竟是谁？他又是如何以一人之力对抗晚清万千贪官的呢？

一、肝胆总督

晚清时期，天下“三屠”闻名于世。这“三屠”分别是“官屠”岑春煊、“士屠”张之洞、“民屠”袁世凯，其中这位岑春煊，就是吓坏全国贪官的反贪霸王。早在庚子国难时，岑春煊便因为忠心救驾赢得了慈禧太后的赏识，此后慈禧曾向岑春煊询问雪耻兴邦之计。岑春煊提出了兴学教民，认为应该将“育才”与“救时”有机结合在一起，一番科教兴国的战略规划说得慈禧连连点头。

不过，岑春煊的过人之处可远不止办学。他还是治疗大清官场贪腐的一位良医。在岑春煊还是小小的广东布政使之时，他就发现两广总督谭钟麟的亲信下属王存善欺压百姓，公然索贿，弄得民怨四起。于是岑春煊立刻找到谭钟麟，要求谭钟麟将王存善撤职查办，可谭钟麟却玩起了官官相护的套路，断然拒绝了岑春煊的要求。岑春煊见状，当即利用自己布政使的权力撤去王存善的厘金局总办职务，然后具折上奏，弹劾谭钟麟与王存善的种种不法行为，终于使王存善革职，谭钟麟罢官。

要说谭王二人并不孤独，广东的贪官在岑春煊手上落马的还有很多人。比如清乡无功的陆路提督程允和，贪污残忍的知州徐仁杰等人，都是岑春煊弹劾的对象。打老虎也要拍苍蝇，南海知县裴景福，朝中的职位虽不高，可贪污的银圆却高达 24 万，岑春煊得知后，二话不说就要将裴景福法办。谁料裴景福耳目通天，提前得知了消息，跑到澳门去寻求荷兰人的庇护。

这一来算是惹恼了岑春煊，这位反腐斗士立刻带着兵追到了澳门，然后与澳葡局长据理力争，硬是将逃走的裴景福又引渡回来正法。据不完全统计，岑春煊担任两广总督期间，一共弹劾了 1400 多名官员，弄得官场上下谈“岑”色变，都说他是“肝胆总督”。

二、丁未政潮

1907 年，岑春煊赴京担任邮传部尚书。虽说北京城天子脚下，高官无数，但岑春煊依旧不敢疾恶如仇的本色，刚一到京就在召见期间弹劾了二十多名官员。

等到岑春煊正式履职后，又立刻弹劾邮传部左侍郎朱宝奎吞没巨款，贿买侍郎，还说如果有他在邮传部，自己实在羞于为伍。眼见岑春煊想要撂挑子，慈禧急忙说:“朱宝奎既是如此，可以罢斥，但根据什么降旨？”岑春煊毫不犹豫地说：“太后您直接说是臣弹劾的即可。”有了岑春煊这句话，慈禧当天就罢免了朱宝奎。

谁知刚刚处理完朱宝奎，岑春煊又发现了直隶道员段芝贵送给奕劻寿礼 10 万两，试图谋求黑龙江巡抚的不法行为。于是岑春煊一不做，二不休，继续实名参劾起段芝贵来。在岑春煊的弹劾下，段芝贵很快被革职，但岑春煊的这番举动，却得罪了此次事件中的另一位主角庆亲王奕劻，怀恨在心的奕劻便以广东钦州等地官府遇袭为由，奏请慈禧太后派岑春煊前去剿匪，将岑春煊远远的排挤出了京城。

然而，岑春煊虽然远离京师，却依旧颇受慈禧重视。奕劻担心岑春煊再度获得启用，便联合袁世凯设下了一条对付岑春煊的毒计。

三、惨遭陷害

奕劻与袁世凯深知，慈禧最厌恶的人莫过于维新派领袖康有为、梁启超，于是他们陷害岑春煊的计划，就从维新人士处入手了。奕劻等人先密奏慈禧，诬陷岑春煊曾加入保国会，是维新派中的卧底，一直在密谋归政光绪，狠狠地恶心了岑春煊一把。为了让这份密奏看起来更像真的，奕劻等人又派人去照相馆，重金聘请高手匠人，将岑春煊与康有为的照片合拼成一张，并且拼接角度十分刁钻，乍看之下就如两人正在商量不可告人的密谋一样。这张 ps 的照片很快被当作岑春煊结交乱党的证据送到慈禧跟前，慈禧自然不懂其中的门道，只觉得如今“有图有真相”，岑春煊这个乱党成员，妥妥的铁证如山。就在慈禧怀疑岑春煊之际，袁世凯又上演了一手神助攻。他唆使手下参劾岑春煊私自逗留上海，勾结康梁，试图借日本人的势力推翻清朝，一篇弹劾奏折写得洋洋洒洒，句句都说到了慈禧的忌讳上。

慈禧之前有多么器重岑春煊，如今便有多么失望。失望之余，慈禧一道旨意将岑春煊开缺养病，此后再没有提起过岑春煊。岑春煊倒台后，大清的腐败再无良医，清王朝在亡国路上一路狂奔，终于在慈禧去世后，惹来了轰轰烈烈的保路运动。此时，朝廷又想起了岑春煊，重新启用他为四川总督，但此时岑春煊的立场早已悄然改变，再也不算当初那个事事唯朝廷马首是瞻的“忠犬”了。

保路运动爆发后，岑春煊便宣称“必当为民请命，决不妄戮一人”，等到赴川途中，岑春煊觉察到朝廷妄图武力镇压，当即称病辞职不干了。岑春煊辞职后不久，保路运动的星星之火便以燎原之势迅速波及全川，成了辛亥革命的前奏曲，清王朝也在一片“共和”声中走到了生命的尽头。民国政府成立后，岑春煊再度“上奏”清廷，只是这次他手握一支如椽大笔，挥毫写下了《致清贵族公电》，要清廷“径降明谕，宣示中外”，发出了让“国民组织共和政治”的时代之音。

可以说，在大清退位前夜，这位昔日的大清忠臣，用这种方式，送了他曾经誓死效忠的大清王朝最后一程。毕竟，腐败烂到骨头里的大清，是容不下岑春煊的，也不是一个岑春煊，救得了的。

清末，清政府为何突然“有钱了”

自从鸦片战争一声炮响，晚清王朝的历史，就是怎一个憋屈了得。除了隔些年挨个打，就是动不动挨个宰，简直成了人家案板上的弱肉。但就是这么一段悲戚戚的历史里，有一个“亮点”，至今还被津津乐道：挨打的大清朝，怎么突然有钱了。

乍一看去，1840 年以后的大清朝，别看一直挨打，“腰包”却真鼓得快：鸦片战争前的道光年间，清王朝的财政收入，已经下跌到每年 3800 多万两白银，比“康乾盛世”时的最高值缩水 1000 多万两。但两次鸦片战争挨过揍后，同治年间的清朝财政收入，就迅速突破了 6000 万两大关。待到甲午战争惨败，几年后又被八国联军打上门，惨遭“大放血”的清政府，1908 年的财政收入，更突破 2.3 亿两，堪称“越挨揍越有钱”。

如此“突然有钱”的景象，自然离不开“洋务运动”等近代建设活动，以及晚清民族工商业的蓬勃发展。

特别是“庚子国难”后的十年里，清王朝掀起“实业投资”的热潮，以《中国近代工业史资料》里统计，1904 年至 1910 年，中国新增加万元以上资产的新厂 276 家，增长率堪称清代之最。每年民族工业资本的增速更高达 15%。如此红火景象，不但给清政府带来财源，也让近代以来一些“专家”大唱赞歌。但问题是，大清，真如这账面上一样“有钱”吗？

不妨，瞧瞧下面三个事实。

一、大清钱多，但外债更多

晚清挨打次数多，每次挨完打都要签不平等条约，内容除了割地就是赔款，赔到兜里没钱，当然就要向列强借债，这债当然不是白借，除了高昂的利息，还附带大量政治经济条件。这就是清末负担无比沉重的“外债”问题。

甲午战争前，清政府的“外债”还不算重，自从签了《马关条约》后，一笔笔“外债”就如大锅般扣来。比如为了支付《马关条约》的赔款，清政府向“俄法”与“英德”三次举债，名义上借了 3 亿两白银，实际到手 2.6 亿两。连本带利要在四十五年内还 6 亿两，还要以中国的海关与江南的厘金做抵押。这一大笔“阎王债”，中国一直从晚清还到民国，直到抗战打到惨烈的 1938 年，还“欠”着人家 300 多万英镑。

而要跟接下来的“庚子赔款”比起来，这一笔“阎王债”，其实还算“小钱”。一场“庚子国难”后，清政府咬牙吐血签下《辛丑条约》，连本带息赔给列强超过十亿两白银。海关盐政等财税项目，更是统统抵押出去。除了要赔钱，“钱袋子”还被人家牢牢捏着，彻底的“半殖民地半封建社会”。

如此窘境下的大清朝，就算手里的钱再多，也是列强们随意拿捏的“提款机”。

而且为了多找大清“提款”，各路列强们也绞尽脑汁。比如甲午战争后的“英德借款”，就以严苛的条款规定，禁止清王朝“提前还款”，为的就是每年利滚利的高额利息。《辛丑条约》签订后，列强也玩起了花样，“赔款”的本金是从 1902 年开始算，但利息却要从 1901 年 7 月开始算，只这一样，清政府就要多赔 100 多万两白银。

甚至“庚子赔款”每年的赔款数额，也要和是年的“国际汇率”挂钩，如果白银贵，就用白银支付，法郎成了硬通货，大清赔偿的白银，也要再兑换成“法郎”。如此进进出出，大清“不知不觉”又被宰割了一大笔。尤其无耻的是，1905 年国际银价下跌，清政府除了要“兑换支付”，还要额外掏出 800 万两白银，来贴补列强的“损失”。

如此“花样宰割”，看似“有钱”的清王朝，每年到手的钱再多，大多也不过手里焐一下，没焐热就赔出去。晚清最后十年，财政收入“连年飙升”的清政府，每年亏空三千万两，年年入不敷出——落后何止要挨打，还要挨宰。

二、“飙升”的收入，来自竭泽而渔

但虽说每年都“挨宰”，清政府财政收入飙升，却也是不争的事实。这节节攀升的收入，真的都来自“工商业建设”？其实更“大头”的，是来自对老百姓竭泽而渔般的盘剥。

最常规的盘剥，就是田赋。号称“永不加赋”的大清朝，近代最常见的操作方式，就是在田赋上附加“地丁银”或“漕粮”，这个“附加数额”，每年都有不同，但一“加”就是巨额数字，比如1901年，四川的“地丁银”就高达一百万两。江西的“漕粮”也有30万两。这还只是清政府收到的数字，中间被多少官吏中饱私囊？那更是个无法精确统计的数字。

“厘金”也是晚清的“常规敛财招数”，甲午战争前，厘金就在晚清各省泛滥，甲午战争后大清财政困难，厘金更是滚雪球般猛涨。1899年广东征收的厘金，就比1895年暴增了一倍。四川的厘金从1895年到1901年，平均每年加抽30%。直隶烟酒的厘金也是每年加抽30%到60%。这些还是“不完全统计”。晚清最后十年里，“厘金”就像野草一样，恣意地在各地滋长，多收的部分，当然是加在苦老百姓头上。

更简单粗暴的招数，当属捐税。跟捐税比起来，无论“地丁银”还是“厘金”，那都是小儿科。晚清老百姓从锅碗瓢盆到养驴养马，样样都要交“捐税”，甚至还有“花捐”“剃发捐”“茶捐”“河捐”“车捐”“烟酒捐”等各种名目。在辛亥革命前的大清朝做个老百姓，不夸张地说，大到出门办事，小到喝茶理发，不留神就得被刮一笔税。

如此横征暴敛，自然惹得民间反抗四起。辛亥革命前的十年里，清王朝发生的“抗捐抗税”的“民变”，竟多达483次。山东的农民甚至高呼“认重税必饿死，不认重税必诛死”。广东一些地方的农民，甚至成立了“死绝大会”。所谓“死绝”，即“以死抗捐”。“有钱”的大清背后，是多少百姓倾家荡产的血泪。

三、越有钱，死得越快

不过别管钱怎么来的，大清朝总算是收入增加了。倘若这些增收的钱财，全都用在富国强兵上，大清朝就算苦几年，也不是没有翻身的机会。晚清最后十年，清王朝“实业”“练兵”等大事也红红火火，似乎看来，这钱花得值。

但近代风云人物曹汝霖的《一生之回忆》，就戳穿了其中的画皮：当时的海军大臣载洵，去英国商谈购买新式军舰，如此国防大事，载洵却是不问兵舰，先向英方询问给多少回扣。结果是“声名狼藉，贻笑中外”。

如此闹剧，放在清末的政坛上，还都算是正常表现。晚清的“铁帽子王”奕劻，清末时权倾朝野，却把政务做成了生意。各级衙门要职，都成了明码标价，每次只要有要职空缺，他立刻出手炒作。比如 1911 年的邮传部尚书一职，就被他炒到了三十万两白银，然后卖给了盛宣怀。他与他的党羽，更被戏称为“庆记公司”。1908 年他七十大寿，一场寿宴就收了五十万两白银的礼金。英国《泰晤士报》更估算，仅奕劻本人在银行的存款，就超过七百万英镑，“公司”生意很“红火”。

“上梁”如此，“下梁”当然各种歪，民间的苛捐杂税，自然也被各级官吏层层加码。比如清末的长葛县知县，就把朝廷要征收的“厘金”“捐税”样样加码，每样都加收一倍多，多出的钱全搂进自家腰包。各地的地方官，也多是“外托举办新政之名 ，其实尽饱私囊”。有这么一群大小蛀虫上下其手，清王朝“越有钱”，越给这些蛀虫“送肉”，直到瓤子被活活蛀空。

有这么一群人折腾，大清的钱再多，又有多少能用在正路？恰如清末民初学者柯劭忞的叹息：“其施之于实用者，不过十之三四。”能有三四成的钱用于国家建设，就算不错了。

于是，“越来越有钱”的清王朝，也就这么迅速腐败下去，到了辛亥革命一声炮响，同样以曹汝霖《一生之回忆》里记载，京城的大小官员都吓破了胆，纷纷把钱存进汇丰银行。却不料银行里的中方雇员使坏，欺负这帮人不懂英文，尽开了些假收据，随手就把这些不义之财据为己有。只这一招，就不知让多少“蛀虫”

倾家荡产。

而早已被“蛀空”的大清朝，也在这类闹剧后不久，黯然退出历史舞台。留给后世的，并非“有钱”的风光，却是“越有钱越死得快”的历史思考。